高等院校"十二五"旅游管理类课程系列规划教材

U0671696

酒店服务心理学

Hotel Service Psychology

主　编：王竹宇　周义龙

副主编：邓卓鹏　金　磊　张　睿

Hotel Service Psychology

经济管理出版社
ECONOMY & MANAGEMENT PUBLISHING HOUSE

图书在版编目（CIP）数据

酒店服务心理学/王竹宇，周义龙主编. ——北京：
经济管理出版社，2013.9（2017.12重印）
　ISBN 978-7-5096-2562-0

　Ⅰ.①酒…　Ⅱ.①王…　②周…　Ⅲ.①饭店—商
业心理学—高等职业教育—教材　Ⅳ.①F719.2

中国版本图书馆CIP数据核字（2013）第158003号

组稿编辑：王光艳
责任编辑：许　兵
责任印制：杨国强
责任校对：李玉敏

出版发行：经济管理出版社
　　　　　（北京市海淀区北蜂窝8号中雅大厦A座11层　100038）
网　　　址：www.E-mp.com.cn
电　　　话：（010）51915602
印　　　刷：北京玺诚印务有限公司
经　　　销：新华书店
开　　　本：720mm×1000mm/16
印　　　张：18.75
字　　　数：324千字
版　　　次：2013年12月第1版　2017年12月第6次印刷
书　　　号：ISBN 978-7-5096-2562-0
定　　　价：38.00元

前　言

中国旅游业的蓬勃发展和结构转型，对酒店从业人员的服务水平和经营管理素质提出了更高、更多的要求。如何提高酒店从业人员的服务质量和管理水平是现今酒店服务心理学探讨的主要课题和关注的热点。尽管旅游业界和心理学界的专家学者就酒店服务心理学做了许多卓有成效的研究，也取得了丰硕的理论研究成果，各种有关酒店服务心理学的专著、教材、论文不断涌现，但作者在长期的教学过程中感到真正适合教育教学需要和高职院校学生学习特点和教育规律的相关教材并不是很多，尤其是专门针对酒店管理专业学生的酒店服务心理学教材无论在内容方面还是在形式方面都存在许多问题，仍然需要进一步完善。因此，在编写本书过程中，作者根据部颁大纲和酒店行业管理规范要求，在总结当今国内外相关酒店服务心理研究成果的基础上，结合长期的教学经验，根据当前人才培养的要求和目标，结合高职院校酒店管理专业学生的特点和现状，体现了教育教学改革最新理念；无论是在内容上还是在形式上都进行了大胆探索和革新，注重理论联系实际，以案例引出理论，由理论解析案例，最后用于指导实践，既突出教材的科学性和理论性，又强调教材的生动性和实用性，内容丰富、形式多样、体例完整。

本书在内容和体例的编排上，既注重理论和知识的分析，又重视实际案例的设计；既注重理论和方法的阐述，又重视实践的应用分析；既注重酒店消费心理的分析和探讨，又重视酒店服务实践的操作和指导；既注重内容的丰富完整，又重视形式的生动适用。

书中主要介绍了心理学与酒店服务、顾客个性与酒店服务策略、顾客知觉与酒店服务策略、顾客动机与酒店服务策略、顾客态度与酒店服务策略、顾客情绪与酒店服务策略、酒店餐饮服务心理、酒店前厅服务心理、酒店客房服务心理、酒店康乐服务心理、顾客投诉服务心理十一个内容。本书既适合作为高职院校酒店与旅游管理专业教学使用教材，也适合作为成人高校、函授、自考以及酒店职业培训使用教材。

本书在编写过程中，参阅了大量有关心理学、管理学、旅游学、酒店管理等方面的论著，并引用了部分相关资料，在此，谨向这些文献的作者致以诚挚的谢意。

　　本书是由海口经济学院、琼州学院、海南经贸职业技术学院的老师们合作精心编写完成的，是集体智慧的结晶。本书由海口经济学院旅游学院王竹宇和周义龙两位副教授共同协商完成大纲的编写工作，经过专家审议和集体讨论后分头执笔，最后由王竹宇统稿、校稿以及完成电子课件制作。本书共有十一章，各章编写分工如下：前言、导言、第一章由海口经济学院周义龙撰写；第二章、第十一章由海南经贸职业技术学院邓卓鹏撰写；第三章、第四章由琼州学院张睿撰写；第六章由琼州学院金磊撰写；第五章、第七章、第八章、第九章由海口经济学院王竹宇撰写；第十章由琼州学院金磊和王竹宇共同撰写。本书主编为王竹宇、周义龙，副主编为邓卓鹏、金磊和张睿。海口经济学院旅游学院王雪老师也提供了一些宝贵的资料。本书为了方便教师的教学，设置了教学大纲、模拟试卷及答案，还有符合高校学生认知教学规律的学习目标、案例导入、正文、典型案例分析、本章小结、课后习题等。

　　鉴于编写者水平有限，书中错漏和不足之处在所难免，敬请专家批评指正和读者不吝赐教。

编　者

2013年12月于海南

目 录

导　言

　　早期心理学研究属于哲学范畴，称为哲学心理学。心理学的英文Psychology一词来源于希腊语，意思是关于灵魂的科学，在古希腊语中，心理学由"灵魂"（ψυχή）和"研究"（λόγος）所组成。一些人认为，亚里士多德《论灵魂》是西方最早的一部论述心理学思想的著作。随着科学的发展，心理学的对象由灵魂改为心灵。

　　心理学是研究心理现象及其发生、发展与活动规律的一门古老而充满生机的科学。心理学是人类的自我思维、行为方式认知和剖析。心理学研究领域甚为宽广，并且使用许多不同的方法来研究心理过程与行为特征。它既是一门理论学科，也是一门应用学科，包括理论心理学与应用心理学两大领域，其下又可分为许多领域，如教育心理学、变态心理学、管理心理学等。心理学研究涉及知觉、认知、情绪、人格、行为和人际关系等诸多领域，也与日常生活的许多领域——家庭、教育、健康等发生关联。

　　心理学是研究心理过程和个性心理规律的科学，是以人的心理现象为主要研究对象的科学。

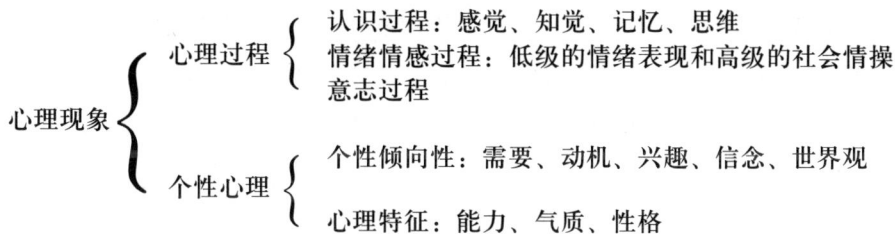

心理现象
- 心理过程
  - 认识过程：感觉、知觉、记忆、思维
  - 情绪情感过程：低级的情绪表现和高级的社会情操
  - 意志过程
- 个性心理
  - 个性倾向性：需要、动机、兴趣、信念、世界观
  - 心理特征：能力、气质、性格

　　科学的心理学不仅对心理现象进行描述，更重要的是对心理现象进行说明，以揭示其发生、发展的规律。

　　正如德国著名心理学家艾宾浩斯所说："心理学有一个漫长的过去，却只有一个短暂的历史。"心理学渊源数千载而历史百余年。作为一门科学的思想史，心理学源远流长，可以追溯到人类古代的哲学思想，早在两千多年前，中国古代以及古希腊的哲学家、思想家就已有丰富的心理学思想。作为一门系统的科学史，心理学的历史却十分短暂。直到19世纪初，德国哲学家、教育学家赫尔巴特才首先提出心理学是一门科学。19世纪中叶以后，自然科学的迅猛发展为心理学成为独立的科学创造了条件，尤其是德国感官神经生理学的发展，对心理学成为独立的科学起了较为直接的促进作用。1879年，德国生理学家、哲学家冯特在莱比锡大学建立了世界上第一个心理学实验室，心理学从此宣告脱离哲学而成为一门独立的科学，开始了蓬勃发展的历程。如今，心理学已经发展成为一门分支众多、边界模糊、理论深奥、应用广泛的科学。

西方现代心理学在短短一百多年的发展过程中，产生了众多的流派和学说，其中以弗洛伊德创立的精神分析心理学、华生创立的行为主义心理学和以马斯洛为代表的人本主义心理学影响最大，被称为现代西方心理学的三种主要势力，也被认为是现代西方心理学的三大流派。

旅游心理学属于心理学的分支学科，是一门应用心理学，它既属于旅游科学的范畴，又属于心理科学的范畴，是以研究旅游活动过程中人的行为规律为主的科学，是心理学的基本理论和研究成果在旅游领域的应用与发展，是随着世界旅游业的发展应运而生的一门崭新学科。1981年，美国佛罗里达中心大学小爱德华.J.梅奥和兰斯.P.贾维斯编著的《旅游心理学》一书出版，该书以旅游企业如何有效地进行市场营销作为出发点，详细地分析了知觉、学习、人格、动机、态度等心理因素以及角色与家庭、参照群体、社会阶层、文化和亚文化等社会因素对旅游消费行为的影响。该书第一次从行为科学的角度考察旅游和旅游业，从心理学角度分析研究旅游者的旅游行为，揭开了旅游心理学研究的序幕，标志着旅游心理学的诞生。随后，日本等国也相继开展旅游心理学研究。从20世纪80年代开始，旅游心理学的研究在我国开始起步，一系列著作纷纷问世，随着研究的深入，它的广度和深度都在不断地加强。但由于它产生的时间并不长，在很多方面还不成熟，但是我们坚信，随着旅游业的飞速发展，旅游心理学的未来必将充满生机活力而且具有广阔发展前景。

旅游心理学研究的是与旅游现象有关的人的心理，是研究旅游活动中人们的消费心理、服务心理、交往心理、管理心理以及旅游企业员工心理等心理现象产生、发展及其规律的科学。随着社会的发展和研究的深入，现代旅游心理学研究的广度和深度都有了很大提高，其具体内容包括以下几项：一是研究旅游心理学的基础理论；二是研究旅游者的消费心理；三是研究旅游经营过程中的服务心理；四是研究旅游企业管理中的管理心理。旅游心理学的形成和发展，一方面是心理科学的发展为旅游心理学的形成和发展提供了理论和方法；另一方面是商品经济的发展，尤其是旅游业自身的发展，对旅游心理学的形成和发展提出了客观要求。旅游心理学的任务是指导旅游资源的开发和利用，指导旅游机构提高旅游价值，增加旅游者的心理吸引力；指导旅游部门提高服务质量，改进旅游宣传，改善和扩大旅游品的销售。

作为旅游心理学的重要分支，酒店服务心理学是心理学与酒店管理的一门交叉学科。它是为适应旅游业发展需要而产生的新兴学科，是将心理学基本理论和基础知识运用于酒店服务业的应用型学科。

第一章
心理学与酒店服务

【学习目标】

● 知识点

1. 熟悉现代西方心理学的三大流派及其主要观点；
2. 掌握心理学的有关理论知识并将其运用于分析酒店服务。

● 技能点

1. 培养运用西方心理学各大流派的理论知识进行现实酒店服务分析的能力；
2. 培养运用心理学的有关理论知识来分析酒店服务的能力。

第一节　精神分析理论与酒店服务

【案例导入】

"热情"的服务员

浙江萧山酒店服务员小骆，第一天上班被分配在酒店A楼5层值台。她刚经过3个月的岗前培训，对做好这项工作充满信心，自我感觉良好，一个上午的接待工作的确也颇为顺手。

午后，电梯门打开，走出两位港客。小骆立刻迎上前去，微笑着说："先生，欢迎入住本酒店，请跟我来。"小骆领他们走进房间，随手沏了两杯茶放在茶几上，说道："先生，请用茶。"接着她又一一介绍客房设施、设备，"这是床头控制柜，这是空调开关……"这时，其中一位客人用粤语打断她的话，说："知道了。"但小骆仍然继续说："这是电冰箱，桌上文件夹内有'入住须知'和'电话指南'……"未等她说完，另一位客人便掏出钱包抽出一张面值10元的港币不耐烦地递给她。这时，小骆愣住了，一片好意被拒绝甚至误解，使她感到既沮丧又委屈，她涨红着脸对客人说："我们不收小费，谢谢您！如果没有别的事，那我就先告辞了。"说完便退出房间，回到服务台。

此刻，小骆心里乱极了，她实在想不通，自己按服务规范给客人耐心介绍客房设施、设备，为什么会不受客人欢迎？

小骆请教了不少富有经验的老员工，后来才慢慢懂得，在服务过程中要有一个"度"，同时还要学会察言观色，不可一味地硬搬规范。果然，时隔不久，小骆便成了一名很出色的服务员。

思考与讨论：

1. 小骆为什么感到迷茫？

2. 这个案例给了我们什么启示？

精神分析理论，也叫精神分析心理学，被称为现代西方心理学的第一种势力。精神分析理论属于心理动力学理论，产生于心理治疗实践中，创立于19世纪末20世纪初，其创始人是奥地利医生、心理学家弗洛伊德（1856～1939），弗洛伊德在毕生的精神医疗实践中，主要从临床经验探究病人致病的原因，从而深入到病人的无意识心理的动机、情绪和人格等问题。精神分析理论主要侧重于精神分析和治疗，并由此提出了人的心理和人格的新的独特的解释。经典精神分析学派代表人物有弗洛伊德、荣格、阿德勒。

弗洛伊德重视人格的研究，重视心理应用，重视探索人的动机和行为的根源，重视异常行为的分析，强调心理学应该研究无意识现象，从而弥补了传统心理学的不足，改变了心理学的研究趋向。弗洛伊德精神分析学说的最大特点，就是强调人的本能的、情欲的、自然性的一面，它首次阐述了无意识的作用，肯定了非理性因素在行为中的作用，开辟了潜意识研究的新领域。

作为20世纪最主要的社会思潮和学术流派之一，精神分析理论是现代心理学的奠基石，对心理学、教育学、哲学、人类学、伦理学、文学艺术、宗教等领域都产生了重大而深远的影响，留下了不可磨灭的痕迹。弗洛伊德的精神分析学派，是心理学百余年历史中唯一一个经久不衰的心理学派，它的许多理论至今仍在心理学研究中发挥着重要的作用。

一、精神分析理论的主要观点

精神分析理论在发展的过程中，受到原来追随弗洛伊德的心理学家的批评和反对，这些人后来被称为"新精神分析学派"，其主要代表人物有弗洛姆、沙利文、卡伦霍妮。

1.精神层次理论

精神层次理论是弗洛伊德心理学的主要组成部分，该理论主要探讨和阐述人的各种精神活动，诸如欲望、冲动、幻想、思维、情感、判断等在不同的意识层次中的发生和运行。

弗洛伊德精神层次理论中把人的精神活动分为三个层次：意识、前意识和潜意识。弗洛伊德称："在我之前的诗人和哲学家们已发现了无意识，我发现的是研究无意识的科学方法。"

（1）意识。意识是指个体能够直接感知到的那部分心理活动，正常成人的思维和行为属于意识范畴。意识指导行为，人的很多行为都要受到意识的调控和指引。弗洛伊德认为，意识是与直接感知有关的心理部分，是现在能够想起的那部分。意识离不开人脑这一高度复杂的物质器官，更离不开社会存在，意识是客观存在于人脑中的反映，是人区别于动物的主要标志。

（2）前意识。前意识是指虽然此时此刻意识不到，但集中注意力，努力思索后回忆起来的那部分经验，是人们目前尚未思及的心理内容，内部心理的方式与外部现实的刺激都可能使它们浮现出来的思想感情，也就是指可以回忆起来，可以变成意识的那部分心理内容。弗洛伊德认为前意识是意识的一部分，是现在没有意识到但可以想起来的那部分。

（3）潜意识。潜意识是指个体不能感知、不能意识到的精神生活，往往包括大量的与人的本能欲望、非道德的冲动相联系的观念和经验。潜意识理论是精神分析理论的核心组成部分，是弗洛伊德学说的理论基础和主要成就。在弗洛伊德看来，在人类的内心深处，有一些本能的冲动和被压抑的欲望在不知不觉的潜在境域里活动，因不符合社会的道德和本人的理智，无法进入意识被个体所觉察，这种潜伏着的无法被觉察的思想、观念、欲望等心理活动被称为潜意识。潜意识深藏于意识之后，是人类行为背后的内驱力。

如果把人的精神活动层次比喻为浮在大海上的一座冰山，那么始终露出水面的部分就是意识，随着风浪翻滚上下起伏，时而没入水下时而浮出水面的部分就是前意识，而始终无法浮出水面的那部分就是潜意识。在弗洛伊德看来，前意识是意识的一部分，从前意识到意识，或者从意识到前意识，都是转瞬之间的事，二者虽有界限，却不是不可逾越的鸿沟。

2.人格结构理论

弗洛伊德认为个体人格结构由本我、自我、超我等三个部分组成。弗洛伊德认为，在正常情况下，三者保持相对平衡状态，若这种平衡遭到破坏，则人的心理容易产生障碍。

（1）本我。本我是指心理中完全无意识的部分，是最原始最本能的潜意识结构部分，处于心灵最底层，是一种与生俱来的动物性的本能冲动，不被个体所察觉，由先天的本能和基本的欲望所组成，是同肉体联系着的，肉体是它的能量源泉。本我包含生存所需的基本欲望、冲动和生命力。本我是一切心理能量之源，仿佛一座积蓄能量、充满欲望、蠢蠢欲动的沸腾火山。本我不知道也不管好坏，无论是非，它是混乱不堪的、毫无理性的，完全按"快乐原则"行事，盲目地追求欲望的满足。它不理会社会道德法律，不管外在的行为规范，它唯一的要求是获得快乐，避免痛苦，不受时间、地点和场合的限制。在弗洛伊德看来，本我是人类一切心理和行为发生的主要基础，是神经症和精神病产生的根本原因。

（2）自我。自我指人格中的意识结构部分，是现实化了的本能，是来自本我经外部世界影响而形成的知觉系统。自我代表理智与常识，处于本我与超我之间，自我充当本我与外部世界的联络者与仲裁者，根据周围环境的实际条件来调节本我和超我的矛盾，决定自己行为方式的意识，并且在超我的指导下监管本我的活动，为本我服务，因此说自我是本我和超我之间的过滤器，具有防御和中介两种职能。自我的机能是寻求本我冲动得以满足，而同时保护整个机体不受伤害，它遵循的是"现实原则"，既要获得满足，又要避免痛苦。自我是从本我中分化出来受现实陶冶而渐识时务的那部分。弗洛伊德曾经用骑士和马的关系来形容本我与自我的关系：本我是匹马，提供动力，自我是骑手，指明方向；自我操纵本我，本我有时不听使唤。弗洛伊德有句名言："哪里有伊底（本我），哪里就有自我。"

（3）超我。超我是人格结构中代表理想的最文明最道德的部分，即能进行自我批判和道德控制的道德化和理想化的自我。超我代表良心、自我理想，处于人格的最高层，指导自我，限制本我，达到自我典范和超越。超我的机能主要在监督、批判及管束自己的行为。超我的特点是追求完美，所以它与本我一样是非现实的，超我大部分也是无意识的，超我要求自我按社会可接受的方式去满足本我，它所遵循的是"理想原则"。超我主要包括两个方面：一方面是平常人们所说的良心，代表着社会道德对个人的惩罚和规范作用；另一方面是自我理想，确定道德行为的标准。超我的主要职责是指导自我以道德良心自居，去限制、压抑本我的本能冲动，而按道德标准和理想原则进行活动。

精神分析理论认为，如果本我的精神能量得不到自我的控制和引导，则导致生物本能的不适宜和不恰当的表达，即病态行为。如果超我的力量过强，它则过度限制生物本能的表达，从而导致个体承受着良心痛苦的负重，甚至受到耻感和罪感的谴责。当自我过于弱小时，则不能以适应的方式满足本我的需求，被压抑的无意识的欲望则以神经症性症状得以象征的表达，产生适应不良性行为。

弗洛伊德指出："从本能控制的观点来说，可以说本我是完全非道德的；自我是力求道德的；超我是能成为道德的，然后变得很残酷——如本我才能有的那种残酷。"

3.人格发展理论

弗洛伊德认为人的精神活动的能量来源于本能，本能是推动个体行为的内在动力。弗洛伊德认为人有两类本能：生的本能和死的本能。生的本能是积极的，奉行进步和生长的原则，是爱和建设的力量；死的本能是保守性的，贯彻衰退和死亡的原则，是恨和破坏的力量。生的本能与死的本能的矛盾运动构成了个体生命的整个历程。弗洛伊德是泛性论者，在他的眼里，性本能冲动是人一切心理活动的内在动力，当这种能量（弗洛伊德称之为力比多）积聚到一定程度就会造成机体的紧张，机体就要寻求途径释放能量。弗洛伊德的人格发展理论将个体出生后至性成熟的性心理发展划分为五个阶段：

（1）口腔期（oral stage，0~1岁）。这个阶段，初生婴儿原始欲力的快乐和满足多来自口腔活动，主要靠口腔部位的吸吮、咀嚼、吞咽等口部动作获得快感和满足。这个时期口腔活动若受限制，可能会留下后遗性的不良影响。成人中有所谓的"口腔性格"，可能就是口腔期发展受阻所致。在行为上表现贪吃、酗酒、吸烟、咬指甲等，甚至性格上的悲观、依赖、洁癖，都被认为是口腔性格的特征。

（2）肛门期（anal stage，1~3岁）。这个阶段，动欲区是肛门，幼儿原始欲力的满足，主要靠排便时粪块摩擦直肠肛门黏膜所生的刺激快感获得感官愉悦。此时期卫生习惯的训练，对幼儿是关键。如管制过严，可能会留下后遗性的不良影响。成人中有所谓的肛门性格者，在行为上表现冷酷、顽固、刚愎、吝啬等，可能就是肛门性格的特征。

（3）性器期（phallic stage，3~6岁）。这个阶段，动欲区是外生殖器，儿童原始欲力的需求主要靠性器官的部位获得满足。儿童到3岁以后开始注意性别，出现好奇心，开始对异性父母眷恋，对同性父母嫉恨，这一阶段叫性蕾欲期，其间充满复杂的矛盾和冲突，儿童会体验到俄狄浦斯（Oedipus）情结和厄勒克特拉（Electra）情结，不过还只是心理上的性爱而非生理上的性爱。

（4）潜伏期（latent stage，7岁至青春期）。这个阶段，原始欲力呈现出潜伏状态。儿童兴趣扩大，性力从自身和父母感情转向外界，转向学习、游戏和运动等周围事物，快感来源主要是对外部世界的兴趣。此一时期的男女儿童之间，在情感上较前疏远，团体性活动多呈男女分离趋势。

（5）成熟期（genital stage，青春期以后）。此时期个体性器官成熟，两性差异开始显著，与青春发育同步进入两性期。自此以后，性的需求转向相似年龄的异性，男女均从与异性接触中寻求乐趣，开始有了两性生活的理想，有了婚姻家庭的意识。至此，性心理的发展以臻成熟。性腺发育成熟，具有成年人的性欲和自觉的性意识。

弗洛伊德认为成人人格的基本组成部分在前三个发展阶段已基本形成，所以儿童的早年环境、早期经历对其成年后的人格形成起着重要的作用，许多成人的变态心理、心理冲突都可追溯到早年期创伤性经历和压抑的情结。弗洛伊德还认为，对性本能的升华作用，是创造、繁荣人类社会文学、艺术与科学技术进步的重要源泉。

4.心理防御机制理论

心理防御机制是自我的一种防卫功能，很多时候，超我与原我之间，原我与现实之间，经常会有矛盾和冲突，人就会感到痛苦和焦虑。这时自我可以在不知不觉之中，以某种方式调整冲突双方的关系，使超我的监察可以接受，同时原我的欲望又可以得到某种形式的满足，从而缓和焦虑，消除痛苦，这就是自我的心理防御机制，它包括压抑、否认、投射、退化、隔离、抵消转化、合理化、补偿、升华、幽默、反向形成等各种形式。人类在正常和病态情况下都在不自觉地运用，运用得当，可减轻痛苦，渡过心理难关，防止精神崩溃，运用过度就会表现出焦虑抑郁等病态心理症状。

5.释梦理论

释梦理论是弗洛伊德全部学说中最有价值的部分之一。

在弗洛伊德看来，梦是一种心理现象，是一种愿望的实现，是一种清醒状态精神活动的延续，是无意识冲突或愿望的隐晦表达。他认为，梦含有一种科学的程序，是可以释析的。他对梦的解释成为其精神分析方法中最重要的过程之一。

弗洛伊德的释梦理论基本上包括三个部分：有关梦的心理事实、解析梦的方法以及对梦的分析和判断。

弗洛伊德认为梦是一种心理现象，是有其生理基础和物质动因的，是人自身本能欲望的一种满足，是对清醒时被压抑到潜意识中的欲望的一种委婉表达。通过梦，可以透视人们无意识心灵深处的精神病源。

在弗洛伊德的理论中，梦是和无意识联系在一起的，它是一种被压抑到无意识深处的愿望的满足，它通过梦表现出来时常常是经过改装的。由于睡眠时超我监督松弛，被压抑在无意识中的冲动和愿望经过乔装打扮乘机混入意识而成为梦。故称："梦是愿望的达成"。

弗洛伊德把梦纳入科学考察的对象，首次用系统的释梦理论驱赶走宗教和鬼神、灵魂附体等说教，这一学说对于反对封建迷信，对于人类认识自我具有重大的历史意义和现实意义。当然，弗洛伊德释梦理论也不是完美无缺的，只是一个在人类认识梦的道路上的里程碑，但绝不是探索这一问题的顶峰。其释梦方法和对梦所作的理论总结很多是荒谬的、伪科学的，严重歪曲了梦发生的自然本质。人类对于梦的科学认识，仅仅是一个开始。弗洛伊德的释梦理论意义也就在于它开拓了一条通向科学认识梦的道路。

二、精神分析理论与酒店服务

精神分析理论主要研究人的潜意识。作为顾客，在走进酒店进行消费时，很多情况下他们的潜意识对自己的选择都会起着十分重要的作用。因此，作为酒店从业人员，应该认真了解和掌握顾客的这种潜意识对服务的各种要求，从而更好地为顾客服务，满足顾客的要求。

1.首因效应

首因效应，是人与人初次交往过程中给彼此留下的印象，在对方的头脑中形成并占据着主导地位的效应。第一印象作用最强，持续的时间也长，比以后得到的信息对于事物整个印象产生的作用更强。在心理学中，首因效应也叫"第一印象"效应。首因效应使人们产生"先入为主"的第一印象。如果第一印象好，即使以后略有差错也能得到谅解；如果第一印象不好，以后再努力也会大打折扣。

因此，酒店从业人员必须了解首因效应的重要性，避免给旅游者留下不好的第一印象。当客人走进一家酒店时，首先给其留下印象的是这家酒店特有的一种氛围，这种氛围就是酒店的前厅气氛。前厅气氛体现了一家酒店的风格和特色，也体现着酒店管理者的管理理念。酒店大厅内的各种设施设备、布局和装饰布置体现出不同的品位与风格，清洁保养程度也带给客人的不同感受。而前厅的服务气氛是通过前厅员工的主动、热情、耐心、周到和恰到好处的服务，给客人营造的一种宾至如归的氛围，主要由前厅员工的仪表仪容、礼貌礼节、语言举止、待客态度以及知识技能等因素构成。很多时候，客人去留的因素之一就是酒店的服务气氛是否浓厚。

第一印象对人际交往的建立和维持是非常重要的，给人印象最深的常常是第一次接触所留下的。在对客服务中，酒店从业人员应时刻铭记"顾客至上、服务第一"的准则，从总经理到普通员工都是服务人员，工作的宗旨就是全心全意为顾客服务。酒店从业人员要注意自己的初次亮相，尤其是与交往对象见面的前30秒。另外，还要注意养成良好的行为习惯，良好的行为习惯成就非凡的职业气质。酒店从业人员无论在对客服务还是日常生活中都应养成良好的行为习惯、良好的卫生习惯、保持极具感染力的动人的微笑、习惯用手掌来指示方向和物品、懂得区分不同场合的着装等等。

顾客消费心理研究结果告诉我们，进酒店的客人通常把尊重看得比金钱更重要，这就要求我们讲究礼节礼貌，使客人感到他在酒店里是受到尊重的。

2.近因效应

所谓近因效应，是指在多种刺激一次出现的时候，印象的形成主要取决于后来出现的刺激，即交往过程中，我们对他人最近、最新的认识占了主体地位，掩盖了以往形成的对他人的评价。多年不见的朋友，在自己的脑海中的印象最深的，其实就是临别时的情景。心理学的研究表明，在人与人的交往中，交往的初期，即生疏阶段，首因效应的影响重要；而在交往的后期，就是在彼此已经相当熟悉时，近因效应的影响也同样重要。同首因效应相反，近因效应使人们更看重新近信息，并以此为依据对问题做出判断，忽略了以往信息的参考价值，从而不能全面、客观、历史、公正地看待问题。

酒店前厅都通常是客人接触最多的部门，酒店前厅不仅是对外服务的窗口、酒店信息中枢，还是酒店给顾客留下第一印象和离店前最后印象的地方，其服务的优劣直接影响着客人对酒店的最后印象。前厅是酒店通过提供给客人满意的服务，赢得忠诚客人的关键环节之一。前厅常被称为酒店的信息中心，其所提供的信息的准确性和及时性直接影响着酒店的决策，也影响着其他部门的服务质量的优劣，因为建立一个畅通的信息网络和有效的沟通渠道是前厅管理的一个重要目标。最终目标是取得良好的经济效益和社会效益，这也是酒店前厅管理的最终目标。

3.晕轮效应

晕轮效应指对对象的某种特征形成鲜明印象后，掩盖了对其他特征的认识。它是一种典型的以点概面、以偏概全的认识方法，就像俗语所说：一俊遮百丑。在实践中，晕轮效应经常左右顾客的知觉选择。顾客如果恰好遇到一个态度恶劣的餐厅服务员，就会认为整个餐厅的服务态度恶劣，而不会做餐厅的回头客。如果游客遇到一次导游与他人合谋欺客、宰客的情况，就再也不会选择该导游所在的旅行社。

善于运用晕轮效应，打造优质的前台服务形象，对整个酒店树立在顾客心目中的良好形象有极大的正面促进作用。因此，酒店应该从各个方面加强顾客对前台服务形象的心理感知度。前台的环境和布局应注意合理和谐，注重美学美感，充分利用环境对人的心理作用，带给顾客美观舒适的感受。前台员工的仪容仪表是其精神面貌的外在体现，是给客人良好印象的重要方面。整齐美观的制服、精致素雅的妆容、自然礼貌的仪表都会使客人产生发自内心的信赖和亲近感，使顾客倍感"顾客至上"、"宾至如归"的温暖，留下良好的第一印象。在服务过程中，前台员工要用热情友好的言语先声夺人，服务态度也应该尽真尽诚，给顾客留下亲切、愉快的感觉，赢得良好的印象。前台员工流畅快捷的服务可以解除顾客心理上的焦虑感，给顾客留下美好的印象。

事实上，"晕轮效应"的产生不仅仅在第一印象时，还包括了最后印象的共同作用。前台服务在顾客抵达与离店时提供服务，因此与最后印象的形成也有密切关联。打造优质的前台服务，加强顾客对酒店正面积极的第一印象和最后印象，利用"晕轮效应"来树立酒店良好的整体形象。

第二节　行为主义理论与酒店服务

【案例导入】

开胃的酸梅汤

一次宴会结束后，一位郑先生特地留下来对餐饮部经理说："你们的服务员小叶，可真是好样的！好！真好！"说完就走了。餐饮部经理也不知道这位郑先生到底认为小叶好在哪里，于是就把小叶叫过来，问她今天为客人做了什么好事。

听了小叶的叙述，餐饮部经理才知道原来如此：

小叶托着一个盘子去给客人上饮料，走到郑先生这边，问他要什么饮料。郑先生漫不经心地指了一下盘子里的可乐，于是小叶就给郑先生倒了一杯可乐。后来，当小叶问坐在郑先生对面的那位万先生要什么饮料的时候，万先生很仔细地看了看盘子，指着其中一种问小叶："这是什么？"小叶说："这是我们酒店自制的酸梅汤。"万先生露出惊喜的神色："还有酸梅汤？太好了，我就爱喝酸梅汤！"于是小叶就给万先生倒了一杯酸梅汤。

小叶注意到，郑先生看了看万先生的酸梅汤，又看了看自己的可乐，什么话也没有说。但是，从郑先生的表情看，好像是在说："早知道有酸梅汤，我也要酸梅汤啊！……已经要了可乐，算了，就喝可乐吧！"

等郑先生的可乐喝得差不多了，本该给他再续上一杯的时候，小叶凑到郑先生的耳边说："我们酒店自制的酸梅汤味道挺好的，您是不是尝尝？"郑先生连连点头说"好，好，那就尝尝吧！"

郑先生一连喝了好几杯酸梅汤，一再地称赞："好，好，味道真不错！"

(资料来源：吴正平，阎纲.旅游心理学 [M].北京：北京出版社，2007-9)

思考与讨论：

　　1.小叶的服务究竟好在哪里？

　　2.如何用行为主义心理学的有关原理进行行为分析？

　　1913年，美国心理学家华生（John Watson）发表了《一个行为主义者眼中所看到的心理学》，认为如果心理学要成为一门科学，那么它依据的资料必须是可供检验的。这种方法注重可观察的行为而不是内部（不可观察的）心理事件，把学习的理论联系起来，把强调观察和实验的可靠方法联系起来。这宣告了行为主义心理学的诞生。行为主义心理学是美国现代心理学的主要流派之一，也是对西方心理学影响最大的流派之一，被称为现代心理学的第二种势力。

　　行为主义从20世纪20年代兴起，一直流行到50年代才逐渐衰落，行为主义在理论上逐渐被新的现代理论所代替，但是它的客观研究方法却得到了肯定，在当今社会的行为改造、心理治疗中，行为主义的方法仍起着重要作用。行为主义心理学作为一个学派已经衰落，但是它的影响依然广泛而深远，在心理学的发展历史过程中占有十分重要的地位。

一、行为主义理论

　　行为主义可区分为旧行为主义和新行为主义。旧行为主义的代表人物以华生为首，另外还有霍尔特、拉施里·亨特和魏斯。新行为主义的主要代表则为托尔曼、赫尔和斯金纳等。

1.旧行为主义理论

华生（John B. Watson，1878~1958）是行为主义心理学的创始人。1913~1930年左右的行为主义以华生为代表，被称为早期行为主义，它坚持心理学只能研究行为而非意识，强调以绝对客观的而非内省的方法研究心理学。

行为主义心理学主张心理学是一门科学，科学的研究只限于以客观的方法处理客观的资料。内省不是客观的方法，用内省法所得到的意识经验更非客观资料。

（1）刺激—反应论。行为主义的主张认为一切行为都是条件作用（conditioning）的结果，通过指定刺激（stimulus）、观察对刺激的反应（response）就可以研究条件作用（刺激—反应心理学S-R psychology）。如果我们经常给人的某种行为施以正强化，那么这种行为就会巩固下来；如果不给强化或给负强化，那么该行为就会减弱或不再出现。因此，强化十分重要。华生认为，只要找到不同事物之间的联系和关系，再根据条件反射原理给予适当的强化，使刺激和反应之间建立起牢固的联系，那么就可以预测、控制或改变人的行为。

行为主义心理学最大的成果，是在"刺激—反应"的基本理论上，建立起一整套行为塑造和控制理论。

但是，华生过分简化的刺激—反应公式不能解释行为的最显著特点，即选择性和适应性。

（2）环境决定论。环境决定论是行为主义心理学的基本观点。华生强调个体的行为不是先天遗传的，而是后天环境决定的，环境决定了一个人的行为模式。无论是正常的行为还是病态的行为都是经过学习而获得的，也可以通过学习而更改、增加或消除。华生认为查明了环境刺激与行为反应之间的规律性关系，就能根据刺激预知反应，或根据反应推断刺激，达到预测并控制动物和人的行为的目的。华生认为除极少数的简单反射外，一切复杂行为都取决于环境影响，而这种影响是通过条件反射实现的，因此他把巴甫洛夫式的条件反射当作行为主义的"枢石"。

华生有一句颇为偏激的名言：给我一打健康的儿童，在良好的、由我做主的特定环境中教育他们，不管他们的天资、能力、嗜好、秉性、父母的职业和种族等种种因素如何，随机选择其中的任何一个婴儿，我都可以任意地把他们培养成为我所选定的任何一种医生、律师、艺术家、大商人，甚至是乞丐或小偷。

（3）旧行为主义心理学的研究对象。华生恪守一般科学所共有的客观性基本原则，认为心理学要成为一门科学，必须确立心理学的客观研究对象。因此，他否认传统心理学的对象——心理或意识，而代之以行为，认为心理学研究的对象不应该是意识而是可观察的行为，心理学应该是研究行为的科学，可以丢开意识去考察行为，而不能丢开行为去考察意识。

（4）旧行为主义心理学的研究方法。行为主义者在研究方法上摈弃内省，主张采用客观观察法、条件反射法、言语报告法和测验法，这是他们在研究对象上否认意识的必然结论。条件反射法是行为主义者最重要的研究方法。

（5）旧行为主义心理学的研究任务。华生强调心理学必须符合一般科学共有的预测、控制的基本原则。心理学研究行为的任务就在于查明刺激与反应之间的规律性关系，从而根据刺激预知反应或根据反应推知刺激，以预测和控制动物和人的行为。

2. 新行为主义理论

行为主义发展到30年代后，其严守自然科学的取向受到了批评。1930~1960年的30年间，新一代的行为主义者出现了。他们在坚持华生行为主义的基本立场方面没有分歧，但对华生那种极端简单化的观点和方法或多或少存有异议，于是展开了自己的研究，试图加以改进、弥补，或者干脆转向不同的方向。行为主义心理学中持有此种理论取向者，被称为新行为主义心理学。新行为主义是20世纪30年代以后发展起来的后期行为主义心理学理论体系。

伯尔赫斯·弗雷德里克·斯金纳（Burrhus Frederic Skinner，1904~1990），美国心理学家，新行为主义学习理论的创始人，也是新行为主义的主要代表。斯金纳也是行为主义学派最负盛名的代表人物，操作性条件反射理论的奠基者，世界心理学史上最为著名的心理学家之一。直到今天，他的思想在心理学研究、教育和心理治疗中仍然被广泛应用。

（1）斯金纳的行为主义体系。斯金纳认为心理学所关心的是可以观察到的外表的行为，而不是行为的内部机制。他认为科学必须在自然科学的范围内进行研究，其任务就是要确定实验者控制的刺激继之而来有机体反应之间的函数关系。当然他不仅考虑到一个刺激与一个反应之间的关系，也考虑到那些改变刺激与反应的关系的条件。

（2）斯金纳对有机体的行为的分析。斯金纳对有机体的行为的分析是他的行为科学研究的重要部分，他的关于操作条件作用的原理就是其行为分析的核心观点。斯金纳用他自己设计的"斯金纳箱"对动物进行了一系列研究，提出了操作条件反射的理论。他把条件作用分为两种，一种是应答性条件反射，即巴甫洛夫的古典式条件反射；另一种是操作性条件反射，即他自己在动物实验中发现的那种条件反射。前者是由一种可以观察到的刺激引发的，而后者则是在没有任何可以观察到的外来刺激的情境中发生的，后者比前者在学习过程中更为重要。

20世纪70年代以来，由于计算机和信息加工技术的发展，原先应用在教学机器中的程序设计，已在计算机辅助教学技术中被广泛地应用了。

行为主义心理学派在心理学发展中的贡献和局限促进了心理学的客观研究，扩展了心理学的研究领域。对行为的突出强调，不仅促进了心理学的应用，而且使人们看到新的希望。

行为主义心理学在美国心理学中占统治地位长达40年之久。行为主义的理论结构和实验方法，随着科学技术的发展，日益精确、客观和专门化。但是由于它们对人性的理解太片面，研究的对象太狭窄，应用的方法太机械，因而研究的实效相对来说不大。从50年代起，行为主义心理学遇到了人本主义心理学和认知心理学两方面的严峻挑战。

二、行为主义心理学与酒店服务

行为主义心理学的研究对心理学的发展有着巨大而深远的影响，被广泛地运用到人类社会的各个领域。酒店服务中，行为主义心理学也能够为我们提供很好的指导作用。

1.察言观色，投其所好

行为主义心理学告诉我们，透过人的外在行为可以窥探人的内心想法。因此，在酒店服务过程中，服务人员应善于察言观色，根据自己所学的知识和以往的经验，时时留心，处处在意，捕捉真实瞬间，及时抓住时机，主动地、适时地为客人提供服务，通过观察客人的行为举止去揣摩其内心活动，为客人提供所需的服务。细心、热心、耐心是酒店服务人员的基本功，是搞好服务工作的基础和前提。

在现实的酒店服务中，经常可能出现这样的情况，有些顾客有话要对服务员说，可是当着别人的面不好意思说。这时就需要服务员学会察言观色，做到心领神会，不言自明地去为顾客提供服务，而不要等顾客被迫无奈说出来，并且要求服务员做得不动声色、不露痕迹，避免自己的行为表现和别的顾客异样的眼神导致的顾客的尴尬，从而让客人失去对服务乃至酒店的好感。

2.防患未然，化解冲突

行为主义心理学告诉我们，人的行为是人心理的外在表现，人的行为反应是因为一定的刺激而产生的，任何情况的发生都会有一定的先兆。因此，在酒店服务中，如果碰到顾客找茬，要善于察言观色，善于捕捉顾客的各种思想和行为信息并进行仔细的筛选和分析，透过顾客的外在行为去琢磨其内心想法和情绪状态。哪怕是一个细小动作、一句暗示话语、一个无意眼神、一个细微犹豫，我们都应该及时抓住时机，及时处理，把矛盾和摩擦尽量解决在萌芽状态。机会转瞬即逝，要善于抓住起初的有利时机进行化解，不要等到事态扩大、严重了才引起重视。当然，除了要把握机会以外，还要注意掌握有效的化解矛盾的方法。

3.优化服务，加强宣传

行为主义心理学认为，行为反应建立在一定的条件刺激之下，因此，要想某种行为能够发生，应该施加一定的刺激。根据刺激推知反应，根据反应推知刺激，达到预测、塑造和控制人的行为的目的。

在酒店服务中，有这样两句话："顾客总是健忘的"和"顾客总是忘恩负义的"，尽管都有失偏颇，但并不是全无道理，这两种倾向在顾客中确实存在，甚至还很普遍。我们不能指望顾客总是能够记住我们提供的优势产品和优良服务，但为了加深顾客的记忆，给顾客留下深刻的印象，酒店在服务过程中应该重复不断地强化相关信息，而对于顾客那种容易记住不佳的服务而遗忘优质的服务的倾向，应该树立服务"零缺陷"的观念，不断地提高服务的水平和质量，尽可能地去满足顾客的需要，并不断地加强宣传和展示相关信息，这样才能加深顾客对酒店的良好记忆。

酒店要促使顾客选择自己，应该把有效的信息及时地通过各种途径和渠道传达给顾客，通过这种信息刺激使顾客选择酒店的行为反应发生，这也就要求酒店树立良好的服务形象、提供优质的服务产品、高度重视酒店的宣传和营销。行为主义心理学还认为，受到强化的行为会重复出现，而没有被强化的行为则容易消退。因此，酒店要吸引客源，必须持续不断地进行宣传营销，千方百计地扩大影响。

4.注意分寸，适可而止

行为主义心理学认为，要使得某种行为重复出现，就需要不断地对行为进行强化，但这种强化也不是漫无止境的，需要掌握一个合适的"度"，超过了这个"度"，很有可能引起他人的逆反心理，过犹不及。

因此，酒店在进行宣传营销时，对其他旅游企业和顾客进行行为"强化"时，应当尽量坚持适度的原则，注意分寸、掌握火候、找准时机、适可而止，避免出现吃力不讨好的负面状况。同样的情形也适合酒店服务人员，在为顾客服务的时候，需要把握适度原则，既不能过于热情，也不能过于冷淡，防止出现过犹不及的现象，应该有所为有所不为，一切以顾客满意为出发点和归宿，提供适当的服务。

第三节　人本主义理论与酒店服务

【案例导入】

有问题的导游

旅游团内的矛盾和冲突，是一个让导游"伤脑筋"的问题。有一天，经理让大家说说究竟是什么原因。 小张说："依我看，是现实与计划不符，团队出事多半都和它有关。"

肖静说："现实与计划不符嘛，恐怕不可能完全避免。事实上，它也不一定就会产生大的矛盾。依我看，服务方面是主要原因。你们说，哪一件投诉不是和服务水平低有关？"

经理说："肖静说对了一半。你们几位很少有游客的投诉。可是团队里的矛盾还是不少吧？"

小洪说："有许多问题是得不到有关方面的配合而产生的，像民航、车站、车队、酒店、餐厅，还有交警……你们说，游客意见最大的旺季，是不是相关单位最不信守合同的时候？"

小何说："我想，你们说的都有道理，但是，有了这些问题是不是就一定会引起轩然大波?我看不一定。不是说'外因通过内因起作用'吗?我想，可能还要从旅游团的内部找找原因。我也没有想清楚。但是我有一个感觉，团队里的游客谁都不服谁，这就特别容易引起矛盾，就好像是一堆干柴，沾火就着!"

小洪说："小何，游客原来都是不认识的，凭什么谁服谁呀，你说偏了吧。"

"一堆干柴，沾火就着——这个比方打得不错。"小赵说，"假如这一堆柴不是干的，而是湿的，那就是有几个火星落在上面，也不至于一下子就成了熊熊烈火呀!那么，这堆干柴是什么呢?我看，这堆干柴就是'谁都不服谁'。在社会心理学中这种现象叫'社会尊重不足'，在旅游团里这种现象特别普遍，也特别严重。游客都觉得自己没有得到应有的尊重，所以，遇到什么事就都不肯让步，要争一口气!这样一来，彼此之间有一点差异，本来可以相容的也不能相容;有了一点小的矛盾，本来可以化解的也偏要把它放大。刚才提到的计划与实际的差异，服务水平低，有关方面不配合，这些问题不是没有办法解决的，但是，客人要争口气，就会引起轩然大波。"

(资料来源: 阎纲.导游多维心理分析案例100[M].广州: 广东旅游出版社，2003–1)

思考与讨论:

1.〝社会尊重不足〞这种现象为什么在旅游团里相当普遍也特别严重?
2.怎么解决旅游团中出现的〝社会尊重不足〞这种心理现象问题?

人本主义心理学是20世纪五六十年代兴起于美国的一种革新运动的现代心理学思潮，是继精神分析学派和行为主义心理学之后的第三势力，其主要代表人物是亚伯拉罕·马斯洛和卡尔·罗杰斯。人本主义心理学研究的主题是人的本性及其与社会生活的关系，研究的对象是健康的、积极向上的人，反对心理学研究中把人性动物化和机械化的精神分析学派，也反对把人看作是物理的、化学的、客体的行为主义学派，而是主张心理学研究对个人发展和社会进步富有意义的问题，关注人的尊严与价值。

人本主义心理学家认为，对于人来说，最本质也最可贵的东西并不是人与其他动物所共有的那些本能，而是那些其他动物所没有的，只有人才拥有的"潜能"。心理学应该关心人的潜能的发挥和自我实现的需要，关心人的尊严、人的价值和人的提高。理想的社会应该是能够使人的潜能得到充分发挥和实现的社会，是人的尊严和价值得到充分重视的社会。

一、人本主义心理学理论

亚伯拉罕·马斯洛（Abraham Harold Maslow，1908~1970）出生于美国纽约市布鲁克林区，社会心理学家、人格理论家和比较心理学家，现代西方心理学第三种势力——人本主义心理学的主要发起者和杰出代表。《纽约时报》曾经评论："马斯洛心理学是人类了解自己过程中的一块里程碑。"也有人这样评价："正是由于马斯洛的存在，做人才被看成是一件有希望的好事情。在这个纷乱动荡的世界里，他看到了光明与前途，他把这一切与我们一起分享。"的确，弗洛伊德为我们提供了心理学研究病态的一半，而马斯洛则将健康的那一半补充完整。

马斯洛的主要著作有：《人类动机理论》（1943）、《动机与人格》（1954）、《存在心理学导言》（1962）、《科学心理学》（1967）、《人性能达的境界》（1970）等。

1. 马斯洛的需要层次理论

马斯洛在《人类动机的理论》一书中提出了需要层次论。马斯洛认为人的一切行为都是由需要引起的，他把人的多种多样的需要归纳为五大类，并按照它们发生的先后次序分为五个等级：

（1）生理需要。生理需要是人类最原始的、最基本的、最底层的需要，指衣、食、住、性等人类最基本的维持个体生存和族类繁衍的物质性需要。这些需要维持了人类生命和种族繁衍的起码要求，是人类生存的基本保障，也是推动人们行为的强大动力。马斯洛认为："一个人如果同时缺乏食物、安全、爱惜与价值观，则其最强烈的需求，当推对食物的需要为最。""衣食足而知荣辱，仓廪实而知礼节"，一个人如果连生理需要都得不得满足，其他的什么关系的需要、尊重的需要、自我实现的需要就通通谈不上。当生理需要得到相对满足以后，人的注意力就会集中到高一层次的需要上去，其他方面的需要就成为新的激励因素，而到了此时，这些已经得到相对满足的需要也就不再占据主导地位。

（2）安全需要。安全需要的含义是广泛的，是人类寻求其生命、财产、事业等免于威胁、侵袭并得到保障的心理需要，包括身体健康与生命安全、劳动保护与职业安全、生活稳定与社会保障、社会秩序与生活保障等。人们渴望社会环境和平、安定、良好，不希望存在犯罪、谋杀、动乱、专制等不安全因素的威胁，在这样的社会环境中，健康、正常人的安全需要基本上可以得到满足。马斯洛认为，整个有机体是一个追求安全的机制，人的感受器官、效应器官、智能和其他能量主要是寻求安全满足的工具。

（3）归属与爱的需要。归属与爱的需要包括两个方面的内容。一是归属的需要，即人都有寻找和归属群体或组织的感情需要，希望能够成为群体中的一员，并相互关照和守望相助，感情上的需要比生理上的需要来得细致，它和一个人的生理、心理、教育、信仰等密切相关。二是友爱的需要，主要包括亲情、友情和爱情三个部分。即人人都渴望和期待得到爱情，努力着去爱别人，也渴望接受别人的爱；人人都希望得到友情，希望伙伴之间、同事之间的关系融洽或保持友谊和忠诚；同时，人人也希望得到亲情滋润，幸福地生活。

（4）尊重的需要。人人都希望自己有良好的社会身份和很高的社会地位，渴望个人的能力和成就得到社会的承认和尊重。尊重的需要又可分为内部尊重和外部尊重。内部尊重是指一个人希望在各种不同情境中有实力、能胜任、充满信心、独立自主。外部尊重是指希求赢得别人的重视、认可和信赖，获取名誉、地位、身份和高度评价。马斯洛认为，尊重需要如果得到满足，能使人对自己充满信心，对他人热情友爱，对社会满腔热情，在生活和工作中体验到人生的意义和生存的价值。

（5）自我实现的需要。这是最高层次的需要，它是指个人理想、抱负得以实现，个人的能力和价值得到最大程度发挥，达到理想人生境界的需要。马斯洛提出，为满足自我实现需要所采取的途径是因人而异的。这种需要"就是指促使他的潜在能力得以实现的趋势。这种趋势可以说成是希望自己越来越成为所期望的人物，完成与自己的能力相称的一切事情"。简而言之，自我实现就是挖掘自身的潜能，实现人生的理想，体现人生的价值。

在马斯洛看来，人的内心都有这五种不同层次的需要，但在不同的场合不同的时期表现出来的各种需要的迫切程度是有所不同的。当前最迫切的需要成为人们行动的主要动因。人的需要有一个先从外部需求得到满足然后逐渐向内在要求得到满足的发展演进过程。在同一个人身上，这几种需要可能同时存在，但由于其心理发展程度不同，占优势地位的需要也就不一定相同。在某一特定的时期内，总有某一层次的需要在起着主导的激励作用。

在高层次的需要得到满足之前，低层次的需要必须得到适当的满足。只有当低层次的需要得到满足以后，其对行动的激励作用才会相对降低，其优势地位也难以继续保持，于是就会被其他更高层次的需要取而代之。马斯洛认为，一个理想的社会，除了应该满足人们的基本生理需要以外，还要进一步使人们满足较高层次的需要，并鼓励人们去追求自我实现。

马斯洛认为人类生存的最高层次的需求是成长、发展、发挥潜能，即自我实现的需要。人群中真正达到自我实现的人其实很少，而且由于能力素质、个性特点、人生观、价值观等的不同，每个人满足这一需要的方式和途径也不尽相同，有的人想在艺术方面有所成就，有的人更倾向于在科学研究领域出成果，而有的人只希望做一位成功的母亲。事实上，我们大多数人的全部基本需要都只是部分地得到了满足。在大多数情况下，可能几种甚至全部的基本需要同时存在，共同影响和支配着人的行为。

马斯洛心理学的理论核心是人通过多层需要得到满足，完成"自我实现"，达到"高峰体验"，从而激发自身潜能，铸就完美人格，实现人生价值。

1954年，马斯洛在《激励与个性》一书中探讨了他早期著作中提及的另外两种需要：求知需要和审美需要。这两种需要未被列入到他的需求层次排列中，他认为这二者应居于尊敬需要与自我实现需要之间，但是他同时说明，这些需要不能放在基本需要层次之中。

马斯洛的需要层次理论为我们研究人的动机和行为提供了重要的理论基础，它说明了人的需要发展变化的一般规律，从而也使我们可以更好地把握人的行为的规律性。

2. 马斯洛的健康人格理论

马斯洛认为以往的心理学家，都把目光投向人类消极、阴暗和病态的一面，他把这种心理学称为"残疾"心理学。而他的研究是基于人是一个有思维、有感情的统一体，研究的对象是一些有成就的著名人物，在这基础上创立了研究人类积极的本性和因素的健康人格心理学。

"自我实现"的人是马斯洛提出的一个理想的、健康的人格模型。在马斯洛看来，自我实现是人生追求的最高境界理念，是人格发展成熟的标志，是人性发展的理想阶段或最高阶段。马斯洛认为，自我实现者具有鲜明的人格特征，自我实现的动机来自于人的内在需要，并且指出了实现自我，塑造健康人格的途径。马斯洛研究了许多他认为是心理健康榜样的著名人物，结果发现，这些被认为心理健康水平真正优秀、人格真正健全的自我实现者具有以下优秀的品质：良好的现实知觉，客观对待外界；接纳自己、他人与周围的世界；自发、坦率、真实；视野开阔，就事论事，较少计较自身得失；独立自主，自尊自信；自主的功能发挥，个性十足；常新的愉快体验，不因重复而厌倦；神秘的、敏感的高峰体验；浓厚的社会兴趣，充满活力；民主的性格结构，不独断专行；鲜明的创造品格，好奇心强；哲学气质，富有幽默感；尊德重行，富有道德心；视觉敏锐，富有辨别力；抗拒遵从，和而不同。

马斯洛认为，"就我自己进行的研究来说，它们大多是在可以说已经取得'成功的'成人身上进行的。我只有很少有关不成功的、掉队的人的资料"。他接着又说，"虽然他们在数量上很少，然而我们从直接研究这些高度发展的、最成熟的、心理最健康的个体中，能够学到有关价值的大量知识。这是因为他们是最完美的人"。

二、人本主义心理学与酒店服务

人本主义心理学注重以人为本，关心的是人的尊严的实现。作为酒店服务人员，应该始终牢记"顾客就是上帝"的宗旨，尊重顾客，尽量满足顾客提出的各种要求。而要做到这些，必须注意以下方面：

1.处理好个性与角色的关系

人是有个性的，但角色是"非个性化"的，不管你是何种个性都必须符合社会和人们的基本规范和起码要求。角色是"非个性"的，扮演角色的人却是有个性的。有个性的人要扮演"非个性"的角色，"非个性"的角色要由有个性的人来扮演，这样容易产生个性与角色的矛盾。一些服务人员在心理上不能适应他们所担当的角色，不善于处理自己与客人之间的角色关系，是造成服务质量不高的原因之一。

（1）明确自身角色定位。酒店服务人员在承担某个社会角色前，必须清楚地认识自己所在岗位的要求和角色行为是什么。因此，必须努力学习，适当调整，不断强化自己的角色意识，解决角色行为与个性行为之间的冲突。

（2）正确认识客我关系。虽然人与人之间是平等的，但这并不意味着人们在任何情况下都是"平起平坐"的。人与人之间的平等是由人与人之间的相互理解、相互尊重、相互关怀来体现的，而不是由不分场合的"平起平坐"来体现的。作为服务角色，就不能"平等"，人与人之间虽然是平等的，但角色并不总是平等，作为服务人员应该要有这个角色意识，不能也不必与客人"平起平坐"。

（3）正确处理客我关系。作为酒店服务人员，要懂得尊重客人。服务就要提倡"得理且让人"，只要客人不违反酒店规定和社会法规，就不能与客人针锋相对，定要争个谁对谁错谁是谁非。

作为酒店服务人员，要扮演好"提供服务者"的角色，始终牢记"顾客是上帝"，客人的满意就是所有酒店服务者努力的最终目标。

2.实现优质双重服务对待顾客

酒店必须以双重的优质服务，即"优质的功能服务加优质的心理服务"，去赢得客人的满意。这就要求服务人员不仅要会做事，而且要会待人。会做事是指能够快捷而又圆满地为客人解决实际问题，会待人是指能让客人在与自己的交往中感到轻松、亲切和自豪，前者只是为客人提供优质的功能服务，后者才是为客人提供优质的心理服务。作为酒店服务人员，要用微笑的表情表现对顾客的真诚，用柔性的语言表现对顾客的尊重，做好分内之事与分外服务，提供针对性的服务。同时，酒店服务人员还要注重自身的仪容仪表和言行举止，从而赢得客人的尊重。

3.坚持一视同仁与特别关照相结合

一视同仁集中体现了平等观念，体现了对人格的尊重，是优质服务中的一种必要因素，有助于创造平等、团结、友爱、合作、互助的新型人际关系。酒店服务人员要真正做到让每一位客人都能感到受尊重，没有被人瞧不起的感觉。但单单有一视同仁还是不够的，只有满足旅游者的个性化需求的"特别关照"，在服务过程中时时处处站在客人的位置上，想客人之所想，急客人之所急，才能真正赢得顾客的满意，才是优质服务的"魅力因素"。酒店服务人员既要给每一位顾客提供标准化的服务，做到一视同仁，满足顾客的一般要求，又要根据每位顾客的情况提供个性化服务，有针对性地满足旅游者的特殊要求，做到特别关照。

4.正确处理好服务中的缺陷与是非

在酒店服务中，还必须高度重视并正确处理好服务中的缺陷与是非。

（1）正确处理服务中出现的缺陷。在酒店服务过程中如果发生缺陷，就会对顾客造成一定的不便甚至是重大的损失，这必然就会引起顾客极大的不满，使客人产生一种遭受挫折的感觉。酒店为保证顾客满意，就需要让服务表现出无可挑剔，也就是通常所说的达到"零缺陷"。而一旦酒店服务出现缺陷，给客人带来损失，不管是什么原因引起的问题，作为酒店服务部门都不要掩盖自己的过失，也不要与客人争执，而应该以诚恳的态度聆听客人的呼声，了解情况，采取补救措施，使客人"出气"，获得相应的物质和心理补偿。在第一时间内向客人道歉，允许并接受客人的抱怨，以最快的速度和最佳的效果进行服务补救，还要努力发现服务经营过程中潜伏的危机及问题的根源，及时发现和解决问题，进一步完善和提升自己的服务水平和服务质量，赢得客户更大的忠诚与口碑。

（2）正确处理好服务中出现的是非。酒店提供的是服务，而不是要在任何时候、地点分清是非。客人是来"花钱买享受"的，是来接受服务的，而不是来接受教育和改造的。如果服务人员非要说客人"不对"，客人就变成了"花钱买气受"。酒店服务中，不能把"分清是非"变成"争输赢"，即使客人错了，也要把"对"让给客人，得理也让人。要让顾客体面下台，给顾客"尊重"酒店的机会，这样才能赢得顾客的下一次光顾。是非要分清，输赢切莫争。

【典型案例分析】

王先生的火气果然是越来越小了

团队入境刚两天，全陪小孔就发现团里的王先生火气越来越大。

王先生是某大公司的部门经理。刚入境时，小孔觉得王先生比较豪爽，待人接物也都通情达理。可是到了晚上，王先生的脸就有一点阴沉了。第二天，王先生的火气就上来了，莫名其妙地对人发脾气，连他太太都觉得不好意思了。

小孔不知道该怎么办，只好向赵先生请教。赵先生问了王先生的职业等基本情况，又问了团里还有一些什么样的游客，最后，赵先生问："王先生发脾气时有没有其他客人在场？"小孔想了一下说："差不多都是有其他客人在场的。不过，我看他并不像是对某一位客人有意见，他每次发脾气时，在场的客人并不相同。"

听了小孔的话，赵先生松了一口气，对小孔说："这就好办了！你每天抽出一点时间去和王先生聊聊天，聊的内容最好是让他谈谈他获得成功的经历。你要做一个好听众，要装出一副'小妹妹'的样子。听得特别认真。照此办理，王先生的火气肯定会越来越小!"

全陪回来，小孔很高兴地对赵先生说："赵大哥，你教我的这一招还真灵，那位王先生的火气果然是越来越小了。我就是不明白，你怎么会这么神呢?"

(资料来源：阎纲.导游多维心理分析案例100[M].广州：广东旅游出版社，2003)

案例评析：

本案例中王先生的火气越来越大是因为"社会尊重严重不足"引起的。

人本主义心理学研究证明，尊重需要大致由社会尊重需要和自我尊重需要构成。社会尊重需要与自我尊重需要是平衡的，它们之间类似跷跷板的关系。社会尊重的严重不足会极大地激发自我尊重需要，自我尊重的高度满足会减弱社会尊重的需要，反之亦然。

像王先生这样一位成功人士，养尊处优，在日常生活中受到许多人的尊重，常常会得到"众星捧月"般的待遇，但是，在旅游团中，他不仅没有得到"众星捧月"的待遇，甚至当他对其他旅游者表现出友好态度时，也未能得到积极的回应。他的"火气"正是自我尊重的表现。

赵先生教给小孔的做法之所以有效，原因有二：一方面，小孔请王先生谈成功的经历，这是因为越是成功的人，对成功经历越是自豪，越是愿意与别人分享；另一方面，小孔装出一副"小妹妹"的样子，听得特别认真，满足了王先生对"社会尊重"的需要。

根据带团实践，旅游者感受到"社会尊重严重不足"大约在旅游刚开始的一两天的时间内，因此，"灭火"工作在这两天内进行效果最好。

【 本章小结 】

西方现代心理学在短短的一百多年的发展过程中，产生了众多的流派和学说，其中以弗洛伊德创立的精神分析心理学、华生创立的行为主义心理学和以马斯洛为代表的人本主义心理学影响最大，被称为现代西方心理学的三种主要势力，也被认为是现代西方心理学的三大流派。

精神分析理论，也叫精神分析心理学，被称为现代西方心理学的第一种势力，其创始人是奥地利医生、心理学家弗洛伊德。精神层次理论是弗洛伊德心理学的主要组成部分，把人的精神活动分为三个层次：意识、前意识和潜意识；弗洛伊德的人格结构理论认为个体人格结构由本我、自我、超我三个部分组成；弗洛伊德的人格发展理论将个体出生后至性成熟的性心理发展划分为口腔期、肛门期、性器期、潜伏期和成熟期等五个阶段；弗洛伊德的心理防御机制理论认为自我的心理防御机制包括压抑、否认、投射、退化、隔离、抵消转化、合理化、补偿、升华、幽默、反向形成等各种形式；释梦理论是弗洛伊德全部学说最有价值的部分之一，弗洛伊德的释梦理论基本上包括三个部分：有关梦的心理事实、解析梦的方法以及对梦的分析和判断。精神分析理论运用于酒店服务中主要体现在首因效应、近因效应、晕轮效应等几个方面。

行为主义心理学是美国现代心理学的主要流派之一，也是对西方心理学影响最大的流派之一，被称为现代心理学的第二种势力。行为主义可区分为旧行为主义和新行为主义。旧行为主义的代表人物以华生为首，其次则有霍尔特、拉施里·亨特和魏斯。新行为主义的主要代表则为托尔曼、赫尔和斯金纳等。华生是行为主义心理学的创始人，坚持心理学只能研究行为而非意识，强调以绝对客观的而绝非内省的方法研究心理学，其主要理论有刺激—反应论、环境决定论等。斯金纳是新行为主义学习理论的创始人，也是新行为主义的主要代表，同时也是行为主义学派最负盛名的代表人物。斯金纳对有机体的行为的分析是其行为科学研究的重要部分，关于操作条件作用的原理就是其行为分析的核心观点。在酒店服务中，行为主义心理学告诉我们应该察言观色，投其所好；防患未然，化解冲突；优化服务，加强宣传；注意分寸，适可而止。

人本主义心理学是继精神分析学派和行为主义心理学之后的第三势力，其主要代表人物是亚伯拉罕·马斯洛和卡尔·罗杰斯。人本主义心理学主张心理学要研究对个人发展和社会进步富有意义的问题，关注人的尊严与价值。马斯洛是现代西方心理学第三种势力——人本主义心理学的主要发起者和杰出代表。马斯洛认为人的一切行为都是由需要引起的，他把人的多种多样的需要归纳为五大类，并按照它们发生的先后次序分为五个等级：生理需要、安全需要、归属与爱的需要、尊重的需要、自我实现的需要。在健康人格理论中，"自我实现"的人是马斯洛提出的一个理想的、健康的人格模型。在酒店服务中，人本主义心理学注重以人为本，关心的是人的尊严的实现，要求我们酒店服务管理人员注意处理好个性与角色的关系、实现优质双重服务对待顾客、坚持一视同仁与特别关照相结合、正确处理好服务中的缺陷与是非等。

【本章重点内容网络图】

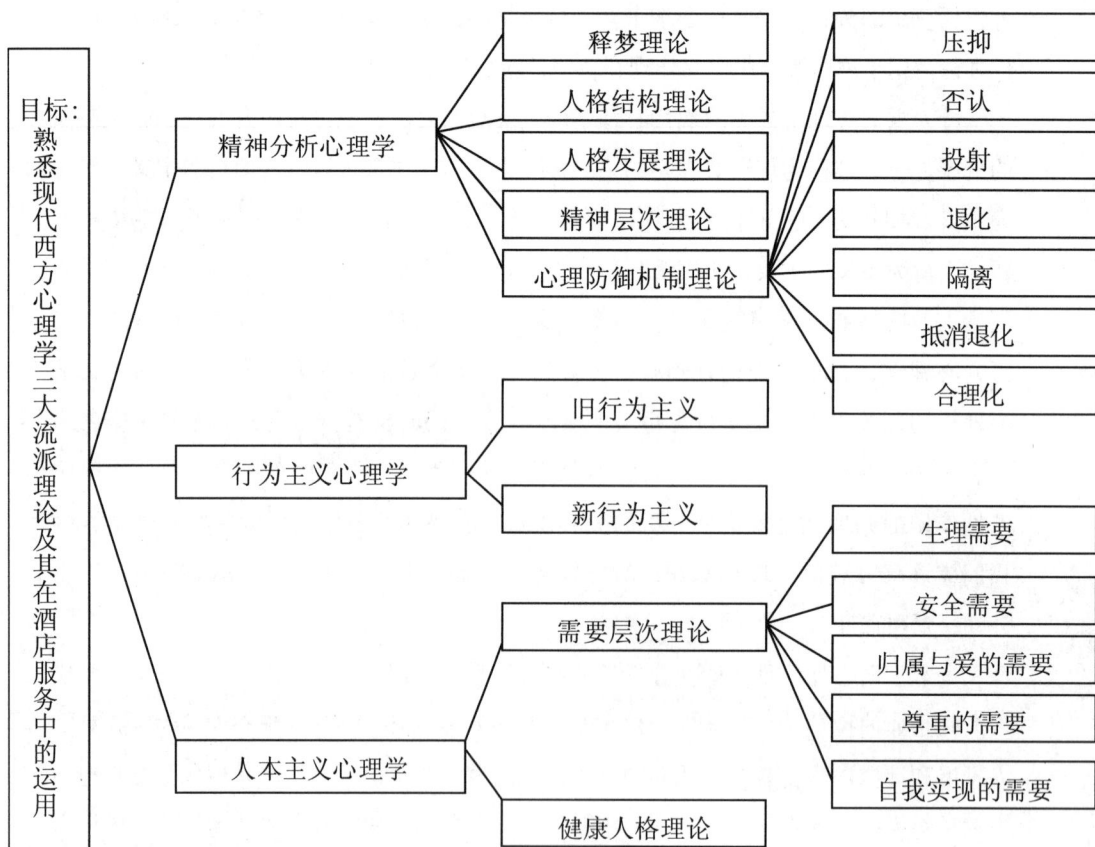

```
目标：                                     ┌─── 释梦理论              ┌─── 压抑
熟                ┌─── 精神分析心理学 ─┤─── 人格结构理论         ├─── 否认
悉                │                  ├─── 人格发展理论         ├─── 投射
现                │                  ├─── 精神层次理论         ├─── 退化
代                │                  └─── 心理防御机制理论 ─────┼─── 隔离
西                │                                          ├─── 抵消退化
方                │                                          └─── 合理化
心                │
理        ────────┤─── 行为主义心理学 ─┬─── 旧行为主义
学                │                  └─── 新行为主义
三                │                                          ┌─── 生理需要
大                │                                          ├─── 安全需要
流                │                  ┌─── 需要层次理论 ───────┼─── 归属与爱的需要
派                │                  │                      ├─── 尊重的需要
理                └─── 人本主义心理学 ─┤                      └─── 自我实现的需要
论                                   └─── 健康人格理论
及
其
在
酒
店
服
务
中
的
运
用
```

课后习题

一、填空题

1. 精神分析理论被称为现代西方心理学的第一种势力，创立于19世纪末20世纪初，其创始人是奥地利医生、心理学家_____。

2. 弗洛伊德是泛性论者，在他的眼里，性本能冲动是人一切心理活动的内在动力，当这种能量（弗洛伊德称之为_____）积聚到一定程度就会造成机体的紧张，机体就要寻求途径释放能量。

3. 行为主义心理学是美国现代心理学的主要流派之一，也是对西方心理学影响最大的流派之一，被称为现代心理学的第_____种势力。其创始人是_____。

4. 人本主义心理学是20世纪五六十年代兴起于美国的一种革新运动的现代心理学思潮，是继精神分析学派和行为主义心理学之后的第三势力，其主要代表人物是_____和_____。

二、单选题

1. 行为主义心理学是美国现代心理学的主要流派之一，也是对西方心理学影响最大的流派之一，被称为现代心理学的（　　）势力。

A. 第一种　B. 第二种　C. 第三种　D. 第四种

2. （　　）在《人类动机的理论》一书中提出了需要层次论。

A. 弗洛伊德　B. 华生　C. 斯金纳　D. 马斯洛

3. （　　）是新行为主义学习理论的创始人，也是新行为主义的主要代表，同时也是行为主义学派最负盛名的代表人物。

A. 弗洛伊德　B. 华生　C. 斯金纳　D. 马斯洛

4. 马斯洛在《人类动机的理论》一书中提出了需要层次论，认为人的一切行为都是由需要引起的，他把人的多种多样的需要归纳为五大类。下面（　　）不属于马斯洛需要层次论。

A. 生理需要　B. 安全需要　C. 审美需要　D. 尊重的需要

三、多选题

1. 下面（　　）属于行为主义的代表人物。

A. 华生　B. 托尔曼　C. 斯金纳　D. 马斯洛

2. 下面属于弗洛伊德的人格发展理论将个体出生后至性成熟的性心理发展划分的五个阶段的有（　　）。

A. 口腔期　B. 肛门期　C. 潜伏期　D. 成熟期

3. 弗洛伊德认为个体人格结构由（　　）等几个部分组成。

A. 本我　B. 自我　C. 超我　D. 忘我

4. 下列属于马斯洛需要层次论的是（　　）。

A. 生理需要　B. 安全需要　C. 审美需要　D. 尊重的需要

四、判断题

1. 弗洛伊德认为人的精神活动的能量来源于本能，本能是推动个体行为的内在动力。（　　）

2. 弗洛伊德认为个体人格结构由本我、自我、超我等三个部分组成，在正常情况下，三者保持相对平衡状态，若这种平衡遭到破坏，则人的心理容易产生障碍。（　　）

3. 行为主义者在研究方法上摈弃内省，主张采用客观观察法、条件反射法、言语报告法和测验法。（　　）

4. 人本主义心理学主张心理学要研究对个人发展和社会进步富有意义的问题，关注人的尊严与价值。（　　）

5. 马斯洛认为人的一切行为都是由需要引起的。（　　）

6. 马斯洛心理学的理论核心是人通过多层需要得到满足，完成"自我实现"，达到"高峰体验"，从而激发自身潜能，铸就完美人格，实现人生价值。（　　）

7. 人是有个性的，但角色是"非个性化"的。（　　）

8. 作为服务角色，就不能"平等"，人与人之间虽然是平等的，但角色并不总是平等，作为服务人员应该要有这个角色意识，不能也不必与客人"平起平坐"。（　　）

9. 酒店必须以双重的优质服务，即"优质的功能服务加优质的心理服务"去赢得客人的满意。这就要求服务人员不仅要会做事，而且要会待人。（　　）

10. 酒店服务人员既要给每一位顾客提供标准化的服务，做到一视同仁，满足顾客的一般要求，又要根据每位顾客的情况提供个性化服务，有针对性地满足旅游者的特殊要求，做到特别关照。（   ）

五、简答题

1. 谈谈酒店服务中如何正确处理角色与个性的关系。
2. 简述弗洛伊德的人格结构理论。
3. 简述马斯洛的需求层次理论。
4. 如何正确处理好服务中的缺陷与是非？

六、论述题

1. 运用弗洛伊德心理学的有关知识，解释说明酒店服务中应该怎样去把握顾客心理并提供相应服务。
2. 谈谈如何运用行为主义心理学来指导酒店服务。
3. 谈谈如何运用人本主义心理学来指导酒店服务。
4. 谈谈酒店服务中如何坚持"顾客就是上帝"的原则。

七、案例分析

好喝的酸梅汤

在一次宴会结束以后，客人中的一位郑先生特地留下来对餐饮部经理说："你们的那个小姑娘，就是服务员小叶，可真是好样的！好！真好！"说完就走了。餐饮部经理也不知道这位郑先生到底认为小叶好在哪里，于是就把小叶叫过来，问她今天为客人做了什么好事。

听了小叶的叙述，餐饮部经理才知道原来是这么回事：

小叶托着一个盘子去给客人上饮料，走到郑先生这边，问他要什么饮料的时候，郑先生漫不经心地指了一下盘子里的可乐，于是小叶就给郑先生倒了一杯可乐。接着，小叶问坐在郑先生对面的万先生要什么饮料，万先生很仔细地看了看盘子里的几种饮料，指着其中一种问小叶："这是什么？"小叶说："这是我们酒店自制的酸梅汤。"万先生露出惊喜的神色说："还有酸梅汤？太好了，我就爱喝酸梅汤！"于是小叶就给万先生倒了一杯酸梅汤。

小叶注意到，郑先生看了看万先生的酸梅汤，又看了看自己的可乐，什么话也没有说。但是，从郑先生的表情看，好像是在说："早知道有酸梅汤，我也要酸梅汤啊！……已经要了可乐，算了，就喝可乐吧！"

等郑先生的可乐喝得差不多了，本该给他再续上一杯的时候，小叶凑到郑先生的耳边说："我们酒店自制的酸梅汤味道挺好的，您是不是尝尝？"郑先生连连点头说"好，好，那就尝尝吧！"

郑先生一连喝了好几杯酸梅汤，一再地称赞："好，好，味道真不错！"

(资料来源：吴正平，阎纲.旅游心理学[M].北京：北京出版社，2007)

问题：

1.小叶的服务究竟好在哪里以至受到郑先生的赞扬？

2.如何用行为主义心理学的有关原理进行行为分析？

第二章
顾客个性与酒店服务策略

【学习目标】

● 知识点

1. 个性的定义及影响个性的因素;

2. 酒店个性化服务的含义及重要性;

3. 酒店个性化服务的理论依据;

4. 个性化服务的四个误区。

● 技能点

1. 酒店客人不同的个性类型及服务要点;

2. 学会在工作中应用酒店个性化服务策略。

第一节　顾客个性概述

【案例导入】

意外的生日

一天傍晚,贵州黄果树酒店的餐厅内灯火辉煌,当前来考察黄果树风景区的联合国教科文组织的专家卢卡斯博士一行走进餐厅,坐到餐桌前,突然灯光熄灭了,两位礼仪小姐端来一盘插着数十支蜡烛的生日蛋糕放到餐桌中央,主持人致辞:"请大家举杯，让我们一起来祝贺卢卡斯博士67岁生日。"话音刚落，就响起了《祝你生日快乐》的乐曲……卢卡斯博士异常激动，连声说："太意外了！太意外了！你们如此细致周到的服务使我终身难忘，黄果树酒店就像我的家！"黄果树酒店在客人生日之际，为客人送上意外的祝福，使客人获得一种宾至如归的感受。

（资料来源：http://ycy.njtvu.edu.cn/ArticleShowContent.aspx?articleID=1171）

思考与讨论：

　　1.卢卡斯博士为什么说太意外了？

　　2.这种"意外"会给客人什么样的感受？

　　人们对不同的社会角色有着不同的角色期待，社会角色之间的交往有着各种成文或不成文的规定和原则。一般说来，按照这些规定和原则进行交往就能顺利交往下去。但是，扮演着种种社会角色的人毕竟是具有不同个性的人，每个人都有其不同于他人的特点。社会角色要受扮演者的影响，人也会受其社会角色的影响。同一种社会角色可以由不同的人来扮演，同一个人也总是要在不同的场合扮演不同的社会角色。所以，我们在与各种各样的社会角色进行交往的同时，也是在与扮演这些社会角色的各种各样的人进行交往；反过来说，我们在与各种各样的具体的人进行交往的同时，也是在与这些人所扮演的社会角色进行交往。

　　世界上的人是千差万别的，每个人都有自己的个性。社会角色是"非个性"的，社会角色的"非个性"表现在当不同的、各有其个性的人去扮演同一种社会角色的时候，他的行为要受到所扮演的社会角色的制约，他的表演要与所扮演的社会角色相符合，要满足人们对于这种社会角色的"角色期待"。比如在戏剧舞台上，虽然有1000个演员就有1000个"林黛玉"，但"林黛玉"这个角色有一种大致固定的模式，无论演员如何有个性，总不能够把"林黛玉"演成"王熙凤"。

一、个性的定义及影响个性形成的原因

　　简单地说，个性就是一个人的整体精神面貌，即具有一定倾向性的心理特征，是

一个人共性中所凸显出的一部分。

1.个性的定义

所谓个性就是个别性、个人性，就是一个人在思想、性格、品质、意志、情感、态度等方面不同于其他人的特质，这种特质表现于外就是言语方式、行为方式和情感方式等等，任何人都是有个性的，也只能是一种个性化的存在，个性化是人的存在方式。

从目前研究的情况来看，个性的内容和形式分类，主要有下面五种定义：

（1）列举个人特征的定义，认为个性是个人品格的各个方面，如智慧、气质、技能和德行。

（2）强调个性总体性的定义，认为个性可以解释为"一个特殊个体对其所作所为的总和"。

（3）强调对社会适应、保持平衡的定义，认为个性是"个体与环境发生关系时身心属性的紧急综合"。

（4）强调个人独特性的定义，认为个性是"个人所有有别于他人的行为"。

（5）对个人行为系列的整个机能的定义，认为"个性是决定人的独特的行为和思想的个人内部的身心系统的动力组织"。

2.影响个性形成的原因

父母、性别、民族、出生环境、童年及青年生活环境、成年生活环境、社会规则、朋友、经历等都是影响个性形成的重要因素。

二、个性的结构

从构成方式上讲，个性其实是一个系统，其由三个子系统组成。

1.个性倾向性

指人对社会环境的态度和行为的积极特征，它是推动人进行活动的动力系统，是个性结构中最活跃的因素，决定着人对周围世界认识和态度的选择和趋向，决定人追求什么，包括需要、动机、兴趣、理想、信念、世界观等。个性倾向性是人的个性结构中最活跃的因素，它是一个人进行活动的基本动力，决定着人对现实的态度，决定着人对认识活动的对象的趋向和选择。个性倾向性是个性系统的动力结构，它较少受生理、遗传等先天因素的影响，主要是在后天的培养和社会化过程中形成的。个性倾向性中的各个成分并非孤立存在的，而是互相联系、互相影响和互相制约的。其中，需要又是个性倾向性乃至整个个性积极性的源泉，只有在需要的推动下，个性才能形成和发展。动机、兴趣和信念等都是需要的表现形式。而世界观属于最高指导地位，它指引着和制约着人的思想倾向和整个心理面貌，它是人的言行的总动力和总动机。由此可见，个性倾向性是以人的需要为基础、以世界观为指导的动力系统。

2.个性心理特征

个性心理特征指人的多种心理特点的一种独特结合，就是个体在其心理活动中经常地、稳定地表现出来的特征，主要是指人的能力、气质和性格。其中，能力指人顺利完成某种活动的一种心理特征。能力总是和人完成一定的活动相联系在一起的，离开了具体活动既不能表现人的能力，也不能发展人的能力。气质，一部分取决于先天因素，大部分取决于一个人所处的环境及后天的教育，就像各种不同阶级有着不同气质的人一样。性格指一个人对人、对己、对事物（客观现实）的基本态度及相适应的习惯化的行为方式中比较稳定的、独特的心理特征的综合。

3.自我意识

自我意识指自己对所有属于自己身心状况的意识，包括自我认识、自我体验、自我调控等方面，如自尊心、自信心等。自我意识是个性系统的自动调节结构，有的学者把自我意识称为自我调控系统。

个性结构的这些成分或要素，又因人、时间、地点、环境的不同而互相排列组合，结果就产生了在个性特征上千差万别的人和一个人在不同的时间、地点环境中的个性特征的变化。心理过程是个性产生的基础，研究个性必须探讨它的特性及表现，这样才能把个性心理与其他心理现象区别开来。

三、个性的特征

1.自然性与社会性

人的个性是在先天的自然素质的基础上，通过后天的学习、教育与环境的作用逐渐形成。因此，个性首先具有自然性，人们与生俱来的感知器官、运动器官、神经系统和大脑在结构上与机能上的一系列特点，是个性形成的物质基础与前提条件。但人的个性并非单纯自然的产物，它总是要深深地打上社会的烙印。初生的婴儿作为一个自然的实体，还谈不上有个性。个性又是在个体生活过程中逐渐形成的，他在很大程度上受社会文化、教育教养内容和方式的塑造。可以说，每个人的人格都打上了其所处的社会的烙印，即个体社会化结果。

2.稳定性与可塑性

个性的稳定性是指个体的人格特征具有跨时间和空间的一致性。在个体生活中暂时的、偶然表现的心理特征，不能认为是一个人的个性特征。例如，一个人在某种场合偶然表现出对他人冷淡，缺乏关心，不能以此认为这个人具有自私、冷酷的个性特征，只有一贯的、在绝大多数情况下都得以表现的心理现象才是个性的真实反映。

在学校教育中，我们经常可以看到，每个学生都具有一些不同的、经常表现的心理特征，如有的学生关心集体，热情帮助同学，活泼开朗；有的学生对集体的事也关心，但不善言谈，稳重、踏实、埋头苦干。这不同的行为表现不仅是在班集体中，在其他场合也是如此，这才能把某个学生同另一个学生在精神面貌上区别开，也才能预料某学生在一定情况下会有什么样的行为举止。总之，一个人的个性及其特征一旦形成，我们就可以从其儿童时期的人格特征推测其成人时期的人格特征。

尽管如此，个性或称人格绝不是一成不变的。因为现实生活非常复杂，随着社会现实和生活条件、教育条件的变化，年龄的增长，主观的努力等，个性也可能会发生某种程度的改变。特别是在生活中经过重大事件或挫折，往往会在个性上留下深刻的烙印，从而影响个性的变化，这就是个性的可塑性。当然，个性的变化比较缓慢，不可能立竿见影。

由此可见，个性既具有相对的稳定性，又有一定的可塑性。教育工作者要充分认识到这一点，履行教育职责时才能有耐心和信心。

3.独特性与共同性

个性的独特性是指人与人之间的心理和行为是各不相同的。因为构成个性的各种因素在每个人身上的侧重点和组合方式是不同的。如在认识、情感、意志、能力、气质、性格等方面反映出每个人独特的一面，有的人知觉事物细致、全面，善于分析；有的人知觉事物较粗略，善于概括；有的人情感较丰富、细腻，而有的人情感较冷淡、麻木等。如同世界上很难找到两片完全相同的叶子一样，也很难找到两个完全相同的人。

强调个性的独特性，并不排除个性的共同性。个性的共同性是指某一群体、某个阶级或某个民族在一定的群体环境、生活环境、自然环境中形成的共同的、典型的心理特点。正是个性具有的独特性和共同性才组成了一个人复杂的心理面貌。

四、酒店客人的个性类型

酒店的客人形形色色，每个人的个性都不一样，对服务的要求也不同。因此酒店服务人员要尽量掌握不同客人的个性特点，察言观色，提供有针对性的服务，以提高客人满意度，为酒店赢得回头客。

1.散漫型

这类客人自由散漫、大大咧咧、没有主见，听得进别人的意见，但又有些随意。服务员服务时要认真大方，客客气气。同时对客人提出的有关事项，要认真负责地提出意见，帮助客人决策。

2.开放型

这类客人属于外向型的人，性格豪爽，好表现，对任何事情都毫无保留地形于言表，易于沟通，敢于行动。服务时要尽可能满足其需要，有什么要求也可直接向其提出来，但和他们谈话时要多听，不可随便答应。

3.成就型

这类客人由于在事业上已取得一定成就，因此多有一种高高在上、自以为是的感觉，认为自己所做的、要求的、决定的事情一切都是对的。服务员服务时要礼貌大方，不卑不亢，平时可顺从其要求，照其要求去做，但对无法满足的要求要说明原因，以免引起客人不满。

4.理性型

这类客人平时言语不多，能冷静而客观地观察和对待事物，爱读书看报，一般自有主见。服务时要热情礼貌以示尊重，注意不要随意打扰，等明确了客人的需要以后，再按其要求保质保量地做好服务工作。服务好这种客人，使他们对酒店服务留下深刻印象，由他们向其周围人宣传对酒店的正面宣传大有裨益。

5.急躁型

这类客人以学生和年轻人多见，他们性情急躁，动作迅速，讲话节奏快，因此对服务最大的要求是马上、及时。所以服务员在为他们服务时，要注意服务方式，讲究效率，弄清要求后，尽快完成服务项目。遇到问题，千万不要和他们顶撞，以免激怒客人，给酒店造成不良影响。

6.温柔型

这类客人性情温和、有修养、举止文雅、乐于助人，以女性客人为多。酒店服务时一定要态度和蔼，千万不能生硬无礼，对服务项目要多作介绍，设法帮助他们。对他们的客房要勤打扫和整理，时时保持清洁美观。

7.社交型

这类客人见多识广、善于辞令、喜欢聊天、好面子，平时交际比较多，老于世故。因此，服务时要注意言谈举止礼貌大方，善于倾听，不要追求好奇，最好与他们保持一定的距离。要特别注意服务高质量、高水平、高效率。

8.排他型

这类客人不易和别人交往，小心谨慎，处处防范他人，固执己见，不易接受别人的意见和建议，容易因小事和别人发生矛盾与纠纷，一旦需要没有得到满足，有可能会在公共场合大吵大闹。因此服务时最好不要与其闲谈，尽量按其要求做好服务，出现问题时要注意容忍，保持耐心，千万不要与之争吵，而且要时刻关注他们与其他客人的关系。

9.抱怨型

这类客人总是怨天尤人，即使是自己做错了事，也会把责任推卸给酒店，抱怨常常挂在嘴边。遇到这类客人服务员要热情、体谅，尽量给他们以礼遇。当他们抱怨时要注意倾听，礼貌善待，不要与之争辩，并寻求恰当的机会向他们表示歉意，设法使问题得到比较完满的解决。

10.胆怯型

这类客人比较内向，胆量较小，他们一般不会轻易表示自己的不满及提出自己的真实需求。因此服务员要注意加强观察，了解其真实想法，及时提供其所急需的东西，通过最好的服务来消除他们的胆怯心理，使其在酒店有"家"的感觉。千万不要对他们发脾气，以免加重他们的心理压力。

第二节 顾客个性与服务策略

【案例导入】

喜欢喝红茶的先生

陈先生是某酒店的忠诚客户，每次来都喜欢入住行政楼层，而且总习惯到行政酒廊去坐坐，约几位好友聊天品茗。第一次，陈先生点了一壶红茶，第二次来，依然点了红茶，当他第三次来酒店，楼层领班早就认出了这位爱喝红茶的陈先生，微笑地主动征询道："请问陈先生今天还是喝红茶吗？"陈先生先是一惊，转而大笑起来，并开心地对身边的朋友说："这儿的服务真是不错，你看，服务员真用心，我只来过两次他们就记住我爱喝红茶了，但是今天我想换换口味改喝咖啡。"

思考与讨论:

1.服务员给了陈先生什么惊喜？

2.服务员满足了客人什么心理需求？

理论上来看，企业之间的竞争大致经历了三个阶段：第一个阶段是产品本身的竞争，这是由于早期一些先进的技术过多地掌握在少数企业手里，可以依靠比别人高出一截的质量，赢得市场；但随着科技的飞速发展，新技术的普遍采用和越来越频繁的人才流动，企业间产品的含金量已相差无几，客户买谁的都一样，这就进入了价格的竞争，靠低价打败对手，即第二个阶段；现在已经进入第三阶段，就是服务的竞争，靠优质的售前、售中和售后服务吸引和保持住客户，最终取得优势。现代的市场竞争观念，就是"顾客至上"，"顾客永远是正确的"，个性化服务正是与每一位顾客建立良好关系，开展个性化服务正是体现了现代市场竞争趋势。所以说，国际形势和理论的发展促进个性化服务的发展。

一、标准化服务与个性化服务

标准化服务就是要按照酒店人员服务标准来对待和服务客人，个性化服务就是在规范服务客人的同时要有一点个性，所谓的个性就是要针对不同类型的客人提供最合适的服务。

1. 标准化与个性化服务的关系

从酒店业发展的历史来看，旅游服务的水平基本上是沿着从"随意性服务"到"标准化服务"，再从"标准化服务"到"个性化服务"这样一条路线来提高的。起初，服务的随意性很大，不同的服务员各行其是，你觉得这样做好就这样做，他觉得那样做好就那样做，没有统一的标准。即使是同一位服务员，为客人提供的服务也很可能会随着其情绪状态的变化而变化，今天高兴就做得好一点，明天不高兴就做得差一点。这样的服务当然不能令客人满意，所以就有了"标准化"的要求，不管你是谁，也不管你今天高兴不高兴，你都要按照统一的标准去做。

当许多酒店还做不到"标准化"的时候，哪家酒店能做到"标准化"，就能在市场竞争中处于领先的地位。但是，在市场竞争的压力之下，别的酒店也迟早都会做到"标准化"。到那个时候，再靠"标准化"就难以保持竞争中的优势地位。如果还想保持优势地位，就必须用"个性化服务"来超越"标准化服务"。

需要指出的是，"个性化服务"是对"标准化服务"的超越，而不是对它的否定。因为客人所需要的"个性化服务"是在某些方面能比"标准化服务"做得更好的服务，而不是"达不到标准"的服务。从"双因素论"的角度来看，服务的"标准化"属于"必要因素"，而服务的"个性化"属于"魅力因素"。在酒店与酒店之间存在着竞争，在服务员与服务员之间同样存在着竞争。要想在竞争中获胜，无论是酒店还是服务员，都必须在具备"必要因素"的基础上，以自己独特的"魅力因素"去赢得客人的满意。

2. 个性化服务的含义

所谓个性化服务，在英文里叫作Personalized Service 或 Individualized Service，它的基本含义是指以顾客需求为中心，在满足顾客共性需求的基础上，针对顾客的个性特点和特殊需求，主动积极地为顾客提供差异性的服务，以便让接受服务的顾客有一种自豪感、满足感，从而留下深刻的印象，赢得他们的忠诚而成为回头客。

对于住店者来说，服务个性化意味着：当我登记入住时，请称呼我的姓名；当我抵达客房时，请送上我喜欢的杂志；当我结账离店时，请问候我的家人，总之希望能给予特别对待。客人的个性化需求归根结底是一种希望被尊重、受重视的感觉，而不仅仅是对物质条件的满足，所以酒店必须着重于细致入微的服务和真诚的服务态度，提供个性化服务，给客人以舒适的享受，提供一段美妙的体验和回忆。

二、个性化服务的重要性和特点

个性化服务是哲学领域顾客满意的具体体现，体现了企业以人为本的经营理念，是现代企业提高核心竞争力的重要途径。

1.个性化服务的重要性

近年来，随着酒店业的飞速发展个性化服务在酒店中的作用越来越重要。酒店不单只需要规范化服务，同时，在规范化服务的基础上同样需要个性化服务来提升酒店的服务质量。

（1）提升企业品牌形象。当今酒店业的竞争不再是硬件设备的竞争，而是服务水平的竞争。其中，酒店员工在服务过程中能否区别对待客人，为客人提供个性化服务，将直接关系到酒店品牌形象的树立，并让酒店在竞争中立于不败之地。

（2）提高酒店经济效益。顾客是酒店利润的来源，没有源源不断的顾客就没有酒店的经济效益。可是要吸引顾客光临酒店只靠豪华的装修和高档的设备是不可持续的，只有通过高品质的个性化服务，为客人带来愉悦和满足，让客人感到自豪，感到被尊重，才能培养忠实顾客，提高客人的"回头率"，使客源像雪球一样越滚越大，酒店的经济效益才是可持续的。

（3）提升员工职业自豪感和企业归属感。员工是酒店一切效益的源泉，培养并留住能够自觉为客人提供高品质服务、把酒店服务作为自己的终生事业来追求的员工更是酒店各部门工作的一项重要内容，而提升员工的职业自豪感和企业归属感对于这项工作的成功发挥着根本性的作用。鼓励员工向客人提供个性化服务，能够更好地调动员工的主观能动性，激发员工的创新意识，发挥各自的聪明才智，让他们在工作中不断找到成就感，从客人真诚的满意和赞赏中体会到自身的价值，职业自豪感和企业归属感也会随之产生。

2.酒店个性化服务的特点

（1）服务的全能性。为了提供优质的个性化服务，酒店应事先预测到顾客各种各样的需要，并对顾客的需要做出全方位的反应。也就是说，顾客的任何需要都应该在顾客提出之前为其想到并准备好。这些需求包括方方面面：如修鞋补裤、雨天借伞、托管婴儿、照看宠物、充当导游、承办宴会、助客理财、提供无烟客房、客房用餐、商务秘书、网络服务、旅游信息等。

（2）服务的灵活性。要针对不同的时间、不同的场合、不同的顾客，灵活而有针对地提供相应的服务。如客人走进房间，看到送来的鲜花是自己喜欢的君子兰；客房所有布置均是自己喜欢的颜色、装置；放在床底下的皮鞋，已经被擦得又黑又亮；陪女客人购物，美容；帮商务客人印名片、找旅行社等。

（3）服务的多样性。个性化的服务也意味着为顾客提供更多的选择，以让顾客可以挑选适合于自己的服务项目。如夏威夷的Waikoloa酒店就深谙此道：如果你是个赛车迷，你可以随时坐上一辆法拉利赛车在酒店的私人赛车场上狂奔；如果你喜欢游泳，你可以选择与海豚一起畅游；如果你喜欢健身，你可以参加健美俱乐部；如果你喜欢唱歌跳舞，你可以和歌星、舞星一起尽兴。总之，多样化的项目选择，可让顾客自己去组合，以满足每个人的愿望。

（4）服务的超满足性。传统的酒店力求提供100%的满意，但是现代酒店的营销理论认为，即使顾客达到了完全满意后，由于求奇求新的心理，还有很大的可能去选择别的酒店。因此，为了使顾客成为酒店品牌的忠实拥护者，也就必须使其得到100% +n%的满意度，这额外的n%，就是意外的惊喜、超值的享受、让顾客难以忘怀的经历。使酒店能将自己的品牌区别、突出于其他众多的酒店品牌。如汉堡的四季酒店，客房送餐的服务员会带来一个小皮箱，里面装有两套适合饮用不同饮料的玻璃杯，每套两杯，男女各一套。

（5）服务的特殊性。指针对客人的消费偏好、生活习俗提供特殊的服务，也就是"特别的爱给特别的你"。如果客人喜欢萝卜，我们就给他萝卜；如果客人喜欢青菜，我们就给他青菜。有位常住东方酒店的美国人，因为宗教信仰星期五不乘电梯，如果他星期五抵店，接待员就把他安排在二层，以便他步行从楼梯出入。

三、酒店个性化服务的理论依据

酒店个性化服务的研究属于近代发展起来的多学科边缘性科学，包含在旅游学的研究范畴之中，它可以是"市场营销学"、"管理学"、"旅游心理学"等多学科的研究对象，其理论依据主要如下：

1.酒店个性化服务的消费行为学依据

我们目前所处的时代是一个个性飞扬的时代。在个性飞扬的时代，人的消费行为（包括入住酒店的消费行为)必然会产生多样化、个性化的选择，而一个开明、进步的社会对个性化的选择是尊重的、提倡的。因此，在酒店业提出个性化服务的概念，使所有入住的客人都能够处处享受到个性化的服务，表现出了社会进步的价值取向，符合消费行为多样化与个性化的规律，符合人类社会发展的大潮流，同时也将酒店服务水平提升到一个全新的层面。

2.酒店个性化服务的营销学依据

营销的出发点是消费者的需求，营销的核心是为了满足消费者的需求。在商品供不应求的时代，人们消费主要是为了满足物质需求；而在供过于求的时代，人们的消费更多的是为了满足心理、精神需求。我们可以把消费划分为三个时代：理性消费时代、感觉消费时代、情感消费时代。理性消费时代，消费者注重产品的质量和价格，着眼于物美价廉，"好"与"坏"成为顾客的购买标准。感觉消费时代，消费者重视品牌和形象，"喜欢"与"不喜欢"成为顾客的购买标准。情感消费时代，消费者越来越重视心灵的充实，"满意"和"不满意"成为顾客的主要购买标准。对消费者而言，好坏的判断一部分来源于标准化服务，另一部分来源于个性化服务，而喜欢与否、满意与否则更大程度上取决于顾客的心理感受，取决于个人偏好的满足程度。因此，酒店推进个性化服务是满足顾客需求的高级阶段。正如日本知名营销专家平岛廉次指出，在成熟的市场上，顾客的消费行为已由"目的消费"转为"手段消费"，因此只有做到风格化、个性化，才能获得顾客的心理认同。

3.酒店个性化服务的管理学依据

美国管理学家赫茨伯格运用"双因素理论"来分析客人对服务的心态与评价。他指出，服务有两类因素：一类是"避免不满意"因素，称为维持因素，即服务的必要因素；另一类是"赢得满意"因素，称为激励因素，即服务的魅力因素。规范化、标准化、程序化的服务就是必要因素，这种服务使客人得到"一视同仁、平等公正"的服务，不会产生"吃亏"的感觉。然而有针对性、具有个性化与情感化的服务，就是魅力因素,这种服务由于针对个人,使客人享受到"专门为我提供的服务",产生被"优待、重视"的感觉,从而感到特别满意。

四、酒店个性化服务的策略探讨

作为一个企业,要使自己的产品体现顾客个性,必须知道顾客的"个性需求"。一般来说,可以从以下几个方面考虑:

1.针对特定市场的一般需求

特定市场主要包括商务人士、女性和残疾人士等,其策略如下:

(1)商务楼层。商务旅行者已成为现代酒店的重要客源。为满足商务顾客的需要,有些大型酒店在酒店楼层里设大型休息室,提供多种当地和国际的商业杂志与报刊供旅客阅读;免费提供早餐、午茶和鸡尾酒;设立单独的接待处为商务旅客快速办理入住和退房手续;楼层服务员还可代客购买机、车、船票,代约时间洽谈业务以及提供整理行李、免费擦皮鞋等服务项目。

(2)女子客房。随着从事公务的女性与日俱增,世界各地已有些酒店专门开设了女子客房。客房里的灯光、色调、设备都从女子的爱好与实际生活需要出发。穿衣化妆镜、化妆用品用具、挂裙架、卷发器、针线包和其他妇女专用卫生用品以及妇女杂志一应俱全。从女子最敏感的安全考虑,房间号码对外严格保密,不经客人同意外来电话不随意接进。这些举措充分考虑女士个性化需求与爱好,深得女性顾客赞赏。

(3)无烟客房。吸烟有害健康。为客人健康和环保着想,一些酒店开设了无烟客房和无烟楼层。伦敦希尔顿酒店把无烟楼层称为"洁净空气区"。在客房内明显位置摆放敬告房客及来访者不要吸烟的告示卡;通常置放烟缸的地方摆上一盘糖果,盘中附条提醒客人这是无烟客房。酒店还要求装修工人不得在现场吸烟,规定客房服务员不可吸烟。无烟客房的设立方便了不吸烟的客人,又不得罪吸烟的客人,值得借鉴。

(4)为残疾旅客提供的便利设施。针对残疾旅客的特点,酒店应为其提供更为细致周到的服务,消除其享用酒店产品和服务的障碍。

2.针对不同客人的不同需求

酒店服务人员面对的客人不同,其个性化服务策略也应有所差别。

（1）善用客情表，做好服务准备工作。酒店通过建立客情表，对客人资料进行分析整理，了解和掌握不同客人的要求，加强服务工作的针对性和有效性。

（2）提供人情味服务，进行感情投资。酒店服务既要满足客人的物质需求，又要满足客人的精神需求。如新婚夫妇入住，酒店会在客房内精心布置烘托喜庆气氛的饰物，并由大堂经理代表赠送礼品；在酒店过生日的客人，可得到酒店赠送的生日蛋糕及精美贺卡。酒店对客人进行感情投资，使客人真切感受到酒店是他们的"家外之家"。

（3）关键时刻展示关怀。服务员与客人的每一次接触都是一个关键时刻。找出服务过程中的关键时刻，提高关键环节的服务质量，会给客人留下深刻的印象。

（4）细微之处尽显真情。打动人的地方往往在细微之处，酒店的服务特色可以从许多细节上体现出来。在汉堡四季酒店的客房里，为保证客人不受街上嘈杂声音的干扰，临街面的窗户都有两层玻璃；为让客人感到安全、保险，朝走廊开的门都有两道，对客人可谓关怀备至。

3.对服务人员的要求

酒店服务人员是个性化服务的具体执行者，服务人员的素质决定了个性化服务的质量。要做好个性化服务，服务人员应具备以下意识：

（1）建立顾客资料库。占有充足的顾客资料是了解顾客需求、为顾客提供个性化服务的基础。因此，酒店必须要建立起顾客资料库。首先，酒店要从收集顾客资料着手，全程跟踪，完整准确地建立常客档案。所谓"全程跟踪"，是指从顾客第一次接受服务到服务结束到再次光顾的整个过程中顾客所有相关的信息都必须记录在案。其次，要应用计算机进行数据整理，建立详尽而又细微的顾客需求档案，最终建立顾客信息库。如对顾客的地址、生日、口味、最喜爱的菜、最受欢迎的颜色、宗教信仰等方面的资料进行统计并存档，等到春节或顾客生日时给顾客发一封由总经理签名的贺卡或E-mail，等到顾客再次光顾时有针对性地为顾客提供个性化服务等。

（2）树立内部营销观念。个性化服务不是酒店服务标准要求的，而是超出标准要求之外，员工出于自己高度的敬业精神和对酒店的主人翁精神实施的非常规化服务。因此，员工持续地对客人实施个性化服务，离不开其对酒店的高满意度，有了满意的员工才会有满意的顾客。内部营销是针对酒店内部员工所进行的营销，是基于"员工是酒店的第一顾客，赢得员工，才能最终赢得顾客"的营销理念。酒店应尽可能满足员工的需求，一方面通过员工的真诚服务去感染顾客，另一方面通过内部营销把员工的积极性和主动性充分调动起来，从而为酒店的个性化服务打下坚实的基础。

（3）把好招聘关——招到能够提供"本能、发自内心"服务的员工。只有本能的、发自内心的服务才能给客人带来最大的愉悦。为了找到能够提供"本能、发自内心"服务的员工，丽思卡尔顿酒店的每位员工在应聘入职前都要先进行一项称为"天赋测试"的测验，通过这个测试了解应聘者的服务意识、突发事件处理能力、沟通能力、工作协调能力和人际关系处理的能力，以评估其价值观和态度是否适合酒店的企业文化。这个"天赋测试"由美国一家咨询公司专门针对丽思卡尔顿酒店集团设计，测试设计者认为，一个人的品格及禀性的某些方面是与生俱来的。"天赋测试"与智商、情商无关，这套特殊的体系可以用来判定受访者是否适合未来的目标工作。求职应聘者之中，能够胜任酒店服务工作的肯定大有人在，但是，胜任酒店服务工作又能提供"本能、发自内心"服务的却不会太多，"天赋测试"正好帮助丽思卡尔顿酒店把他们从众多求职者中找出来。每一个丽思卡尔顿酒店的员工都会自豪地说："我不是被'雇用'，而是被'甄选'。"由此可见，丽思卡尔顿酒店的服务可谓从"源头"抓起。丽思卡尔顿酒店在对员工的培训和管理中，不只注重服务技能的培训，更重要的是培养员工发自内心地对客服务，因为他们深信：能力可提升，天赋却难求。

（4）鼓励员工提供"满意加惊喜"的高品质服务。规范化、标准化服务给客人带来满意，而满足客人潜意识中的服务需求可以给客人带来惊喜。因此，高水准或真正意义上的个性化服务，就是把个性化服务定位为"满意加惊喜"，立足在"惊喜"上做文章。丽思卡尔顿酒店在员工随身携带的黄金标准中这样写道：我们承诺为顾客提供细致入微的个人服务……丽思卡尔顿以客人得到真诚关怀和舒适款待为最高使命；丽思卡尔顿之行能使您身心愉悦、受益匪浅，我们甚至还能心照不宣地满足客人内心的愿望和需求。

丽思卡尔顿酒店在平时的培训中不但重视对员工业务技能的培训，更重要的是注重强化员工在服务过程中为客人提供"满意加惊喜"的服务意识。为此，丽思卡尔顿有一项"独门绝技"，即每天组织员工聚在一起分享发生在丽思卡尔顿酒店的经典服务实例。全球73家丽思卡尔顿酒店，讲述的服务故事里的那些员工，从礼宾员到行政管家，从侍应生到大堂经理，他们提供的"满意加惊喜"的服务为酒店客人留下了深刻的印象，为酒店留住了忠实的"回头客"，其贡献获得了酒店的认可和称赞。

（5）适当授权员工灵活处理现场，鼓励员工创新服务。现代化酒店是否能提供高质量的个性化服务，很大程度上取决于服务过程中的顾客——员工互动关系，而影响其服务效果的主要因素是酒店的员工。因此，为了提供高质量的服务，就必须充分激励员工发挥其主观能动性，关心他们、支持他们，充分信任他们，在特定的场合情境下进行必要的授权。一线服务人员有了处置权，就可以迅速地回应和满足顾客特殊的个性化的需要。同时，在与员工分享更多决策权的同时，要求员工承担更大的责任，使员工有更大的自我控制感、自我决定感与个人成就感。

在对客服务过程中有种情况司空见惯：服务人员在面对客人需要马上处理和解决的问题时需层层请示、汇报，于是，问题迟迟得不到处理和解决。但在丽思卡尔顿酒店，这样的情况绝不会出现。其黄金标准中的服务准则这样写道：……能够为客人创造独特难忘的亲身体验；不断寻求机会创新与改进丽思卡尔顿的服务；勇于面对并快速解决客人的问题。为了把这些服务准则不折不扣地贯穿到服务过程中，丽思卡尔顿的另一"独门绝技"就是给予员工2000美元的授权。每一位丽思卡尔顿酒店的员工都可被授权2000美元的使用权限。员工在使用2000美元的授权时不需要上报主管，全凭员工当时自己判定是否应该为客人提供这些额外服务。这2000美元的授权为员工向客人"创造独特难忘的亲身体验，勇于面对并快速解决客人的问题"提供了坚实的保障。丽思卡尔顿酒店相信，对客人而言，物质上的增值服务并不是最重要的，能真正打动他们的是员工贴心的关怀和不懈的努力。要使顾客需求及时得到满足，服务人员必须具备迅速做出各种与服务工作有关的决策权力，而不是一层一层地去请示领导批准。管理人员应支持并鼓励服务人员根据顾客的具体要求，灵活地提供优质服务，授予服务人员偏离标准操作程序的权力，以便服务人员采取必要措施满足顾客具体的、独特的要求。只要能给客人带来独特、难忘体验的，酒店员工可以不用请示任何人直接去执行。

（6）个性化服务制度化。个性化服务最终是靠酒店的每一个服务员来实现的，而各个服务员的素质良莠不齐，对工作的热情有高有低，加上情绪高涨低落的变化的影响，因此个性化服务就完全可能在某个服务员没有能力处理某个问题的时候、某个服务员情绪不好的时候而大打折扣。由此我们可以看到，个性化服务仅仅依靠服务员的主观能动性是远远不够的，还离不开制度的支撑。换句话说，就是把个性化服务的实例作为制度确定下来，变成一个可操作的程序，并要求每个服务员都必须做到。所以说，"个性化服务的制度化"可以将服务员单体的个性化服务提升为整个酒店的特色经营；将偶尔的个性服务变成为常规性的特色经营；将只有个别客人能享受的个性服务变成所有客人都能享受到的特色服务，这样才能赢得更多的客人，客房服务也才能真正地上一个台阶。当然，个性化服务的制度化也要避免它消极的一面，即有可能使服务员过于依赖制度，反而扼杀了自己的主观能动性，而这正是酒店提升自身服务品质的源泉，没有了他们的创造，新的个性化服务的模式从何而来?这就需要酒店强化激励机制，鼓励员工不断地创新。在创新——总结——推广这种良性的循环中，不断地使酒店的服务和管理层次得到提升。

五、个性化服务的四个误区

1.误区一 ——提供个性化服务就会增加经营成本

有些酒店高层管理人员认为提供个性化服务就需要雇用更多的员工，增加更多的开支，往往有些得不偿失。不能否认提供个性化服务可能会增加一些费用，但是这些费用更多地表现为情感投资，而这些情感投资会给酒店带来意想不到的回报。

2.误区二 ——提供个性化服务就是要设立专门岗位或提供专门服务项目

随着酒店金钥匙的不断发展，有些人认为提供个性化服务就是设立诸如酒店金钥匙、私人管家等岗位，或是增加更多可以供客人选择的服务项目，甚至建立专门的机构负责，组建一批专门人员提供个性化服务。设立私人管家、酒店金钥匙的确属于提供个性化服务的一种方式。尤其是金钥匙服务成为国际高档酒店个性化服务的象征。不过提供个性化服务远远不只这些。设立专门岗位或提供专门服务项目只是众多途径中的一种，酒店不能仅局限于这些方面。酒店个性化服务贯穿于酒店经营管理的方方面面、贯穿于酒店管理与服务的全过程，是在每一位员工身上都应该体现的。

3.误区三 ——提供个性化服务只是高档星级酒店所需要的

其实，无论是什么档次的酒店，都面临着一个共同问题即不断提高服务质量。提供个性化服务是酒店服务质量提高到一定程度后的必然要求。低星级酒店虽然受到设施设备、服务项目等方面的限制，但服务质量不能因此打折扣。

4.误区四 ——个性化服务只是针对某些客人而提供的

这种误区认为个性化服务是专门为某些特殊客人提供的特别服务，例如有身份、有地位、有名气、给酒店带来很大贡献的客人。这样做只会导致员工不能一视同仁地为客人提供应该有的服务。这种厚此薄彼的做法会使那些受到不公正待遇的客人感情上受到伤害，大大损害酒店形象。酒店为客人服务是指为所有到酒店来的客人服务，而不能考虑其背景、地位、经济状况等方面的差异。因此提供个性化服务不能只是针对某些客人，而是兼顾每位到酒店来的客人。

个性化服务是一种基于人的特殊个性而提供的服务，其宗旨是希望能够为客人在酒店创造一个"离开家的家"，把客人当作自己的家人一样对待，使其在酒店受到尊重和重视，从而给客人带来身心的愉悦和难忘的体验，而不能仅停留在物质满足的层面上，只有这样，才能给顾客以惊喜，才能留住客人使其达到"流连忘返"的境界。

【典型案例分析】

修好的眼镜

一天，楼层服务员马淑桂在打扫客房时发现客人放在写字台上的眼镜架有一部分脱落了，于是在桌子周围仔细找了好几遍，终于在烟缸内发现了一个断掉的小螺丝。马淑桂立即意识到："准是客人的眼镜坏了，那出去工作的时候肯定不方便！"她立即记下了螺丝的尺寸，又查了一下报表，得知这位客人姓张，会在酒店住很多天。于是当天一下班，小马就去了眼镜店买了几种型号的螺丝。第二天上班时，她自己带着工具把客人的眼镜给修好了，还给客人留了一张便条："尊敬的张先生，您好，昨日在整理您的房间时，发现您的眼镜架坏了，现在已经帮您修好了，希望您住店愉快，如您还有其他需要，请随时联系我们。——楼层服务员。"张先生在会议结束后回到房间，看到字条后马上来到了楼层工作间，感谢了这位细心的服务员："这真是星级酒店的服务啊！我要的就是这种感觉！"

案例评析：

相信所有的酒店工作者都会对此案例有所触动，案例中客人的惊喜说明了酒店的服务在第一时间触及了他的内心。我们常说要让客人满意，而满意是什么？满意是一种感觉，一种微妙但会在瞬间迸发的感觉。在心理学上，感觉是人们对客观事物的第一认识，它是一切复杂心理活动的基础，所有的依赖性行为都是从感觉开始。客人对服务的认识同样是从感觉开始，它激发着客人给予情感的回应并形成二次消费的可能。

满意的服务往往体现于细微之处，顾客住店期间的每一个环节都需要服务人员随时关注和跟进，从而让客人找到一种满意加惊喜的感觉。尤其是对第一次下榻酒店的客人来说，正是这些点点滴滴的细微服务，才给客人留下深刻的印象，为客人再次光临打下基础。在上述服务案例中，我们不难看出，客人因服务员亲人般的细心关怀而产生了"星级酒店服务"的感觉，而他们选择下榻五星级酒店要的就是这种感觉。

【本章小结】

世界上的人是千差万别的，每个人都有自己的个性。了解和掌握客人的个性，对于提高酒店的服务质量和服务水平，提升客人的满意度有着非常重要的作用。个性具有自然性与社会性、稳定性与可塑性、独特性与共同性的特征。酒店客人有散漫型、开放型、成就型、理性型、急躁型、温柔型、社交型、排他型、抱怨型和胆怯型等，只有抓住不同个性的客人所表现出的不同特征提供服务才能达到更好的效果。

个性化服务是相对于标准化服务而言的。个性化服务的基本含义是指以顾客需求为中心，在满足顾客共性需求的基础上，针对顾客的个性特点和特殊需求，主动积极地为顾客提供差异性的服务，以便让接受服务的顾客有一种自豪感、满足感，从而留下深刻的印象，赢得他们的忠诚，使其成为回头客。个性化服务对于提升企业品牌形象、提高酒店经济效益、提升员工职业自豪感和企业归属感都有非常重要的作用。酒店个性化服务具有全能性、灵活性、多样性、超满足性和特殊性的特点。在个性化服务日益成为主流的时代背景下，从市场细分的角度来看，酒店应考虑设立商务楼层、女子客房和无烟客房等，来满足不同顾客群体的需求。对酒店管理人员和服务人员来说，要通过建立客人资料库，培养内部营销观念，把好招聘关，鼓励提供"满意加惊喜"的高品质服务，适当授权员工灵活处理现场，鼓励员工创新服务等策略来为客人提供个性化服务。最后要注意个性化服务的四个误区，即提供个性化服务就会增加经营成本；提供个性化服务就是要设立专门岗位或提供专门服务项目；提供个性化服务只是高星级酒店所需要的；个性化服务只是针对某些客人而提供的。要给客人带来身心愉悦和难忘的体验，而不仅仅停留在物质条件的满足上，只有这样才能给顾客以惊喜，才能留住客人使其达到"流连忘返"的境界。

【本章重点内容网络图】

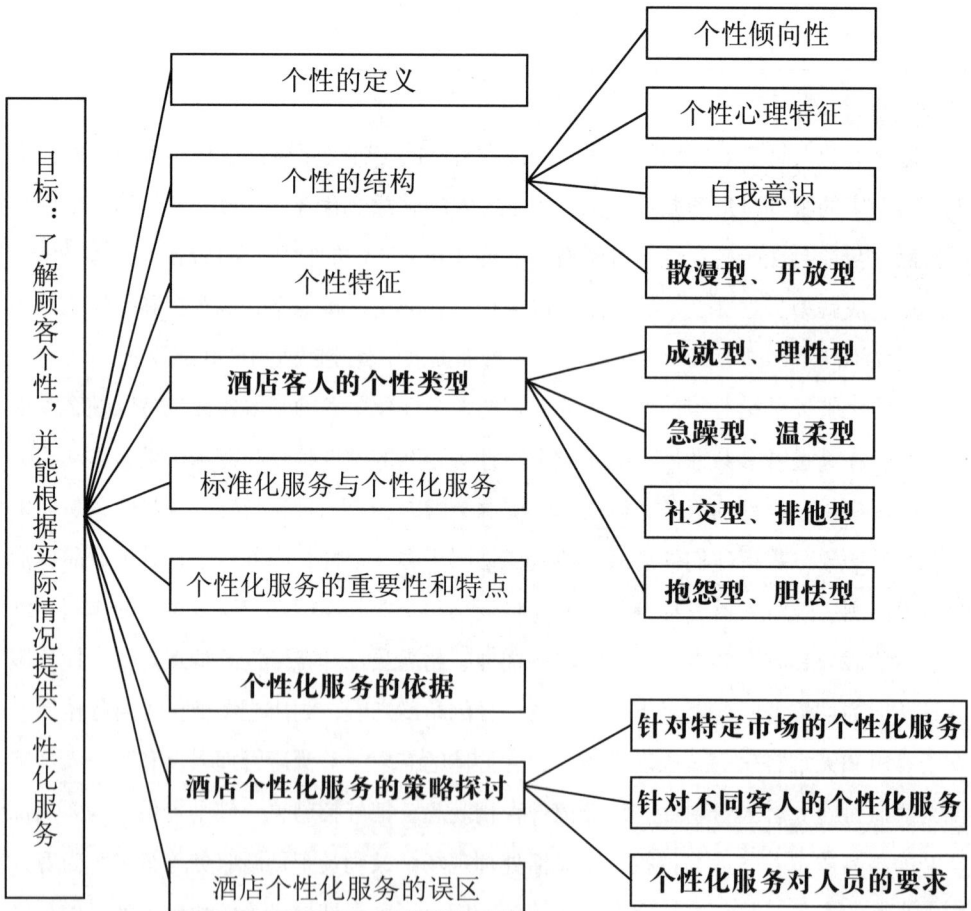

注：黑体字为更重要的内容

课后习题

一、名词解释

1.个性

2.个性倾向性

3.个性化服务

4.个性心理特征

二、填空题

1.个性的子系统是由个性倾向性、_____和_____组成的。

2.个性化服务做得好，可以提升酒店的_____和_____。

3.个性心理特征主要是指人的能力、_____和_____。

三、单选题

1.关于个性特征的描述，以下不正确的是（ ）。

A.自然性与社会性　B.稳定性与可塑性　C.独特性与共同性　D.历史性与传承性

2.关于个性化服务特点的描述，以下不正确的是（ ）。

A.灵活性　B.多样性　C.特殊性　D.固定性

3.关于个性心理特征的描述，以下不正确的是（ ）。

A. 主要包括人的能力、气质和性格

B. 能力指人顺利完成某种活动的一种心理特征

C. 气质，大部分取决于先天因素

D. 性格指一个人对人对己对事物（客观现实）的基本态度及相适应的习惯化的行为方式中比较稳定的独特的心理特征的综合

4.关于个性的定义和说法，以下正确的是（ ）。

A.个人所有有别于他人的行为

B.个性不包括气质

C. 个体与环境发生关系时身心属性的紧急综合

D. 个性是个人品格的各个方面

四、判断题

1. 父母、性别、民族、出生环境、童年及青年生活环境、成年生活环境、社会规则、朋友、经历等都是影响个性形成的重要因素。（ ）

2. 个性倾向性多受生理、遗传等先天因素的影响，并不是在后天的培养和社会化过程中形成的。（ ）

3. 对于开放型的客人，性格豪爽，好表现，做任何事情都毫无保留地形于言表，易于沟通，敢于行动。（ ）

4. 个性化服务既要满足客人的物质需求，又要满足客人的精神需求。（ ）

五、简答题

1. 标准化与个性化服务的关系。

2. 酒店个性化服务的特点。

3. 从个性化服务角度出发，酒店为商务人士、女性和残疾人士应如何提供服务？

六、案例分析

被客人扔掉的旗袍

一位很有身份的西欧女士来华访问，下榻于北方一家豪华大酒店。酒店以VIP（重要客人）的规格隆重接待。这位女士很满意。陪同的总经理见西欧女士兴致很高，为了表达酒店对她的心意，主动提出送她一件中国旗袍，她欣然同意，并随即让酒店裁缝量了尺寸。总经理很高兴能送给尊敬的西欧女士这样一份有意义的礼品。

几天后，总经理将做好的鲜艳、漂亮的丝绸旗袍送来时，这位女士却面露愠色，勉强收下。几天后，女士离店了，她把这件珍贵的旗袍当作垃圾扔在酒店客房的角落里。总经理大惑不解，经多方打听，才了解到客人在酒店餐厅里看见女服务员多穿旗袍，而在市区大街小巷，时髦女士却无一人穿旗袍，因此她误认为那是侍女特定的服装款式，故生怒气，将旗袍丢弃。总经理听说后啼笑皆非，为自己当初想出这么一个"高明"点子懊悔不已。

问题：

请你评析是那位女士不讲情理，还是酒店不对？

第三章
顾客知觉与酒店服务策略

第一节　顾客知觉概述

【案例导入】

奇怪，她不要小费还这么热情？

一天晚上，王先生陪着一位美国外宾来到某高档酒店的餐厅用餐。点菜后，服务员小吴先铺好餐巾，摆上酒杯、餐具和餐前小菜，又为外宾多加了一份刀叉，再为两位顾客斟茶水、递毛巾，又为他们倒啤酒，当一大盆汤端上来后便为他们盛汤，盛了一碗又一碗。一开始，外宾以为这是吃中餐的规矩，听王先生告诉他凭客自愿后，在服务员小吴要为他盛第三碗汤时，他谢绝了。小吴在服务期间满脸微笑，手疾眼快，一刻也不闲着：上菜后立即布菜，皮壳多了随即就换骨碟，手巾用过了忙换新的，米饭没了赶紧添加……他在两位顾客旁边忙上忙下，并不时用英语礼貌地询问两位顾客还有什么需要，搞得两位顾客也忙上忙下拘谨起来。当外宾刚把刀叉放下，从口袋拿出香烟时，"先生，请抽烟。"小吴立刻从口袋里拿出打火机，熟练地打着火，送到顾客面前为他点烟。外宾忙把烟叼在嘴里，样子颇显狼狈。烟点燃后，他忙点头向小吴说了声："谢谢。"小吴又在忙着给他的碟子里添菜，顾客忙熄灭香烟，用手止住小吴说："谢谢，还是让我自己来吧。"小吴随即把烟灰缸拿去更换。外宾说："这里的服务太热情了，就是忙得让人有点透不过气来。王先生，我们还是赶快吃完走吧。"当小吴把新烟灰缸放到桌上后，两人谢绝了小吴的布菜，各自品尝了两口后，便要求结账。取账单时，外宾拿出一张钞票压在碟子下面。王先生忙告诉他，中国餐厅内不收小费。外宾说："这么'热情'的服务，你就无动于衷？"王先生仍旧向外宾解释，外宾只好不习惯地把钱收了起来。结账后，小吴把他们送离座位，站在餐厅门口连声说："欢迎再来。"

（资料来源：徐栖玲.酒店服务案例心理解析[M].广东旅游出版社，2006）

思考与讨论：

1. 服务员如何判断顾客是否习惯或乐意接受以上这样"无微不至"的服务？
2. 服务员如何根据以上判断的结果进行适度服务？

　　感知觉是人与外界保持接触的关键，没有感知觉就不能形成记忆、思维、想象等复杂的心理过程。人类认识客观事物，首先要通过感知觉对事物进行认知。感知觉可以帮助人们从外部客观世界或从自身获取信息，并通过更高级的心理活动对这些信息进行综合评定，进而认识和控制自己的行为和活动，并对自身的反映和自我状态做出评价和获得新的知识。在酒店服务过程中，我们必须了解顾客的感知觉，并通过细心观察来感觉和认知顾客的心理状态和心理需求，以适度的服务方式为顾客服务。

一、感觉与知觉

　　研究、了解和掌握酒店顾客的心理，为顾客提供优质满意的服务，首先应该从感知觉开始。感知觉即为感觉和知觉，人们对客观事物的感知觉由低级到高级分为三个阶段：感觉阶段、知觉阶段和观察阶段。

1.感觉

感觉是人体接受外界传来的及发自体内组织和器官刺激的一种特性，是人们对客观事物进行认知的开端。

（1）感觉的概念。在心理学中，感觉是指人脑对当前客观事物个别属性的反映。这种反映是通过感觉器官与客观事物的直接接触而获得的。人们通过感觉来分辨事物的各种属性。顾客在进入酒店时，通过自身的感觉器官对酒店的第一印象进行评定，如大堂的美观、色调的柔和、噪声的大小以及温度的高低等，是通过视觉、听觉和触觉器官来进行感受和评定的。此外，感觉是一切心理活动的基础，离开了感觉，其他任何较为高级而复杂的心理现象都不能产生。

（2）感觉的分类。对感觉进行分类的标准各有不同。根据感觉刺激的来源，可将感觉分为外部感觉和内部感觉。外部感觉接受机体外的刺激，感觉客观事物的个别属性，包括视觉、听觉、嗅觉、味觉和触觉。有鼻炎的人会对酒店的空气质量非常敏感，污浊的酒店空气会对这类人群的嗅觉产生刺激，鼻子因此会做出较差的生理反应。内部感觉受机体内的刺激，感觉身体的位置、运动和内脏器官的不同状态，包括机体感、运动觉和平衡觉。例如没有按时进餐的人会感到饥饿，导致身体内部产生不平衡的反应。

（3）感觉的感受性及其变化规律。感受性是对刺激物的感觉能力，即人对刺激的感觉灵敏程度。它的高低是用感觉阈限的大小来度量的。感觉阈限是指能引起感觉的一定限度的刺激量。感受性的大小和感觉阈限成反比例关系，感受性越高，感觉阈限越低，感觉灵敏度越高，反之则迟钝。

人的每一种感觉都有两种类型的感受性和感觉阈限。绝对感受性是指刚刚能够觉察出最小刺激强度的能力。例如当平时看不见的细小灰尘聚集成较大的尘埃时，我们不但能看见它，而且能感觉到它对皮肤的压力，这种刚刚能引起感觉的最小刺激量就是绝对感觉阈限，即为感觉阈限的下限。绝对感觉阈限越大，即能够引起感觉所需要的刺激量越大，绝对感受性就越小。差别感受性是指能够察觉刺激物最小差别量的能力。如大合唱增减1个人，人们不会察觉音量的区别，但增减10个人，差别就明显了，这种产生差别感觉所需的最小差别量，即能觉察差异的刺激量的最小差别量就是差别感觉阈限。

人的感受性并不是一成不变的，在人与环境相互作用下，感受性会出现暂时提高或降低的现象。常见的感受性变化有以下几种情况：

感觉适应。当刺激物持续作用于人的感官而引起人对刺激的感觉能力发生变化的现象叫感觉适应。适应可以提高或者降低人的感受性，一般而言，弱刺激可以提高人的感受性，强刺激可以降低人的感受性。如对碘酒的气味，人们一般在3～4分钟内可以完全适应，但对大蒜的气味则要40～45分钟才能完全适应，因此，酒店不允许服务人员上岗前食用大蒜，以免影响顾客的饮食环境。

视觉适应是最明显的，它包括明适应和暗适应两种。眼睛对强光的适应叫做明适应，人大约1分钟内可以完成从暗处到亮处的明适应过程。眼睛对弱光的适应叫做暗适应，从亮处到暗处，人大约需要20～30分钟才能完成暗适应的过程。因此，酒店客房的光线要适中，过亮或过暗都会引起顾客视觉的不适。

感觉对比。同一感官在不同刺激作用下引起的感受性在强度和性质上发生变化的现象叫感觉对比。感觉对比有两类，即同时对比和即时对比。

同时对比指几个刺激物同时作用于同一感官产生的感受性变化。这在视觉中表现得很明显。例如，放在白背景上的灰布似乎比放在黑背景上的灰布的颜色要深，这叫明暗对比；放在黄色背景上的灰布显蓝，而放在蓝色背景上的灰布显黄，这叫颜色对比。在对比作用下，物体的色调会向着背景颜色的补色方向变化。酒店大堂是不封闭的空间，其中的色彩搭配要一致，不能中途转换，并且相连区域的颜色搭配不能太大，要以整体色调为主。如金、银两色可以和每一种颜色相互搭配，但在设计时尽量只选两者之一，而且金色要避开黄色，银色要避开灰白，以免给顾客的视觉感受增加压力。即时对比是指刺激物先后作用于同一感官产生的感受性的变化。例如，吃了糖果后吃苹果会觉得酸，但吃了中药后吃苹果会觉得甜。因此，酒店餐饮部门在对顾客进行点菜引导、上菜服务时，需要考虑食物之间的味觉反应，以便更细致地进行人性化服务。

感觉相互作用。在一定条件下，各种不同的感觉之间发生相互影响而引起感受性变化的现象叫感觉相互作用。强刺激会使另一种感觉的感受性降低，而弱刺激能提高另一种感觉的感受性。例如，过烫食物会破坏味觉感受；噪声会降低听觉感受；轻柔的音乐有利于减轻疼痛感，提高人体的舒适度。因此，在餐厅服务中要注意菜肴的温度，人的味觉对40℃左右的食物敏感性最高；在客房服务中要注意客房的隔音效果，为顾客提供良好睡眠环境；在SPA服务中，轻音乐有助于缓解压力、修心养生、愉悦身心。

2.知觉

知觉是一系列人们对外界客体和事件产生的感觉信息的加工过程。对客观事物的个别属性的认识是感觉，对同一事物的各种感觉的结合就是对这一物体的整体认识，也就是对这一物体的知觉。

（1）知觉的概念。知觉是人脑对直接作用于感觉器官的客观事物的整体属性的反映，它在感觉的基础上产生，是对感觉信息的组织和解释过程。当客观事物直接作用于人的感官时，人不仅能反映该事物的个别属性诸如形状、大小、颜色、声音、气味等，而且能通过各种感官的协同活动，在大脑中将事物的各种属性整合成事物的整体，从而形成完整映像。例如，顾客在酒店前厅，通过观看可得知环境是否美观，通过声音可得知他人对酒店的评价，通过触觉可得知酒店内的温度是否适中等。这一系列的感觉会影响顾客对酒店初步的整体印象，也称为知觉印象。

知觉除了以感觉为基础，还受到过去的经验或知识的影响，所以不能简单地认为知觉就是各种感觉的综合。知觉是将感官获得的信息转换成对物体或事件的经验和知识的过程，其中语言在知觉的发展过程中起着极其重要的作用。此外，知觉还受各种心理特点如需求、动机、兴趣、情绪等因素的影响，因而具有一定倾向性。

（2）知觉的分类。知觉分为两大类：一般知觉和复杂知觉。

一般知觉也称简单知觉，是多种感觉协同活动的结果。按照知觉过程中起主导作用的感官来划分，可将知觉分为视知觉、听知觉、嗅知觉、味知觉和触知觉等。例如，顾客在酒店享受SPA时，触知觉就起着主导作用，听知觉、嗅知觉起辅助作用，通过触知觉、听知觉、嗅知觉的协同作用来感知SPA服务舒适放松的整体美。

复杂知觉是一种综合的知觉，它需要多种感官同时参与活动，知觉的对象和内容也较复杂。根据知觉所反映的客观事物的特性，可将知觉分为空间知觉、时间知觉和运动知觉。

空间知觉是人脑对物体的空间特性如形状、大小、远近、方位等的反映，例如顾客对酒店客房家具的陈设感受就与空间知觉有关；时间知觉是人脑对物体的时间特性如持续时间、速度和顺序等的反映，顾客在入住及退房时对酒店服务速度的感觉就与时间知觉有关；运动知觉是人脑对物体的运动特性如空间位移、移动速度和人体自身运动状态的反映，顾客在酒店康体娱乐中心的各种体验就与运动知觉有关。

此外，顾客对酒店的知觉感受还受到社会知觉的影响，包括对他人的知觉、人际知觉、自我知觉和角色知觉。顾客入住酒店期间，会通过感官来感知各部门服务人员的外部特征如言谈、举止、仪表等，进而形成对服务人员的印象，即对他人的知觉；与此同时，服务人员也通过对顾客外部特征的感知来判断顾客的情绪、需求、动机等，以更好地提供服务。顾客和服务人员之间这种互相感知的过程，即人际知觉。在这个过程当中，自我知觉和角色知觉也发挥着一定作用。

（3）知觉的特性。在客观刺激与感觉器官的相互作用中，人的知觉表现出整体性、选择性、理解性和恒常性等有关特性。

知觉的整体性。知觉的整体性就是人在知觉时总是把由不同部分、不同属性组成的客观事物作为一个整体来反映。当客观事物作为刺激物对人发生作用时，它的部分或者属性分别作用于人的感官，有时甚至只有一部分对人发生作用。但是，人所反映的这些部分或属性并不是孤立的，而是有机地联系在一起，因而人所反映的客观事物是一个整体。例如，当顾客进入一间客房，开始并不会去注意细节如桌椅、装饰品等，而是会注意房间的整体布局。

知觉的选择性。知觉的选择性是指人的知觉具有对外界刺激信息有选择地进行加工的能力。当某物被选为知觉对象，周围其余事物就成为了它的背景。人对知觉对象的感知格外清晰，对背景事物的反映比较模糊。例如，顾客在用餐时，对菜肴的感知比较清晰，而对盛放菜肴的器皿的感知相对模糊。影响知觉选择性的因素主要有认知经验、兴趣爱好、知觉目的、对象与背景的差别等。酒店因考虑顾客对烟的知觉反映而特设的无烟楼层，就是为了满足对烟敏感的顾客的需求。

知觉的理解性。人在感知事物时，会依据主体的知识经验，对感知的事物进行加工处理来解释、判断它，并将其归入一定对象类别中，知觉的这种特性就是知觉的理解性。例如，经验丰富的服务员能够根据以往的经验，分辨出顾客的身份，甚至是具体职业等。由于语言的指导作用能够唤起人们过去的知识经验，所以它是影响知觉理解性的一个因素。顾客第一次入住房间时，向顾客介绍房间内的设备设施及使用方法，有助于加速顾客对客房的感知，使得印象更加完整。

知觉的恒常性。知觉的恒常性是指当知觉条件发生一定变化时，人们对知觉客体的印象仍保持相对不变的特性。这一特性普遍存在于各类知觉中，尤以视知觉为突出、明显。在视觉范围内，恒常性主要表现为形状恒常性、大小恒常性、亮度恒常性和颜色恒常性。除视知觉外，方位知觉也有恒常性的现象。它不随身体部位的改变或视像方向变化而对知觉对象的方位保持稳定。例如，一座城市的某酒店为顾客提供了优质而满意的服务，即使顾客已经离开酒店，但顾客对酒店良好的知觉印象不会随顾客所在方位的变化而变化，这种知觉效应也会影响到顾客的再次选择入住。如果知觉随着客观条件的变化而变化，就会影响知觉的恒常性，因此知觉的恒常性是相对的、有条件的。

（4）特殊的感知觉。错觉和幻觉是两种特殊的感知觉。在一定的条件下，人们的错觉是很难避免的，而且也是完全正常的，但是有些常识性的错觉则是可以避免的，而幻觉是一种虚幻的感知觉。酒店对人们错觉的有效应用，会增添顾客对酒店及服务的好感。

错觉。错觉是在特定条件下对事物产生的某种固有倾向的歪曲知觉。只要产生错觉的条件具备，任何人都可能会产生同样的错觉，但有些常识性错觉是可以避免的。错觉包括视错觉、形重错觉、时间错觉、运动错觉、空间错觉等。酒店在面积狭小的餐厅四周安装巨大镜面玻璃，同时配以浅色和淡色，能够起到扩展空间的作用，使顾客感到宽敞和舒适。酒店也应根据不同空间的具体情况，适当地利用视错觉和空间错觉等，使顾客产生舒展而适宜的良好感觉。

幻觉。幻觉是在没有外界刺激作用于感官时产生的一种虚幻的感知觉，一般说来这是一种不正常的心理现象。酒店在接待有洁癖的顾客时，应针对顾客洁癖程度的大小予以相应卫生问题的处理。

3.观察

观察是有目的、有计划、比较持久的知觉过程，是人主动获得感性认识的活动形式。观察是知觉的高级形态，是我们认识客观事物的重要途径，它不同于一般的知觉过程。为了充分认识事物发展的客观规律，观察者总是带着一定的目的，并根据这种目的，制定出观察的计划、感知的步骤，从而对知觉对象进行仔细、反复的观看、倾听和考察，因而观察是一种特殊形式的知觉。顾客在入住酒店期间，对酒店的客观条件以及服务质量都处于一种观察的知觉状态，例如有的顾客会通过员工的评价来了解酒店的好坏，员工带有情绪化的评价会严重影响顾客对酒店的知觉效应，因此酒店员工在服务期间应切忌对酒店随意做出负面评价。

4.感觉与知觉的关系

感觉和知觉既有区别，又有联系。感觉和知觉是不同的心理过程，感觉反映的是事物的个别属性，仅依赖个别感觉器官的活动；知觉反映的是事物的整体，即事物的各种不同属性、各个部分及其相互关系，依赖多种感觉器官的联合活动。因此，知觉比感觉更加复杂。但感觉和知觉也有相同的一面，它们都是对直接作用于感觉器官的事物的反映，如果事物不再直接作用于感觉器官，那么人们对该事物的感觉和知觉也将停止。此外，知觉是在感觉的基础上产生的，没有感觉，也就没有知觉。我们感觉到的事物的个别属性越多、越丰富，对事物的知觉也就越准确、越完整，但知觉并不是感觉的简单相加，因为在知觉过程中还有人的主观经验在起作用，人们要借助已有的经验去解释所获得的当前事物的感觉信息，从而对当前事物做出识别。感觉和知觉都是人类认识世界的初级形式，反映的是事物的外部特征和外部联系。要想揭示事物的本质特征，光靠感觉和知觉是不行的，还必须在感觉、知觉的基础上进行更复杂的心理活动，如记忆、想象、思维等。

二、酒店顾客知觉

顾客知觉是顾客对当前直接作用于感觉器官的客观事物的反映，包括服务的设备设施、服务的人员以及服务的质量等等。从酒店的角度来说顾客知觉包括两个方面，一个是顾客对酒店的感知觉，另一个是酒店员工对顾客的感知觉。

1.顾客对酒店的感知觉

顾客对酒店的感知觉可以从顾客的视觉、听觉、味觉、时间知觉和社会知觉五个方面来分析。酒店可以通过分析顾客各个感觉器官对酒店的感知觉，来了解和掌握顾客的感知觉需求，从而提高对顾客感知觉的认知，以保证酒店服务更加细致入微。

（1）顾客的视觉。视觉是通过视觉系统的外周感觉器官例如眼睛而接受外界环境中一定波长范围内的电磁波刺激，并经中枢有关部分进行编码加工和分析后获得的主观感觉。人所感知的外界信息约85%来自视觉。在光的刺激作用下，人会产生各种不同的颜色感觉。据测定，人大约能分辨150种不同色调的变化，但主要是红、橙、黄、绿、青、蓝、紫七种。其中人们对绿色的感受性最强。在日常生活中，人们对色彩的不同感觉受着多种因素的影响，如地理环境、年龄、性别、民族、文化、职业、风俗习惯等，而不同的感觉又会直接影响人的情绪，因此，酒店在软硬件的装饰布置中，要利用合适的色彩来营造不同的氛围，并结合相应的场合以及功能来满足顾客的视觉享受。

红色属于强烈刺激色，是生命、活力、健康、热情、朝气、欢乐的象征。红色能够给人一种迫近感和扩张感，容易引发兴奋、激动、紧张的情绪，因此红色比较适用于娱乐场所以及隆重和欢乐的场面。但长时间接触红色会使人感觉疲惫，酒店的餐厅包厢、客房等处不适宜大面积使用红色。红色与白色、黑色、淡黄色配合使用效果更佳。

橙色属于欢快活泼的光辉色彩，是暖色系中最温暖的颜色，是温暖、光亮、力量、困难、危险、警觉的象征。橙色能给人以富足、快乐、幸福、活泼、尊贵、神秘等感觉，所以属于心理色性，但也容易造成视觉疲劳。因此，橙色常用于酒店的餐厅、走廊、厅堂和会议室等场所。橙色与黑色或白色相搭配会形成一种稳重、含蓄又明快的暖色，但要注意适量，因为混入较多的黑色，就会形成一种烧焦的颜色，加入较多的白色会带来一种甜腻的感觉。

黄色是一种高可见的暖色，是温暖、光亮、华丽、灿烂、富贵、警告、死亡的象征。黄色能给人以大自然、阳光、春天的感觉，因此在酒店室内装饰中常采用弱黄色来营造明快而温暖的氛围。黄色与白色、棕色、绿色搭配比较协调。

绿色属于温色，是青春、生命、自然、悠闲、新鲜、和平、安全的象征。绿色能够给人带来青春、安全、宁静的感觉，可以调节人的情绪。淡绿色容易与其他颜色调和，与金黄、白色搭配更能营造宁静优雅的氛围。深绿色适宜作窗帘和地毯，给顾客以舒适的环境氛围。

蓝色属于冷色系，是美丽、冷静、理智、安详、勇气的象征，有收缩和后退感。蓝色能给人以深邃、广阔、智慧、凉爽的感觉，因此在采光较好的客房墙面利用淡蓝色与白色相搭配能营造和谐的睡眠环境，此外在办公室、按摩室等也可以用这两种色彩搭配给人以凉爽开阔的感觉。深蓝色一般仅用于地面等。

紫色也属于冷色系，是神秘、高贵、威严的象征，具有收缩感。紫色给人带来高贵、庄重、险恶的感觉，但色彩的稳定性较差，容易使人产生疲劳，所以常作为黄色的补色使用，用以点缀。在酒店中，紫色可大面积用于卧室和浴室等处，可使人产生镇定的感觉。

除了以上六种色调，黑色、白色、灰色也是酒店常用的颜色。象征文雅、庄重、严肃、压抑、悲哀的黑色，在酒店内仅有少量作家具、门、窗框使用，但因其能给人以沉重、庄严和肃穆的感觉，将黑色与其他色彩相搭配可以达到突出其他色彩的目的。例如，酒店服务人员的黑西装配以白衬衣、红领结等，能够凸显白色和红色等色彩的鲜艳和明快，塑造整洁、大方、干净的良好形象。白色代表纯真、洁净、神圣、秩序、寒冷、恐怖，因此酒店室内不宜大面积使用，但各种奶白色在室内的使用可营造轻盈而高雅的环境。灰色是一种极稳定的色彩，能够带给人平凡、沉默的感觉。酒店的装饰含有一定彩度的灰色有助于减轻顾客的视觉疲劳，尤其在顾客逗留时间较长的客房、办公室、展示厅等处经常使用。

总之，颜色能够对顾客的视觉产生直接影响，所以酒店在装潢以及人员服饰的配备上要着重注意色彩的运用和搭配，根据不同的场合需求合理运用，营造恰当的氛围，使顾客在视觉和心理上对酒店留下良好的印象。

（2）顾客的听觉。听觉是仅次于视觉的重要感觉通道。听觉的刺激物是声音，产生于物体的振动。酒店顾客的听觉刺激主要源于酒店音乐，分为背景音乐和使用音乐。

酒店的背景音乐并不主要以顾客的欣赏为目的，而是起陪衬作用，营造所需的特殊氛围，因此背景音乐在不同场合有其相应的特性和效应。酒店雄伟、高大、粗犷线条的建筑物在愉悦的背景音乐的映衬下会使顾客感觉到柔和亲切，达到缩短顾客与冰冷建筑物之间距离的目的，消除顾客初到异地的紧张感和陌生感，满足顾客高品位的愉悦需要，提高酒店的入住率和留宿率。同时，愉悦的音乐带给人的听觉刺激能够起到调节和镇静的作用，营造酒店内部的良好氛围，带给员工和顾客平和轻松的心境，有助于沟通，提高服务质量。

过重的音乐刺激或者刺激物较长时间连续作用于听觉都会引起人的听觉疲劳，并且在声音停止作用后人的听觉还需很长一段时间才能恢复，因此酒店背景音乐的使用应遵循轻柔性原则。现代欧化的酒店中配以钢琴曲、小夜曲，古典民族风格的酒店配以民乐能够达到凸显酒店特色的目的；酒店中的购物区配以抒情轻音乐有助于给顾客提供悠闲的购物环境；酒店茶艺区配以中国古典音乐能够体现民族特色，有助于顾客对东方文化的理解和感受，提高酒店的档次和品位。

实用音乐的存在具有强烈的目的性，它既不是纯粹的欣赏性音乐也不是陪衬和背景。实用音乐要遵循配合性原则。酒店的实用音乐主要用于舞厅、会议厅等场合。舞厅需要活泼欢快的音乐来刺激顾客的听觉，"引导"顾客起舞；会议室的音乐配备需要考虑会议的主题、内容的进度等，以烘托所需气氛。

（3）顾客的味觉。味觉是指食物在人的口腔内对味觉器官化学感受系统的刺激并产生的一种感觉。从味觉的生理角度分类，只有四种基本味觉：酸、甜、苦、咸，它们是食物直接刺激味蕾产生的。其中，人对咸味的感觉最快，对苦味的感觉最慢，但就人对味觉的敏感性来讲，对苦味比其他味都敏感，更容易被觉察。生活在不同地域的人对味觉的分类是不一样的，例如中国人将味觉分为酸、甜、苦、辣、咸、鲜、涩；日本人将味觉分为酸、甜、苦、辣、咸。人的味觉一般会受温度影响，温度升高，味觉加强。最适宜的味觉产生温度是10℃~40℃，其中30℃最为敏感。因此，酒店的服务人员在对客服务的过程中应该特别注意温度对顾客味觉的影响。例如，属于低度饮料酒的啤酒，较适宜的饮用温度在7℃~10℃，有的甚至精确到5℃左右，超过或者低于此范围就会影响啤酒的饮用口感。另外，顾客对食物的需求状态和饥饿与否都会影响味觉的感受性。对于刚刚吃饱的顾客来说，即使菜肴再丰盛，也难以下咽；对于饥肠辘辘的顾客，即使一般菜肴，也会觉得可口好吃。中餐上菜的程序一般是先咸后甜，先淡后浓，先冷盘后热菜，这就是受味觉对比的影响。吃了较咸的菜肴，清淡的菜肴相对感觉似乎没有放盐；先吃很酸的水果，再吃较酸的水果也会觉得甜。

（4）顾客的时间知觉。时间知觉是人脑对客观现象延续性和顺序性的感知。时间是客观存在的，但人们对它的反映、判断和估计是有个体差异的。人的时间知觉与活动内容、情绪、动机、态度有关。

在内容丰富而有趣的情境中，人会觉得时间过得很快；而面对内容贫乏枯燥的事物，会觉得时间过得很慢。另外，积极的情绪会使人觉得时间短，消极的情绪会使人觉得时间长，而期待的态度会使人觉得时间过得慢。时间知觉有时并非由固定的刺激所引起，而且没有像光和声那样专门的感觉器官，它是人在生活中发展起来的，是人适应环境的重要组成部分。人们对较长的时间间隔，往往估计不足；而对较短的时间间隔，则估计偏高。因此，酒店在服务顾客时，要特别考虑顾客的时间知觉敏感性，以最短的时间为顾客解决一切问题，尽量减少顾客长久等待的感觉。在前厅和餐饮部，顾客经过长途劳累，希望酒店在最短时间内解决休息和饮食问题，在这种情况下，前厅准确快捷地办理入住手续，迅速快捷地上菜，能够满足顾客的时间知觉。酒店服务人员为顾客提供服务要有强烈的时间观念。

（5）顾客的社会知觉。以社会生活中的人为知觉对象的知觉称为社会知觉，包括对他人的知觉、人际知觉、自我知觉和角度知觉。

1）对他人的知觉。在社会交往中，通过感官获得他人的外部特征（言谈、举止、仪表等），进而判断他人的动机、情感和个性，形成对他人的印象即为对他人的知觉。对他人的知觉，一方面取决于对象本身的外部特征，另一方面也受到知觉者的知识经验、价值观以及态度体系的影响。据心理学家的研究，影响他人知觉的主要心理因素有第一印象、晕轮效应和刻板印象。

第一印象是指初次对人知觉时形成的印象往往最为深刻，在以后的人际知觉或人际交往时不断在头脑中出现，并制约着新的印象。对人的第一印象主要包括人的仪容、言谈、态度、风度等方面。酒店员工仪容整洁、衣着朴素平整，对顾客礼貌热情，会形成顾客对酒店良好的第一印象，而且对以后的不良印象也不易反感。如果第一印象不好，那么以后的形象也会相形失色，这就是第一印象的作用。

晕轮效应是指在人际知觉时，人们常从对方所具有的某个特征而泛化到其他一系列有关特征，也就是从所知觉到的特征泛化推及未知觉到的特征，从局部信息形成一个完整的印象。对于首次下榻酒店的顾客，他们会从酒店外部的建筑和内部的装饰来推断酒店内部的设备情况以及服务质量等。当顾客进入酒店，看见服务人员仪态端庄同时服务热情，顾客会产生酒店的管理必定严格有序的知觉效应。但是晕轮效应容易引导人们产生以偏概全的认知偏差，因此酒店服务中一定要注意细节，不要因顾客对酒店某个环节或某个员工的不良印象，造成对酒店整体印象的破坏。

刻板印象也叫定型化效应，是指个人受社会影响而对某些人或事持稳定不变的看法。它既有积极的一面，也有消极的一面。当首次入住的顾客满意地离店后，对酒店的良好印象会转化成定型化效应，并产生良好的口碑，有利于提高酒店的声誉。但是，在定型化效应的影响下，顾客再次入住时对酒店服务的期望值就会增高，酒店一旦出了差错，会严重影响顾客对酒店的信任。

因此，第一印象、晕轮效应和刻板印象都带有强烈的主观色彩，而且三者关系非常紧密。深刻的第一印象容易形成晕轮效应，从而产生定型化效应，强化第一印象。酒店服务工作的每个环节和每个员工都应努力使顾客产生良好的第一印象，并通过细节化、人性化的服务来维持良好的形象。

2）人际知觉。人际知觉即对人与人之间关系的知觉，包括自己与他人、他人与他人的关系。人际知觉是一个相互感知的过程。个体在认识人际关系时，总带有情绪色彩。人际知觉是了解人与人之间各种复杂关系的途径，是做好工作、调整关系的依据。酒店员工与顾客之间关系融洽，就会产生协调和谐的心理气氛，不仅有助于顾客对酒店形成良好印象，也有助于员工在良好的工作环境中进行更好的服务。

3）自我知觉。自我知觉是个体对自己的认识，以自我为认识的对象。作为认识的对象包括自己的个性心理的一切方面及相应的行为表现。自我知觉是在交往过程中随着对他人的知觉而形成的。通过对他人知觉的结果和自我加以对照、比较才使其产生对自己的表象。对自我的知觉与对他人的知觉二者是紧密联系的，对他人的知觉愈深刻、愈全面，对自我的认识随之而发展。不论是酒店顾客还是酒店员工，正确的自我知觉可以促进自己与他人的友好相处，形成良好的工作责任心和职业道德，从而在任何场合、任何岗位、担当任何社会角色时，都能够与他人建立良好的人际关系。个人自我知觉的建立往往要经过生理、社会以及心理的自我发展阶段，这三个阶段是从低到高逐步提高的，而且是经常交叉出现的。无论是酒店顾客还是酒店员工，都应该努力达到最高的自我发展阶段。遇到任何情况都要保持清醒的头脑及良好的状态。自我知觉对自身的行为有重要的调节作用。正确的自我知觉会使一个人在群体中的行为得体，相反，一个缺乏自知之明的人常常使他的行为遭受各种不应有的挫折。

4）角色知觉。角色知觉是指个人对自己在某种特定场合中应扮演何种角色的看法。在现实生活中，人们对每一种社会角色的行为标准都有相对固定的看法。例如教师的行为标准是举止庄重、言语文雅、学识渊博；服务员的行为标准是仪态端庄、微笑热情、耐心周到；导游的行为标准是稳重老练、热情大方、能言善辩、处事公道等等。这种定型的角色知觉有利于人们知觉他人，但也容易产生以偏概全的结果。酒店服务工作中，顾客的角色知觉认为服务员有义务按照顾客的要求去提供服务，并无权拒绝顾客的要求。这种角色知觉的要求过于主观，没有设身处地为别人着想，因此角色知觉还需要善于理解非自己扮演角色的特点和困难，这样顾客和服务员之间才能形成和谐的关系。

2.酒店员工对顾客的感知觉

酒店员工是酒店对客服务的主体，也是顾客在第一时间对酒店进行感知的影响因素之一，因此分析顾客知觉还需要考虑酒店员工对顾客的感知觉。员工对顾客的感知觉主要受到视觉、听觉、社会知觉的影响。在长期工作经验的积累下，员工可以通过视觉从顾客的穿着、体型、肢体语言、行李等感知顾客的身份；通过观察顾客的面部表情和眼神感知顾客的特殊需求，比如疲倦、赶时间等等。员工通过听觉从顾客的语言来感知顾客的文化修养、性格、职业、籍贯、情绪等信息。此外，员工在对客服务的过程中，与顾客近距离接触和交流，可以通过自我知觉和角色知觉来感知顾客对自己的印象。根据这些感知觉，可以提升员工对客服务的质量和效率，产生良好的口碑效应。

第二节　顾客知觉与服务策略

【案例导入】

烟灰缸不见了

Mr. John是一位已在中国定居多年的商务顾客，他酷爱收藏中国特色的工艺品，几乎每到一处都想方设法去收集各种有特色的民间工艺品。这次到广州出差，由于行程太紧，第二天上午就得坐飞机去北京了，所以他不得不放弃了在广州收集一些工艺品的机会，这使他感到很遗憾。

这天傍晚，Mr. John洽谈完业务后住进了广州大酒店。当他进了房间后，原先那沮丧的情绪立即被狂喜所淹没，因为他的目光被茶几上的一个泛着黑紫色的紫砂烟灰缸吸引住了。真是"踏破铁鞋无觅处，得来全不费工夫"，竟然在这家酒店里面找到了一个这么有特色的烟灰缸！Mr. John的心里顿时充满了浓浓的喜悦，于是，他悄悄地把这只烟灰缸放进了自己的行李箱里。

第二天早上，Mr. John到客房前台结账。当服务员肖静到Mr. John房里清点东西时，发现放置在茶几上的紫砂烟灰缸不翼而飞。他急忙去报告客房部经理，原以为经理会叫他去质问顾客是否偷了烟灰缸的，但出乎意料的是，经理竟然叫他再去拿一个包装精美的烟灰缸来送给Mr. John！虽然满脑子的疑问，肖静还是走进客房部办公室，把一个很精美的烟灰缸拿来给经理。

当Mr.John接过客房部经理递过来的礼物时也不免吃了一惊，他已经想好一套说辞应付可能而来的质问，但现在竟然派不上用场。而更令人奇怪的是，难道酒店在清点房间内物品时真的没有发现烟灰缸不见了？

Mr.John正纳闷的时候，经理说话了："Mr.John，很荣幸您入住本酒店。为了表达我们对您的欢迎，这个紫砂烟灰缸就作为小小的心意，给您留个纪念吧，希望您能喜欢。欢迎您下次再来本酒店！"

Mr.John拿着这份礼物，感动于酒店经理给他一个台阶，使他不那么难堪，不禁真诚地握着经理的手说："谢谢您的礼物，我非常喜欢。我下次到广州一定会再次光临贵店！我会告诉我的朋友们，我所住的酒店里有着非常棒的中国工艺品！"

经理也点头微笑："谢谢您的赞美！我们觉得非常荣幸！欢迎您和您的朋友的到来，下次我们会有更多有特色的工艺品让您一饱眼福的！"

"Ok, good!" Mr.John高兴地竖起了大拇指。

望着Mr.John走远的背影，经理拍了拍肖静的肩膀说："看到了吗，小伙子？这就叫以小赢大。"肖静若有所悟地点了点头。

思考与讨论：

1.你认为酒店对Mr.John事件的处理做得好吗？是否还有其他更好的处理办法？

2.针对顾客对商品的知觉的选择性心理，酒店员工应该如何处理这类问题？

顾客知觉包括顾客对酒店的知觉和酒店员工对顾客的知觉两个方面。掌握顾客对酒店的知觉感受，从而了解顾客的心理需求，是酒店提供高质量服务的前提。酒店员工对顾客的知觉感受，可以帮助员工准确地分析顾客的心理状态，及时调整服务策略，为顾客提供高满意度的服务。因此，对顾客知觉的准确把握对酒店制订相应的服务策略起着十分重要的作用。

一、顾客对酒店的知觉与酒店服务策略

酒店是顾客暂时住宿的地方，更是顾客一个临时的家。顾客衡量酒店的标准在于

酒店的设备设施和所提供的服务产品是否能够满足自己的需求。因此，根据顾客对酒店的知觉做好酒店服务工作，首先要从酒店员工的个人形象、服务态度和酒店服务环境等方面入手。

1. 酒店员工良好的个人形象

顾客进入酒店最先感知的就是酒店员工。员工形象气质的好坏直接影响着顾客对酒店的第一印象。顾客期望自己在酒店的消费与自己的享受成对等比例，甚至期望享受高出消费的高性价比服务。因此，酒店员工要在仪容、仪态、语言等方面有最佳的表现。

（1）仪容要求。仪容即仪表和容貌。酒店员工的仪容要求五官端正、搭配和谐、体格健美匀称、身体各部位比例协调、线条优美，能显示健康和活力。较好的仪容会使顾客形成一种特别的心理定式和情绪定式，不仅对酒店可以起到积极的宣传作用，还可以弥补某些服务设施方面的不足。因此，具体来讲，员工的头发要整齐、清洁，不可染色，不得披头散发。短发前不及眉，旁不及耳，后不及衣领；长发刘海不过眉，过肩要使用酒店统一发夹扎起，用发网网住或整齐地扎于头巾内，避免使用夸张耀眼的发夹。面貌要精神饱满，表情自然，不带个人情绪，面着淡妆，避免使用有浓烈气味的化妆品，口红脱落，要及时补妆。员工不留长指甲，指甲长度以不超过手指头为标准，不涂有色指甲油，经常保持清洁，除手表外，不佩戴任何首饰。

此外，员工服装要合身、烫平、清洁、无油污，长衣袖、裤管不能卷起，夏装衬衣下摆须扎进裤子或裙子内。围兜清洁无油污、无破损、烫直并系于腰间。鞋袜清洁、无破损，袜子无勾丝、无破损，只可穿无花、净色的丝袜。要勤洗澡，无体味，避免使用浓烈香味的香水。同性别、同岗位的员工要着同样的服装。服饰尽量以典雅、稳重的色彩为主，色彩和样式要求相和谐，与酒店各部门的工作特点、环境氛围相一致，使顾客感觉亲切、自然、舒适。例如，前台服饰以淡雅为主，要求大方、利落，给顾客以忙碌又不失稳重的感觉；客房服饰一般以咖啡色为主色调，给顾客以朴实、亲切、洁净的感觉；中餐厅服饰可选择具有中国民族特色的服装，西餐厅服饰主要以简约的西装为主，两者有所区别，以显示出民族特色。

（2）仪态要求。仪态指的是人的姿势、举止和动作。酒店员工的仪态必须符合职业道德标准。首先，要求仪态文明，有修养，讲礼貌，不在异性和他人面前有粗野动作和行体；其次，要求仪态自然、规则庄重、大方实在、不虚张声势、不装腔作势；再次，要求仪态美观、优雅脱俗、美观耐看，能够给人留下美好的印象，这属于高层次的要求；最后，要求仪态敬人，即要求力禁失敬于人的仪态，要通过良好的仪态来体现敬人之意。

（3）语言要求。语言是酒店员工与顾客交流的重要方式，也是酒店服务中至关重要的因素。酒店员工语言要求谈吐文雅、语调轻柔、语气亲切。针对不同性格的顾客沟通要讲究语言艺术，正确使用服务用语，用好尊敬语、问候语、称呼语等，语言精练、生动、优美，务必使每一位顾客满意。酒店员工服务时，讲究"五声"，即顾客来时有迎客声、遇见顾客时有称呼声、受人帮助时有致谢声、麻烦顾客时有道歉声、顾客离店时有送客声。杜绝使用"四语"，即蔑视语、烦躁语、否定语和斗气语。

2.酒店员工良好的服务态度

服务态度指酒店从业人员在从事酒店服务工作中对顾客在言语、表情、行为举止等方面所表现出的一种心理倾向。态度是一种复杂的心理现象，不仅受到个体已有的知识、经验、动机等认识因素的影响，也受到个体已有的对事物的情感和意向的影响。服务态度具有浓厚的职业色彩，还具有浓厚的情感色彩，对顾客的心理和行为能够产生重要的作用和影响。

酒店员工对客服务的过程中，服务态度首先具有感召和逐客的作用。良好的服务态度会使顾客愿意与员工接触，使顾客和员工更加亲近，吸引顾客再次惠顾；而恶劣的服务态度会使顾客不愿意与员工接触，甚至产生拒人于千里之外的感觉，严重影响顾客的二次入住。此外，服务态度还具有感化和激化的作用。良好的服务态度能够化解顾客的不满情绪，转变对酒店的不良看法；而恶劣的服务态度特别是在顾客情绪正处于不良状态时，容易引发冲突和矛盾，造成不良影响。所以，酒店员工应随时注意个人的服务态度，定位好自己的工作角色，避免因自己的态度问题出现影响顾客情绪而对酒店产生不良评价的现象。酒店员工要形成良好的服务态度，必须从以下几个方面入手：

（1）树立高度的责任感。酒店员工必须清楚地认识到自己的社会角色，明确服务工作的特点，热爱本职工作，消除自卑感和厌恶感，以酒店大局为重，从整体考虑，不计较个人得失，工作认真负责。

（2）加强自身修养。酒店员工必须眼界开阔、心胸宽广、理智感强，会主动自觉地形成并保持良好的服务态度，这些是一名具有文化修养、职业道德和心理素质良好的员工必备的因素。

（3）完善服务行为。服务行为是服务态度的具体表现形式，要求酒店员工有愉快的表情，有发自内心的微笑；站立姿势要挺直、自然、规矩，行走要平稳协调、精神；语言要规范、和气、文雅、谦逊；仪表要端庄、举止稳健、自然，符合职业身份。

3.酒店良好的服务环境

顾客入住酒店时，除了对酒店员工进行感知，还会对酒店环境进行感知。顾客对酒店环境进行的感知时间可能较短，但作为顾客对酒店的第一印象却可以保留较长时间。同时，酒店员工在良好的服务环境中，也有助于提升自己的服务质量。因此，酒店必须要注重良好服务环境的创建。据调查，顾客对酒店环境的要求包括十四项，即洁净、舒适、宁静、优质接待、餐饮、景致、周围环境、餐厅、客房、咨询、洗衣、旅游、商务、委托代办等。这些要求涉及酒店的位置、自然环境、建筑、停车场、装潢、迎送、设备设施、服务项目、娱乐活动等要素。因此，酒店要通过创造良好的内外环境，提供周到、热情的服务，努力使顾客在酒店的消费过程中，产生美好的感知觉和消费情绪，从而对酒店留下良好的第一印象，并形成晕轮效应。

二、员工对顾客的知觉与酒店服务策略

高效的酒店服务策略，除了要考虑顾客对酒店的感知，也离不开酒店员工对顾客的准确感知。因此，要提高酒店员工对顾客感知的准确性，首先要从培养员工良好的感知能力入手。

1.良好感知能力的培养

顾客在进入酒店对酒店的环境和员工进行感知的同时，酒店员工也对顾客进行着感知。员工对顾客准确、全面的感知有助于细致、周全甚至超前为顾客着想，提供高质量的服务。因此，酒店员工必须首先具备良好的感知能力。

（1）仔细观察。首先，明确观察的目的和任务，这是进行观察的前提。观察目的明确化、任务具体化，可使得收获最大化。酒店员工可以选择一些案例或实际工作中的问题进行观察研究，从而不断提升自己的观察能力。例如，前厅员工可以从顾客的外形、肢体语言、个人素质来推断入住顾客的国籍、职业、性格，并总结他们对服务的不同要求；餐厅员工可以观察不同类型顾客对早、中、晚餐的喜好和用餐内容方

面的不同要求。在服务过程当中，员工还可以将不同年龄的顾客作为观察对象，注意他们在住宿、饮食、购物等方面的不同需求，如为以旅游和商务为主的顾客提供周到的旅游服务和快捷的商务服务。总之，员工在观察前将目的明确化，可以很容易将注意力集中在关注的问题上，及时捕捉细小的变化，并采取相应的措施，甚至在顾客开口要求前就将服务工作做到位，满足顾客的心理需求。

其次，根据目的制订相应的观察计划。员工在做事前，根据目的拟定计划，进行充分的知识准备，才能保证计划的顺利实施。例如，餐厅员工以观察顾客的就餐口味及饮食习惯为目的，在拟定相关计划的同时需要准备关于烹饪方面的知识，否则会影响计划的具体实施。

最后，观察要细致具体，并及时总结出适合于自己的一套观察方法。例如顾客不同状态下的言谈举止、兴趣爱好和品质性格会出现不同的表象，外向的顾客喜欢将自己的情绪表露在外，内向的顾客喜欢将情绪藏于外表之内，因此酒店员工要善于抓住细节，如顾客的眼神、动作、语言等，从而揣测顾客的心理变化与需求。还要善于分析和总结，巩固记忆，不断完善资料，为顾客提供更加周全的服务。

（2）观察能力的培养。观察能力即观察力，是指观察活动的效率，它是衡量酒店员工素质高低的重要标志之一。观察能力的类型一般可分为三种，即分析型、综合型和分析综合型。具备分析型观察能力的人，善于观察对象的个别细节，但不善于观察对象的整体性；具备综合型观察能力的人，善于观察对象的主要部分，但容易忽视细节；而具备分析综合型观察能力的人，既善于观察对象的细节，又能将对象看成一个整体进行综合。此外，观察能力也可分为客观型和主观型。具有客观型观察能力的人，很少受到主观偏见、愿望或心境的影响，不会随意做出结论；而具有主观型观察能力的人，很容易混淆事实的真相，经常会受到自己主观见解或情绪的影响，将自己的主观偏见融入观察的事实中，很难对观察的结果做出准确的判断。具备良好的观察能力是酒店员工做好工作的重要条件。酒店员工应积极培养自己客观型的观察能力，在服务观察中，准确地做出判断，提供给顾客所需的服务。观察能力的培养需要不断地练习，可以从以下几个方面入手：

首先，比较两个人或两类人各方面的异同。针对年轻和年老的顾客对住宿的不同要求进行比较：年轻的顾客对客房的布置讲究时代感，色调要鲜明；而年老的顾客则希望客房的布置淡雅温馨。

　　其次，在短时间内说出观察对象尽可能多的特点。通过短暂的观察，酒店员工可以从观察中较为迅速地反映出观察对象的性格、服饰等特点，以及社会地位、学识等表象。这一点需要员工在工作中自主、有意识地进行不断训练，通过经验积累才能达到观察能力的提高。在这一训练的过程中，同观察能力较强的人一起观察，能够找到自己的不足之处，对观察能力的提高很有帮助。

　　最后，发现观察对象微小的变化。酒店员工不仅在工作中要通过观察多做对比练习，甚至在日常生活中也要多对比训练，以提高自己观察的敏感度，提高观察细节的能力。

2.对顾客准确的感知

　　在员工具备了良好的观察能力的基础上，酒店可以组织员工对顾客的仪容、仪态、语言、行李、用具和生活习惯等方面的细微观察进行培训，并将理论培训与实际工作相结合，来提高员工对顾客感知的准确性，从而为顾客提供高满意度的服务。

　　（1）对顾客仪容的观察。对顾客仪容的观察包括对顾客体型和肤色、面部表情、衣着服饰等方面的观察。

　　体型和肤色。顾客的体型和肤色可以反映出他们的国籍、种族、生活地区、职业特点等信息。西欧、北美等国家的人多为白种人，肤色较白，头发多为波发或直发，鼻高而狭，身材较高大；非洲、南美等国家的人多为黑种人，皮肤黝黑，头发卷曲或呈波状，鼻宽唇厚；亚洲等国家的人多为黄种人，肤色微黄，头发直而硬，身材中等。在中国，东北、西北地区的人体型较高大；西南、东南地区的人体型较瘦小。此外，心胸宽广的人通常体型较胖；脑力劳动者皮肤较白；农民和长期从事户外工作的人皮肤较黑。

　　面部表情。表情是内心的反映，眼睛是心灵的窗户。酒店员工可以从顾客的面部表情和眼神中观察顾客内心情绪的变化。例如，在与顾客交谈时，通过观察顾客的目光，可以判断顾客是否在关注于你的谈话。顾客目光与你接触，说明他关注于你的谈话；顾客眼睛看向远方，表示对你的谈话不感兴趣或正在考虑别的事情。在交谈中，如果顾客不停地舔嘴唇，眨眼睛，表示他正处于紧张状态。当一个人的眼神不敢正视对方，说明此人尴尬或者害怕、害羞；当一个人生气时，眼睛会紧紧盯住对方。这些细微的表情或者眼神能够显示顾客的情绪和心理状态，如果酒店员工在服务的过程中不懂得察言观色，即使服务再热情，也会使服务的质量大打折扣。

衣着服饰。一个人的衣着服饰可以反映一个人的文化修养、社会地位、职业特点、性格特点以及年龄、民族、经济收入状况等信息，社会地位相对高的人对自己的衣着服饰往往十分重视，因此，酒店员工通过对衣着的观察，能初步对顾客的身份进行感知和推测。例如，一般文化修养较高的学者、教授，多数戴眼镜，衣着款式比较保守，不追求时髦款式，比较喜欢深颜色的衣服，给人文质彬彬的感觉。商人、公司文职人员，男士多数是西装笔挺、领带整齐，女士穿职业套装，给人精明能干的印象。性格外向的人喜欢鲜艳亮丽的服饰，性格内向的人喜欢素雅、大众化的服饰。东南亚地区的顾客大多喜欢穿带有印花的服饰，阿拉伯地区的顾客喜欢穿白袍，女性戴面纱。此外，衣着服饰还可以反映出顾客的婚姻状况、民族特点等。

（2）对顾客仪态的观察。对顾客仪态的观察包括对顾客的肢体语言、动作等方面的观察。在日常生活中，人的手势可以表达很多意思，特别是在语言不通的状态下，人们习惯用手势来表达自己的意思。在酒店服务中，顾客的手势动作可能就是要求服务的信号。有些手势受到国家、民族、年龄等因素的影响，因此酒店员工必须熟知，避免造成不必要的失误。例如，中国人用一只手表示六到十的数字，但是西方国家没有这种表示法；中国人用食指指鼻子表示"我"，而西方大多数国家用大拇指指胸膛表示"我"。南亚地区的人对手有尊卑的区分，他们习惯右手抓食，左手上厕所，因此在他们眼里右手代表尊重，左手代表不尊重。顾客的走路姿势也可以反映出其性格、职业、情绪等特点。例如，急性子的人走路快如风，慢性子的人走路四平八稳；军人的步态刚正有力，演员的步态轻盈飘逸；急促的步态可能表示人很焦急，缓慢的步态可能表示人很忧虑，轻快的步态可能表示人很愉快。此外，大多数国家的人习惯用"点头"来表示同意，"摇头"表示不同意；而印度、斯里兰卡等国家，却以"摇头"表示同意，"点头"表示不同意。

（3）对顾客语言的观察。顾客说话的内容、方式、速度、音量、"行话"、"乡音"等，都能反映出其文化修养、性格、职业、身份、籍贯、情绪等信息。例如，文化修养较高的顾客讲话时，用词准确、精练、注意修饰，常使用成语；文化修养不高的顾客容易讲粗话，不顾场合。性格外向的人说话速度快，声音较大；性格内向的人说话慢条斯理，声音较小。此外，酒店员工可以通过顾客语言中的专业术语、乡土口音来判断顾客的职业。

（4）对顾客行李、用具和生活习惯的观察。酒店员工通过观察顾客的行李、用具可以判断顾客外出的目的、职业、行踪等情况。探亲访友、旅游的顾客所带行李较多；商务出行的顾客行李较少，随身行李以公文包或货品样板为主；以学术交流为目的的顾客多会带笔记本电脑、文件、书籍等。此外，世界各国、各族的顾客都有自己的风俗习惯和生活特点，通过观察，酒店员工可以避免服务过程中引起的误会。例如，欧美国家的顾客忌讳"13"，日本的顾客忌讳"4"和"9"，商客忌讳"4"而喜欢"8"。性格外向的顾客喜欢热闹，年长的顾客喜欢安静。日本顾客喜欢吃生鱼片，中国回族顾客不吃猪肉。酒店员工要通过细心观察和经验积累来掌握这些特点，有针对性地做好服务工作。

【典型案例分析】

自己吓自己

今天是小刘第一次独自带团。她把游客引导上旅游车，介绍自己与司机后，就开始按旅游车经过的路线，详细地介绍沿途的景观。可是，说着说着，她的言语就不那么流畅了，渐渐地变得结结巴巴，到最后，竟然语无伦次了。

团队抵达酒店以后，领队背着小刘给旅行社打电话要求换人。为了旅行社的声誉，经理把小刘换下来了。

回到旅行社，经理问小刘："你是怎么搞的?在学校是高材生，培训也是第一名，跟团实习时，赵先生还推荐了你，怎么刚一上团，就让领队给投诉了?"

小刘既难过，又委屈，向赵先生说了被投诉换下来的事。赵先生问："投诉的内容是什么?"

小刘说："主要是说我不会介绍，说话结结巴巴。"

"这就奇怪了!你不是口齿很伶俐吗?怎么会说你结结巴巴呢?你给客人介绍的时候，心情怎么样?"

"开始的时候，应该说一切正常。后来我发现，客人的眼睛都怪怪地看着我。不是直愣愣地看着，而是在我身上扫来扫去。当时我想：是我的化妆有问题，还是牛仔裤的拉链没拉上?趁客人朝车窗外面看的时候，我偷偷地打量了一下自己，也没发现有什么问题。但是，客人还是那样用眼睛在我身上扫过来扫过去。我想肯定是我什么地方出了差错被客人发现了，出于礼貌，他们没有嘲笑我。但是，他们肯定觉得很奇怪，所以就用眼睛在我身上扫来扫去……我越想心里越乱，就不知道嘴里在说什么了。"

听了小刘说的这些情况，赵先生淡淡一笑，说："这可是你自己吓着你自己了！"

（资料来源：阎纲.导游实操多维心理分析案例100[M].广州：广东旅游出版社，2003）

案例评析：

本案例讨论人的视觉感知。案例中的小刘之所以自己吓了自己，是因为小刘对人的视觉感知活动缺乏了解。

眼睛是人们极为重要的感觉器官。当人们感知他人时，不是一下子把对方的所有信息全都摄入脑海，而是一部分一部分地搜集，然后再加以整合，使之成为较完整的表象。小刘说的旅游者的眼睛在自己身上"扫来扫去"，正是旅游者的眼睛在一部分一部分地搜集信息。当人们集中注意力思考问题时，对外部世界的感知速度就会放慢，这时，眼球的运动会放慢甚至停止，这就是人们所说的"发呆"或"出神"。

小刘的讲解开始时一定是相当不错，否则她不可能把旅游者的目光都吸引到自己的身上。但是，小刘误解了旅游者眼球运动的心理意义，误以为旅游者只有眼球一动不动地盯着她才是专心听讲，在她身上"扫来扫去"就一定是对她的什么"差错"做出的反应，由此引起注意力分散，乃至结结巴巴，前言不搭后语。

其实，如果旅游者不愿意听导游员的讲解，一般的表现是：眼睛直愣愣地看着你，而心里在想别的事，或者东张西望，或者看着窗外，或者唧唧喳喳地说个不停，或者提一些与讲解毫不相干的问题，或者干脆闭上眼睛睡觉。

【本章小结】

研究顾客知觉与酒店服务策略，首先要了解感觉和知觉的概念以及它们之间的关系。感觉是指人脑对当前客观事物个别属性的反映，是人们对客观事物进行认知的开端，它包括视觉、听觉、嗅觉、味觉和触觉的感受。感觉适应、感觉对比和感觉的相互作用都属于人的感受性变化。知觉是人脑对直接作用于感觉器官的客观事物的整体属性的反映，它在感觉的基础上产生，是对感觉信息的组织和解释过程。知觉分为一般知觉和复杂知觉，其特性包括整体性、选择性、理解性和恒常性。错觉和幻觉属于特殊的知觉。此外，观察是知觉的高级形态，是有目的、有计划、比较持久的知觉过程，是人们认识客观事物的重要途径。感觉和知觉的区别在于前者依赖个别感觉器官的活动来反映事物的个别属性，而后者是依赖多种感觉器官的联合活动来反映事物的整体，但它们都是对直接作用于感觉器官的事物的反映。知觉是在感觉的基础上产生的，没有感觉也就没有知觉。

在对感知有一定了解的基础上，对顾客知觉进行把握。顾客知觉包括顾客对酒店的感知觉和员工对顾客的感知觉两个方面。顾客对酒店的感知觉包括顾客从视觉、听觉、味觉、时间知觉、社会知觉这五个方面对酒店进行感知，而员工对顾客的感知觉主要受到视觉、听觉、社会知觉的影响。通过对顾客知觉的把握，才能有针对性地进行有效的酒店服务工作。根据顾客对酒店的感知觉来做好酒店服务工作，要从酒店员工的个人形象、服务态度和酒店服务环境等方面入手。在个人形象方面，酒店员工要在仪容、仪态、语言等方面有一定的要求；在服务态度方面，酒店员工要巧妙地运用服务态度的感召和感化作用，并通过树立高度的责任感、加强自身修养和完善服务行为等途径来完善自己的服务态度；在服务环境方面，酒店必须要注重良好服务环境的创建，这样不仅可以为顾客提供舒适的入住环境，也有助于提升酒店员工的服务质量。

酒店员工对顾客的感知觉要求酒店员工必须具备良好的感知能力，才能为顾客提供高质量的服务。所以，首先通过培养员工的观察能力来提升员工的良好感知能力，具体可以通过对顾客仪容、仪态、语言以及行李、用具和生活习惯的观察途径来培养。

【本章重点内容网络图】

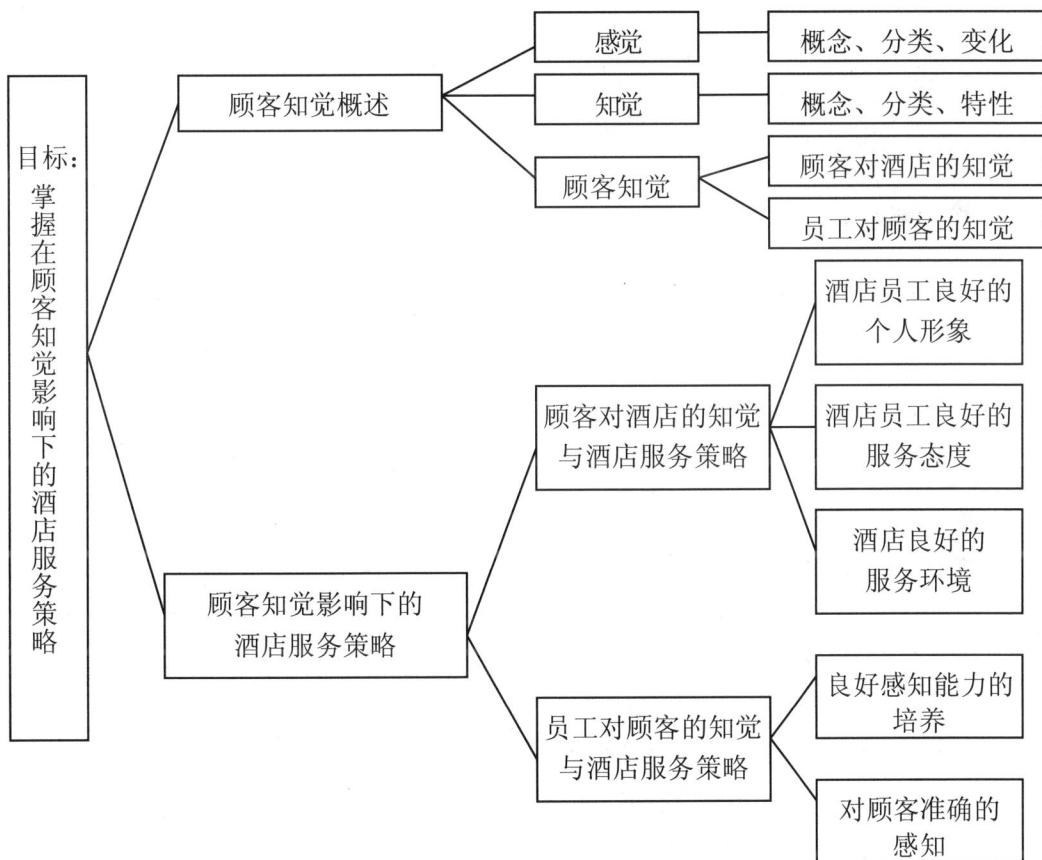

目标：掌握在顾客知觉影响下的酒店服务策略

顾客知觉概述
- 感觉 —— 概念、分类、变化
- 知觉 —— 概念、分类、特性
- 顾客知觉
  - 顾客对酒店的知觉
  - 员工对顾客的知觉

顾客知觉影响下的酒店服务策略
- 顾客对酒店的知觉与酒店服务策略
  - 酒店员工良好的个人形象
  - 酒店员工良好的服务态度
  - 酒店良好的服务环境
- 员工对顾客的知觉与酒店服务策略
  - 良好感知能力的培养
  - 对顾客准确的感知

课后习题

一、名词解释

1. 晕轮效应

2. 错觉

3. 知觉

4. 感觉阈限

二、填空题

1. 感受性的变化包括_____、_____、_____等。

2. 知觉的基本特征有_____、_____、_____及恒常性。

3. 观察是_____、_____、_____的知觉过程。

4. 对顾客仪容的观察包括对顾客_____、_____、_____等方面的观察。

三、单选题

1. 人脑对直接作用于感觉器官的事物是个别属性的反映叫做（　　）。

A. 反映　B. 感觉　C. 知觉　D. 直觉

2. 能够引起感觉的某种刺激的最小刺激量叫做（　　）。

A. 绝对感觉阈限　B. 绝对感受性　C. 差别感受阈限　D. 差别感受性

3. 人的预定目的、有计划、需要一定意志努力的较为持久的知觉称为（　　）。

A. 观察　B. 认识　C. 观察力　D. 知觉的理解性

4. 人在知觉过程中，总是用过去的知识和经验来理解当前的知觉对象，并且用语词加以概括，赋予它确定的含义，这种知觉的特征叫做（　　）。

A. 知觉的恒常性　B. 知觉的理解性　C. 知觉的选择性　D. 知觉的整体性

5. 看到一朵红花，这时的心理活动是（　　）。

A. 感觉　B. 知觉　C. 视觉　D. 色觉

四、判断题

1. 感觉是人脑对当前作用于感觉器官的客观事物的整体反映。（　　）

2. 错觉是人们对客观事物不正确或歪曲的感知觉，必须进行改正。（　　）

3. 酒店员工对顾客的感知觉，具体地可以通过对顾客仪容、仪态、语言以及行李、用具和生活习惯的观察来获取。（　　）

4. 空间知觉是物体在空间的位移、移动速度及人体自身运动状态在人脑中的反映，由视、听、肤、平衡、机体和运动觉等系统组成。（　　）

五、简答题

1. 试评价在酒店服务业中，"一切错觉都应当尽量避免"是否正确，并简述你的观点。

2. 简述顾客社会知觉的含义及包含的内容。

3. 简述酒店应根据顾客知觉，从哪几方面入手来满足顾客期望。

六、案例分析

两种说法的不同效果

一位爱挑剔的潘先生对酒店的服务很不满意，老是觉得这也不好、那也不好，喜欢指挥来指挥去，弄得服务员团团转。这不，他刚入住金海酒店，又对服务员小王提出了颇有难度的要求："每次我按铃叫你的时候，你要在30秒内赶到我房间来；在收拾房间时，那些东西的排放要严格按照我的要求去做。否则，我跟你们经理说你服务不周到。"服务员小王意识到了此顾客的挑剔性很强，于是他小心翼翼地点了点头。

在开始的几次，服务员都能按照其要求去做。但是，凡事都难免有意外。一次，当服务员接到其按铃后，匆忙乘电梯前往，但电梯中途突然出故障，等到达潘先生房间时已经超过5分钟。这下子，潘先生可就有借口发作了。服务员一进门，不等开口解释，他就指着小王的鼻子骂开了："你怎么搞的，我在这里等了老半天你都还没上来，你们不是说'顾客就是上帝'吗？这算什么态度！"

"我……"

　　"我什么我！你还有理由争辩？跟我到你们经理那儿理论去！"

　　"对不起，我刚才……"

　　"做错了就是做错了，要敢于承担！"

　　服务员小王也是个有脾气的人，忍耐度终于到了极限，跟潘先生横眉相对起来：

　　"我什么态度，你又是什么态度！你也不看一下你自己，成天只会指挥别人，你很了不起呀？！"

　　潘先生铁青着脸，眼看着一场火山就要爆发。这时，服务员大李刚好路过门外，听到争吵声，连忙走过来，把小王拉到一旁，及时制止了争吵，他了解了事情经过后，用很抱歉的语气对潘先生说："潘先生，很对不起，我们服务员冲撞了你，很希望你能够大人不计小人过，多多原谅。"

　　"哼！"

　　"不过，我想你可能有些误会了。"大李接着说。

　　"什么误会，事实就摆在眼前，没得说！"潘先生依然没消气。

　　"请您先冷静一下，别激动，听我把话说完。刚才我们的电梯的确发生了些小故障，致使小王不能及时赶来，我想这个情况他也不想发生。但没办法，这是意外，我想谁都不能料到会被困在电梯里。而且，从前几次的服务来看，他是尽职尽责的，只不过他的脾气冲了点，希望您能够理解。"

　　说完，扯了扯小王的衣服。

　　小王红着脸诚恳地说："潘先生，我刚才的确是冲动了点，但您根本不让我有说话的机会啊。"

　　终于，潘先生舒缓了紧皱的眉头，脸色也渐渐好转：

　　"真的是那样吗？那我真得要自我检讨一下了。"

　　末了，他还对小王道歉："我没想到事情是这样的，我错怪了你，希望你能原谅我。"这件事情最终得到圆满解决。

问题：

　　1.案例中潘先生情绪激动的原因及造成这种局面的根源是什么？

　　2.针对案例，酒店在日后的培训中应该加强哪些方面的内容？

第四章
顾客动机与酒店服务策略

【学习目标】

● **知识点**

1. 熟悉了解需要和动机的基本知识，并掌握酒店客人对服务工作的需要与动机；
2. 掌握在顾客需要与动机影响下的酒店服务策略。

● **技能点**

1. 培养观察分析何为顾客需要和动机的能力；
2. 培养观察分析根据顾客动机设计相应酒店服务策略的能力。

第一节　顾客需要与动机概述

【案例导入】

最后的"通牒"

508房早已过了结账的时间，酒店甚至还给508的李先生发了书面通知，可李先生就是迟迟不来结账，甚至连电话也不接了。因为是老客户，且以前一直配合得很好，所以前厅也没有特别在意，可是他的酒店消费额还是不断上升。

前厅费了九牛二虎之力，终于拨通了他的电话，谁知李先生却说："我这几年来那么多业务在你们的城市，难道还不放心吗？更何况我还要在这儿好几年呢，好吧，好吧，明天我一定来结账。"

可第二天李先生依然未到，前厅再次打电话，委婉说明酒店的规章，然而这次李先生却支支吾吾，闪烁其词。他的行为引起了酒店的注意，酒店经讨论后决定到他的业务单位做侧面了解，结果使人大吃一惊：李先生在本市已结束了业务，机票也已订妥，不日即飞离本市，这一切与李先生本人所说的完全不符。

酒店当即决定，给508房的李先生以最后的通牒。同时内紧外松，客房部、保安部对他重点"照顾"，此外与机场联系，打听到他离开的航班、时间。为了尽可能不弄僵关系，客房部以总经理的名义送上果篮，感谢李先生对酒店近几年的支持，此次一别，欢迎再来。李先生是个聪明人，知道自己的情况已被人知。第二天，自己到前厅结清了所有的账目，前厅对李先生也是礼貌有加，诚恳地询问客人对酒店的服务有什么意见和建议，并热情地欢迎他以后再来。

（资料来源：徐栖玲.酒店服务案例心理解析[M].广东旅游出版社，2006）

思考与讨论：

1.你是否认同"客房部以总经理名义送上果篮"的做法？

2.酒店员工如何根据客人的动机进行适度服务呢？

需要是人们入住酒店的最基本、最核心的内在动因。当人产生入住酒店的需要时，就会出现寻求理想酒店和理想服务的紧张或不安，这种紧张和不安就成为了一种驱动力，顾客动机随之产生。有了动机之后，就会产生相应的以满足需要为目标的行为。因此，了解和把握顾客需要和动机是酒店保证服务质量的前提。

一、需要与动机

要了解和掌握酒店顾客的需求心理和行为倾向，首先应该分析顾客的需要及其特点，其次根据各种需要有针对性地研究顾客相应的动机及其特性，最后理清顾客需要、动机和行为之间的关系，才能有助于提高酒店的服务质量和效率，赢得顾客的高度满意。

1. 需要

需要是个体行为积极性的源泉，是个体认识过程的内部动力，也是个性倾向性的基础，所以研究需要可以揭示人们入住酒店的内在动力，有助于深刻理解人们的酒店行为，有助于对各种行为进行预测和有针对性地引导。

（1）概念。需要是人脑对生理需求和社会需求的反映，它是有机体内部的某种缺乏或不平衡状态，表现出其生存和发展对客观条件的依赖性。人为了求得个体和社会的生存和发展，必须要求一定的事物，如食物、衣服、睡眠、劳动、交往等等。由此可见，需要是人进行活动的基本动力。需要可以激发人为了某一目的而行动，以求得自身的满足。人的需要是在活动中不断产生和发展的，当人的原有需要得到满足后，会产生新的、更高要求的需要，从而使人的活动不断向前发展。

（2）特点。需要有天然性和社会性两大类，具有对象性、紧张性、驱动性、共性和个性、发展性等特点。

对象性。人的需要不是盲目的，其产生是有目的、有对象的。顾客在酒店的消费，不仅是为了满足饮食、住宿等物质方面的需要，同时还为了满足环境、社交、享受、便利等精神方面的需要。商务型客人对酒店的地理位置、交通便利、办公设施以及服务效率方面有一定要求；观光型客人会选择离风景区距离较近、环境优美，甚至可以体验到当地民俗民风的酒店入住。因此，酒店对客服务必须有针对性，为商务型客人设立商务客房，为女士设立女性楼层，为对烟味敏感的客人设立无烟楼层等。

紧张性。人因为有欠缺感而产生某种需要，如果需要得不到满足，这种欠缺感就会转化为紧张、苦恼等。当顾客在酒店点餐时，会因所点菜肴没有而产生失望感；在黄金周期间订房，顾客会产生担心、紧张的心理；对环境比较挑剔的顾客在入住酒店时会产生紧张甚至焦虑的心理。面对这些情况，酒店要及时耐心地帮助顾客缓解这种特殊的心理，如介绍其他菜品来弥补所缺的菜肴；客房满员时可以帮助需要订房的顾客联系其他酒店；为环境敏感的顾客提供无烟、安静楼层等。

驱动性。需要是人们从事某项活动或工作的驱动力。人们因各种原因需要外出，酒店一开始就是为了帮助外出的人解决住宿问题而产生的。随着社会的发展，人们的需要在不断提高，所以酒店也由最初简单地帮助客人解决住宿问题，发展到了为客人解决吃、住、行、游、购、娱等多种需要的综合性场所。此外，酒店员工也需要不断学习新的文化知识和技能，提高自身的竞争力，以满足顾客的不同需要。如面对外国客人，酒店员工需要有针对性地学习外语，以便沟通，提高服务效率。

共性和个性。人的需要具有共同性特点。例如入住酒店的顾客除了对酒店的设备设施具有一定要求，也非常注重酒店热情、周到的服务，以满足物质和精神双方面的满足。但是，需要又因人而异，如有的顾客对酒店菜肴的品种和味道要求较高，有的顾客对酒店的康体娱乐服务的全面性要求较高，有的顾客对酒店的卫生环境十分挑剔。在酒店服务工作中，只有充分认识和了解客人需要的共性和个性，结合自身特点，才能为客人提供人性化的服务。

发展性。人的需求会随着内外环境的变化而变化，当低层次需求得到满足后，高层次的需求就会出现。随着生活水平的提高，人对饮食的需要由单纯地填饱肚子发展成为了对营养、健康饮食的需要。因此，有的酒店用药膳饮食、绿色饮食、减肥饮食等方法来引导顾客健康膳食，从关注菜肴的分量、口味而转到注重菜肴的营养以及合理搭配等问题上，以满足人们对饮食的特殊需要。

（3）种类。需要作为动机的基础，是社会主体对自身生存和发展的一切条件的依赖、指向和需求。从不同的角度，可以对需要进行不同的分类。

从需要的起源划分，需要包括生理需要和社会需要。生理需要是为保存和维持有机体生命和种族延续所必需的，如对饮食、运动、睡眠等的需要。生理需要是人最基本的需要，如果得不到满足，就会影响人对其他需要的产生。人们为了提高自己的物质和文化生活水平而产生的需要属于社会性需要，包括对知识、劳动、艺术创作的需要，对人际交往、尊重、道德、名誉地位、友谊和爱情的需要，对娱乐消遣、享受的需要等。它是人特有的在社会生活实践中产生和发展起来的高级需要。人的社会需要因受社会的背景和文化意识形态的影响而有显著的个别差异。不同区域、文化的差异，会导致酒店顾客的需要区别很大。如我国东部经济发达地区的酒店业服务水平、服务质量、服务设施及项目等水平普遍较高，这一现象的主要影响因素就是顾客对酒店服务和管理需要的期望值。

按需要的对象划分，需要包括物质需要和精神需要。物质需要是指人对物质对象的需求，包括对衣、食、住相关物品的需要。物质需要是一种反映人的活动对于物质文明产品的依赖性的心理状态，因此，物质需要既包括生理需要又包括社会需要。精神需要是指人对社会精神生活及其产品的需求，包括对知识、文化、艺术、审美、道德、尊重、成就的需要等。这些需要以生理需要为基础，但又属于社会需要范畴。在酒店的对客服务中，客人的需要也体现在物质和精神两个方面。如顾客对菜肴口味、客房卫生、安全状况的需要属于物质需要；客人对酒店氛围、酒店文化、服务质量的需要属于精神需要。

2.动机

动机是由需要所引起的激励或推动人们去行为，以达到一定目的的内在动力。因此，动机是诱发和驱动人们从事某种活动的直接原因，对顾客动机的了解和把握是提高酒店服务质量必不可少的因素。

（1）动机的概念。动机是指引起和维持个体活动，并使活动朝向某一目标的内部动力。它是一种内部刺激，是个人行为的直接原因。在动机的刺激下，个人行为会具有目标性，并明确其行为的意义。如在饥饿时，人会利用各种方法去寻找食物，以解除饥饿的动机；选手要想在比赛中取得好成绩的动机，会驱使选手在平时训练中坚持不懈、刻苦努力；顾客外出需要住宿，就会产生寻找相对满意酒店的动机。因此，动机可以为个人行为提供力量以达到体内平衡，得到需求的满足。

（2）动机的形成及作用。动机只有在一定条件下才能被激发而产生，其产生一般分为主观需要和客观刺激两个方面的原因。需要是动机产生的基础，强烈的需要会使人产生缺失感，形成从事某种活动的驱动力。如酒店想要得到顾客好的评价，酒店员工必须付出大量的努力，为顾客提供全面的、积极的、负责的、人性化的服务。此外，内在动机在外界刺激的作用下也可以被激发起来，如具有高品质服务的星级酒店，会激发人们渴望去享受的动机。有人将这种外在刺激称为诱因，按诱因在激发过程中的作用，可分为正诱因和负诱因。在现实生活中，享受动机的行为会受到经济条件等因素的制约。人们可能因为享受动机而去努力工作，以得到需求的满足，这时的动机属于正诱因。有的人可能会因为享受动机而通过不正当的行为来寻求需求的满足，这样的动机属于负诱因。目标的诱因越大，内在动力就会越大，如对于追求高成就感的酒店员工，工作难度就会越大，动机的促进性也就越大。

动机具有激活、指向、调节和维持的作用。动机会推动人们产生某种活动，在它的驱使下，使个体产生具有一定强度的行为。如外出旅行的人倍感疲惫，会促使个体做出找酒店住宿的行为。生理需要产生的动机相对比较急迫，需要立刻得到满足。动机在促使个体进入活动状态后，会指引个体的行为具有一定方向的指定性，甚至会忽视其他事物而专注于自己的行为。外出旅行的人在疲惫的状态下，会暂时忽视欣赏周围身边的景色而寻找就近的酒店入住休息，甚至不会考虑酒店的星级或者服务质量、卫生条件等。动机会决定行为的强度，动机愈强烈，行为也会随之更强烈、更持久。

（3）动机的特性。人们为了满足生活中自身的各种需要，会产生许多主观愿望，在一定条件下，这些主观愿望能够转变成意志行动，形成动机。动机具有多源性、内隐性、非对应性等特性。

多源性。诱发动机产生的原因很多，有个体内在需要方面的原因，也有外在因素对个体的刺激原因。影响人的某种行为的因素多种多样，但诱发不同人的同一行为的原因不尽相同。影响人们入住同一家酒店的有利因素就有商务来往方便、酒店服务质量和信誉较好、到酒店考察学习等。

内隐性。动机是人的行为的内在动力。人们通常不能直接观察到他人的动机，只能通过他人的外显行为而进行观察推测。但是由于动机的多源性，人们对动机的认识有时可能会出现偏差，甚至是完全错误。例如在开章案例中，客人迟迟不肯结账的动机是酒店工作人员在多次催促结账的过程中观察发现的，通过多次的观察和核实，对客人想要逃账的动机进行确定，以免出现不必要的错误。

非对应性。动机的非对应性是指动机和行为之间并不存在一一对应的关系，一种动机可能由多种动机决定，同时一种动机也可能由不同的行为表现。例如，人们入住酒店的动机可能是由出差、旅游、探亲访友、科学考察等多种原因引起的；人们选择预订酒店的行为也会有所不同，出差的人通过电话预订，探亲访友的人通过亲人、朋友预订，科考的人通过政府进行预订。

（4）动机的种类。当人的需要没有得到满足时，相应的动机就会推动人去寻找满足需要的对象，从而产生各种动机。动机可以划分为以下几种：

根据动机的性质，分为生理性动机和社会性动机。生理性动机源于生理需要，如饥、渴、性、睡眠等动机。生理性动机对维持个体的生存和发展有着极其重要的作用。生理性的需要得到满足后，相应的生理动机水平就会下降。但因为人不仅是自然人，更是社会人，因此人的很多生理性动机会带有社会性。例如人们入住酒店的动机最根本的是为了满足住宿和休息的生理需要，但是由于受到自身喜好、出行目的、经济条件、酒店档次等社会性因素的影响，这种生理性动机诱发的对酒店进行选择的行为又带有社会性。

社会性动机源于社会性需要，是后天形成的高级动机。社会性动机与人的社会生活紧密联系，受到各种社会因素、社会文化的影响，如交往动机、成就动机等。社会性动机如果得不到满足，不会像生理性动机会影响人的生命，但是却有可能引起一些不良的反应。如外出旅游的顾客，在旅行社的安排下入住某家酒店，但酒店的服务、环境、设备设施等不能满足客人的需要，不仅酒店、旅行社的社会声誉会降低，也会影响到客人的出游动机和消费动机。

根据动机的来源，分为内在动机和外在动机。内在动机是由个体的内部需要所引起的。员工的服务意识、服务态度是影响酒店服务质量的关键性因素，如果酒店员工能够意识到这一点，就会产生相应的工作责任感，从各方面严格要求自己，努力工作，这种努力工作的动机就转化成了内在动机。在内在动机的影响下，员工负责任的服务行为会持续长久。

外在动机是在外部刺激的作用下产生的，是为了获得某种奖励和表扬而产生的动机。如酒店通过提供高薪和福利待遇来调动员工努力工作的动机，以提高服务质量，这也体现了外在动机的速效性。因为人有一种自然的先天倾向——趋利避害，也就是说，只要提供的外在刺激和诱因对个体来说是有利的，是他们所渴望和需要的，就会激发人们的趋向行动。但是，外在动机又具有短时性。如果员工努力工作的行为原因仅仅和获得奖赏联系在一起，那么这种行为只会在奖赏条件下出现，外在条件一旦消失，它所激发出来的行为也会"反弹"回原有的水平。由此可见，外在动机较为被动，在外在动机的激发下，容易出现一种较为功利主义的目的。

内在动机虽然相比外在动机更为持久和稳定，但个体与生俱来的兴趣毕竟有限，大部分态度、价值观和行为都是后天学习和培养的，是一种内化的过程。动机也是如此，对于那些缺乏内在兴趣的行为来说，通常首先需要利用外部刺激给予强化，逐渐培养个体对活动本身的兴趣和对行为的控制力，最终通过内部力量操纵行为，完成动机的内化过程。所以，外部力量可以说是这一过程的前提条件。所以，酒店在对员工的奖惩方面力度要适当，否则会适得其反。

根据动机在行为中的作用，分为主导动机和从属动机。个体行为具有复杂性的特点，某一行为的产生有时是多种动机驱动的，在这个驱动过程中，每种动机所起的作用不同，有强有弱。其中占主导地位的心理过程和内部动力就是主导性动机。主导性动机持续时间长，指引着行为的方向和强度。

从属动机在行为活动过程中，处于辅助地位，所起作用偏弱。如有的企事业单位在年末会在酒店举行年会，这时住宿、饮食是一种从属动机，而人们社交的主导动机是在住宿、饮食等的过程中进行交流，以达到交往的目的。

主导动机和从属动机在不同的个体对象和情况下会发生转化。如酒店员工在工作时存在多种动机，有的员工将集体利益最大化作为工作的最大动机，而有的员工则是将获得领导赏识、谋求个人发展作为主导动机。

3.需要与动机的关系

需要、动机和行为三者之间具有密切的关系。当人的需要没有得到满足时，会产生一种紧张不安的心理状态，在遇到能够满足需要的目标时，这种紧张的心理状态就会转化为动机，促使人们去从事某种活动来实现目标。目标得以实现，生理或心理就会获得满足，紧张的心理状态也会随之消除。但这时新的需要又会产生，从而引起新的动机，指向新的目标。这是一个循环往复、连续不断的过程。由此可见，需要是动机和行为的基础，人们产生某种需要后，只有当这种需要具有某种特定的目标时才会产生动机，从而成为引起人们行为的直接原因。每个动机都可以引起行为，但是在多种动机存在的情况下，只有起主导作用的动机才会引起人的行为。

二、酒店顾客的需要与动机

顾客对酒店所提供的有形或无形的服务不仅受到自身特殊需要等内部因素的影响，同时也受到诸多外部因素的影响。因此，只有充分了解并掌握顾客的各种需要及其动机，才能理解顾客的行为和心理特点，有针对性地开展各项服务工作。

1.酒店顾客的需要

酒店顾客的需要是酒店对客服务需要分析和研究的首要因素之一，具体可以从顾客需要的特点及其种类划分两个方面入手。

（1）酒店顾客需要的特点。作为酒店服务的消费者，顾客的需要呈现出多样性、指向性、变化性、主观性以及规律性等特点。

多样性。由于受到民族、地区、国家、年龄、性别、职业、收入、兴趣爱好等多种因素的影响，顾客对酒店的需要存在着不同程度的差异性和层次性。酒店人性化的服务，首先要对客人的各种需要给予足够的尊重。如对有洁癖、比较挑剔的客人不能因其需要的细致而忽视或者排斥。此外，商务型酒店应专门为出差的顾客配备比较全面的商务设备设施；观光型酒店要为旅游的顾客提供能够了解当地风土人情的信息；经济型酒店以环境舒适、价格适中的优势为顾客提供住宿。酒店要根据自身特点，并结合市场需求，确定相应的经营方向，以为顾客提供最佳的服务。

指向性。顾客到酒店进行消费具有一定目的性，即明确指向性的。顾客需求有的以生理需求为主，酒店要尽可能提供快速、便捷、优质的服务，如要为倍感饥饿的顾客提供快速的餐饮服务；为身体疲惫的顾客快速办理入住手续等等。有的顾客以精神需求为主，酒店提供的服务就要满足其精神需要。如为商务客人提供洽谈业务的服务；为旅游的客人提供观光游览的服务；为老年顾客提供安静舒适的疗养环境等等。酒店要根据顾客需求的指向性，为其提供相应周到的服务。

变化性。随着社会的发展，顾客的需求也千变万化。乡村酒店是为了满足顾客远离城市、追求清新自然的居住环境而产生的。比较具有个性化的前卫型酒店主要是为了满足青年人求新求异的需求而产生的，这类酒店专门服务于接受过良好教育、有较好的工作和经济实力的年轻人，他们对生活的品位和个性化需求较高，传统酒店无法满足他们的需求。面对顾客需求的变化性，酒店必须及时调整经营思路和管理方法，以迎合客人的需求，提升竞争力。

主观性。酒店顾客的需要具有主观性特点，因为他们对同一种服务会产生不同的感受。顾客在评判酒店服务产品时，会带有主观性的感情色彩，并以自己的喜好和需要来评价产品的好坏。有洁癖的顾客，对酒店卫生环境会非常挑剔，面对这类顾客，酒店的服务要细致、周到，多从顾客心理需求的角度来有针对性地进行服务。所以，服务要灵活多变，针对顾客的需求应采取相应的措施，不能生搬硬套，千篇一律。

规律性。顾客的需要在得到满足后，并不会消失或者终止，而是会产生新的需要，周而复始。随着生活水平的提高，人们越来越重视精神生活的需要，对美和享受不断提出更高的要求。酒店也从最基本的帮助客人解决住宿问题的层面，逐渐发展成了为顾客提供良好的商务、会议、康乐、饮食、宴会等各项服务的层面，满足顾客更高层次的需求。

（2）酒店顾客需要的种类。顾客的需要虽然具有复杂多变的特点，但总体来说，可以分为天然性需要和社会性需要两大类。

天然性需要。天然性需要是指维持顾客生存和发展的基本需要，如顾客对酒店的设施、质量、舒适条件、环境以及接待气氛等的需要。包括以下几个方面：

前厅服务。前厅服务是酒店的神经中枢，是整个酒店的灵魂。前厅的接触面广、政策性强、业务复杂、影响全局，是为酒店带来充足客源和产生良好经济效益的综合性服务部门。因此，前厅环境必须在感觉上给顾客以耳目一新的感觉，其装修和陈设应具有地方特色和现代气息，给顾客以高雅、庄重、宜人、方便的感觉，产生情感共鸣。前厅的设施以及服务人员的仪容仪表也必须美观，以满足顾客审美的需要。

客房服务。客房是酒店的基本设施和重要组成部分，是以出租和劳务方式供给顾客住宿的场所，也是顾客生存的基本条件。因此，顾客对客房服务有较高的要求。第一，整洁是客房的基本要求，如床上卧具整洁，地面、墙壁、家具的表面洁净，卫生间明亮干净，房内各种物品和设备放置有序等；第二，宁静是解除顾客疲劳和保证顾客不受干扰的重要因素，如房间有良好的隔音性，同时要求服务员与他人交往中或工作中要做到轻走、轻动、轻语言；第三，舒适不仅能解除顾客的疲劳，而且是提供享受的前提，客房的舒适是多方面的，如宽敞的房间，柔软的卧具、沙发，新鲜的空气、适宜的温度、洁净的卫生设施、高清晰的彩电、悦耳的音响、松软的地毯等；第四，便利是顾客选择客房服务的一个重要因素，便利不仅包括服务项目多，给顾客以省时、省力、方便、获益的心理感受，而且还包括高效的工作效率；第五，安全是所有顾客出门在外的一个共同需要，他们在住店期间，希望不会发生财物失窃、隐私外泄、传染疾病、食物变质、失火等事故。

餐饮服务。餐饮服务是酒店服务的重要支柱之一，它不仅能满足顾客对饮食的需要，提高酒店的声誉，而且也是酒店增加收入的主要渠道。首先，餐厅装饰的整体气氛要富有个性和艺术性，在灯光、色调、桌椅、餐具、环境布置等方面应给顾客以心旷神怡的感受；其次，根据顾客的个性提供饮食品种，满足不同国籍、籍贯、民族顾客的生活习惯，适应不同年龄、性别、职业的消费差异；再次，餐饮服务不仅要满足味觉和嗅觉的需要，还要满足视觉需要，包括服务人员的仪容仪表和操作技能、食品的颜色搭配、菜品的命名等；最后，餐饮要注意品种的变化，如原料、烹制的方法等，以满足顾客对餐饮的求变需要。

其他服务。现代酒店越来越向综合、立体、多方位方向发展，注重顾客多方面的需要，服务项目也呈现出丰富性，如美发、媒体、美容、游乐、休闲、健身酒吧、网吧等。这些服务项目标志着酒店的等级和规格，也反映出现代酒店绝对重视顾客需要的服务理念。

社会性需要。社会性需要是指为了实现所肩负的社会活动任务，或是为了维护、显示自己的社会地位和身份等对所在环境、交往条件、活动媒介等的一种较高层次的需要。在酒店消费的过程中，顾客的社会性需要主要表现在以下几方面：

服务态度。服务态度是指从业人员对服务对象在言语、表情、行为方面所表现出来的一种心理倾向。如对待顾客热情、主动、耐心、周到；与顾客交往中语言礼貌、仪表端庄、举止文雅；对有生理缺陷或发生过失的顾客及时提供帮助，尊重顾客的宗教信仰、民族习惯、自身喜好等，使顾客的自尊心理得到满足，体现顾客至上的服务宗旨。

切身利益。首先，酒店各个部门都应重视质量，不能因质量问题而影响顾客的消费，甚至造成损失或伤害；其次，所有消费项目要明码标价、货真价实，不搞欺骗和暴利行为；再次，注意卫生和安全，防止发生意外事故；最后，正确处理与顾客的关系，不侵占顾客的财物，礼貌、平等对待每位顾客，及时妥善处理顾客投诉，以满足顾客求安全、求公平、求友好的交往需要，保证顾客的切身利益不受损害。

服务技能。服务技能熟练，不仅能让酒店的设施设备发挥应有的功能，而且可以提高各项服务工作的效率，并逐步形成服务艺术，以满足顾客自我实现的需要，使顾客高兴而来，满意而归。服务技能包括操作能力、应变能力、公关交际能力以及观察、记忆、注意等职业心智能力。

美的追求。顾客在酒店的消费过程中，都讲究环境美的享受。如房间布置或餐桌摆台美观、优雅，服务员端庄大方、服饰美丽，食品精美，电视节目丰富多彩等，以满足顾客对艺术、对美的追求。

2.酒店顾客的消费动机

消费动机是为了满足一定需要，引起人们购买和消费行为的愿望和意念，是直接驱使消费者进行购买和消费活动的内在动力。酒店要吸引顾客，除了要把握顾客的需要以外，还要掌握顾客的动机，这样才能打动顾客，引起顾客的愿望和兴趣，促使其购买和消费行为。

（1）酒店顾客动机的特点。对外出消费的顾客而言，旅游、探亲、访友、度假、公务、会议、科考等都有可能是其动机或者目的，这些动机都是通过消费来实现顾客心理需要的，其中旅游动机占据了一大部分。有的学者将旅游动机分为生理因素诱发的动机、文化因素诱发的动机、地位和声望因素诱发的动机、人际关系诱发的动机等；有的学者认为动机分为八类，即健康动机、好奇动机、体育动机、寻乐动机、精神寄托或宗教信仰动机、专业或商业动机、探亲访友动机和自我尊重动机。由此可见，人们的旅游消费主要是为了生理、心理、经济或文化等目的。酒店消费与顾客的旅游活动紧密相连，顾客的吃、住、购物、娱乐等活动往往发生在酒店，因此，酒店顾客的消费动机无不体现着旅游动机的特点。

方便快捷。酒店为出门在外的顾客提供"家"一样的服务，其中方便快捷是要满足顾客的首要需要和动机。如酒店地理位置的交通便利、标志明显或是店外接送服务周到，会使顾客方便迅速地到达目的地，减少顾客的流失。所以，酒店的地理位置是酒店客源数量的决定性因素之一。此外，顾客寻求方便的动机也体现在酒店服务的各个环节中。商务型顾客的时间安排较紧，期望酒店在短时间内高效地提供相应服务，如邮件发送、传真接收、资料影印等，酒店要想留住此类客人，必须提供与之相应的服务。

享受。顾客对酒店服务的期望往往超出了客人在家庭中的享受值。现代家庭在节假日或平常时间爱到酒店中就餐、住宿、娱乐，其中一个诱因就是酒店能够提供美味佳肴、舒适环境、周到服务等，给顾客以放松和休息的享受。酒店消费的大众化趋势明显，这对酒店来说既是机遇也是挑战。酒店根据日益扩大的消费市场，提供高质量的产品和高水准的服务，给客人以物质和精神上的享受，成为了酒店发展的关键性问题。

价格合理。在经济条件允许下，到酒店就餐、住宿的顾客都讲求理性消费，比较注重物有所值。顾客在消费时会做出选择，考虑性价比。外出旅游的顾客会通过网络查阅相关信息，如酒店打折、机票特价等信息。因此，酒店要根据客人合理消费的心理，采取适当的定价策略，以不同房型、不同时间段等采取优惠打折的促销方式，吸引更多的消费者前来。

美的追求。对美的追求和享受是顾客高层次的消费动机。顾客不仅注重酒店的环境、设备设施，对酒店服务人员及其服务也有一定美的要求。酒店精致的装饰、优雅的环境、精美的菜肴及餐具，都能够显示出酒店环境之美。酒店服务人员的形体、服饰、发型等形象美和语言、行为等态度美，都要与酒店的档次相符合，才有可能促使顾客产生第二次消费。

新奇。强烈的好奇和探索动机会使人对周围新出现的事物和现象充满好奇感，引发冒险和尝试的行为。求新求奇的顾客往往以年轻人居多，他们对时尚和潮流比较感兴趣，容易受到广告宣传和媒体传播的影响而对新鲜事物产生兴趣。为了迎合这类人群，酒店提供的女性客房、家庭客房、情侣套房、蜜月套房等都会吸引他们前来消费。再如酒店限时限量的餐饮特殊服务也会引起人们的好奇和注意力，刺激"探求"的消费心理。

从动机的广泛性和重要性角度考虑，以上五种动机的特点并不能代表所有顾客的消费动机。每一位顾客的消费动机不是单一的而是以某种动机为主导，同时还受到其他消费动机的影响。

（2）酒店顾客动机的种类。酒店顾客动机是顾客的各种需求过渡到消费行为的中介，其种类可以分为生理性消费动机、心理性消费动机和社会性消费动机三类。

生理性消费动机。人对基本生活资料的需要是产生生理性消费动机的基础。顾客在酒店消费的动机首先是生理性动机，因此酒店提供给顾客的各种服务应充分考虑其实用价值，满足顾客讲求实惠的心理。此外，还有部分顾客是由享受需要和发展需要而来到酒店消费的，这就要求酒店提供相适应的消费内容。

心理性消费动机。由认识、情感、意志等心理过程所引起的消费动机，包括理智动机、感情动机和惠顾动机。理智动机是经过分析、比较和深思熟虑之后才产生的消费动机，如顾客对酒店的选择、对餐饮品种的选择、对旅游景点的选择等。感情动机是由顾客自身的情绪或情感来决定消费的一种动机。如对酒店装饰的评价、对服务员仪表的评价、对服务质量的评价等。惠顾动机是顾客由于感情与理智的经验，对酒店或某项服务产生偏爱、信任而产生的一种消费动机，即为"忠诚顾客"。这一动机的产生是酒店的信誉、服务质量、价格、环境、管理、创新等因素的综合结果。一个酒店能否在顾客中广泛激起惠顾消费动机，是酒店经营成败的一个重要标志。

社会性消费动机。由社会文化、风俗、道德、审美、群体等因素引起的消费动机，包括种族（民族）动机、地域动机、职业动机等。正因为顾客存在社会性消费动机，酒店的服务项目和档次就应有差异，服务员更应掌握相关知识，使服务工作有针对性。如开展旅游服务、出租车服务、快餐服务、礼仪服务、物业管理等多种经营策略。

第二节　顾客动机与服务策略

【案例导入】

好的动机为何没有好的结果

　　某日一位非本店消费客人上大堂女厕所，使用洗手液时很浪费，大堂清洁工小王觉得挺可惜，就随口说了几句。第二天，这位女士又过来上厕所，看见小王正在搞卫生，就故意把水龙头开得很大，把镜面、台面溅得到处都是水迹。小王也窝了一肚子气，斜了这位女士几眼。于是，这位女士就开始骂人，小王也没有很好地克制自己，与她争吵起来。后来该女士投诉到大堂副理处。好的动机为何没有带来好的结果？针对这个投诉，部门召开了专题讨论会，楼层在"微笑并不费力，但能带来无穷魅力"的专题讲座上分析此案例。

（资料来源：http://blog.sina.com.cn/s/blog_70dd7efb0100ubml.html）

思考与讨论：

　　1.为什么这样好的动机却未能得到顾客的认可？

　　2.你认为在整个酒店服务中，小王应该怎么做？

　　在了解并掌握了顾客心理的需求与动机的基础上，酒店要针对客人设计相关的酒店产品和服务，以满足顾客需求。

一、顾客需要与酒店服务策略

　　根据顾客的各种需要来提供有针对性的服务，从而提高酒店对顾客的吸引力，具体可以从以下几点着手：

1.清洁卫生

清洁卫生是顾客最为重视的生理和心理需要，清洁卫生是决定顾客选择酒店的首要因素。任何酒店都要对设备设施、环境质量、食品加工、用具清洁以及消毒等环境卫生方面严格把关，并且要加强酒店工作人员的个人卫生，给顾客以清洁感和舒适感。因此，酒店的清洁卫生可以概括为对有形设施的需要和对无形服务的需要两个方面。

在有形设施的卫生安全方面，酒店的环境设计要充分考虑客人的身体健康和安全，选择对身体无害的材料和装饰物，以保证空气的清新健康。前厅是酒店的公共区域，人员流动量大，所以要加强对前厅的卫生管理和控制，清洁人员要来回巡视观察并及时清洁，如休息区的烟灰缸内的烟头不得超过两个，顾客坐过的沙发、看过的报纸杂志要及时整理，保持前厅的整洁。餐饮部的卫生情况也会引起顾客的关注，所以要保证原料的采购、洗涤、切配、初加工、成品制作、器皿选择、装盘、运送等每个环节的清洁卫生。如某些酒店推出的透明厨房，就是为了能够让顾客看得清楚，吃得放心。此外，洗手间的卫生情况也是客人评判酒店卫生的标准之一，清洁人员要认真清洗消毒，保证客人使用时洗手间的清洁卫生。

在无形服务的卫生安全方面，酒店员工的清洁卫生是酒店基本卫生状况的直接映射。他们要统一着装，整齐干净，常换常洗，不得有油污等不洁之处；要勤洗头、洗澡、剪指甲，保持面部、手部及口腔的清洁卫生，上班前不吃有异味的食物。在服务的过程中，注意操作的清洁卫生。如客房服务不得用撤换下来的床上用品擦洗地面、浴缸、杯子等；杯具要严格消毒，不得随便冲洗后就放入带有已消毒标志的包装袋内。此外，酒店员工还要注重自身的卫生安全，定期到医院进行体检，保证自身没有传染性疾病。

2.安静舒适

安静舒适的环境是衡量酒店服务质量的重要标准之一。安静舒适的环境不仅可以满足顾客休息、用餐、会客等活动的需要，而且能产生愉快、满意的情绪，形成一种美的综合享受。如酒店在建设初期预留大片空间和范围进行绿化或装饰，就是为给顾客营造一个悠闲、惬意、放松的休息环境。客房的隔音板也有助于提高顾客的睡眠质量。在客房服务中，要充分考虑客人的生活习惯，整理房间也要考虑客人的方便程度。这些人性化的服务都是对顾客心理需要的极大满足。此外，餐厅的环境好坏会对顾客的就餐情绪产生很大影响，优雅的就餐环境可以起到锦上添花的作用，加强顾客就餐时对酒店的好感。

3.快捷高效

酒店服务的速度和效率是影响顾客再次选择的重要因素之一。入住酒店的顾客，都期望酒店能够提供方便易用的服务设施，既能保障人身安全，也不用花费太多时间等待。如酒店电器开关要简单易用，避免出现烫伤顾客的事故；在有限时间内缩短办理入住手续的等待时间，提高用餐上菜的速度，为顾客节约时间，使酒店获得好的声誉。

4.热情周到

热情是一种强有力的稳定而深厚的情感体验。对顾客接待热情亲切，可以缩小交往中的心理距离，减少顾客的陌生感、疑虑感，促进情感融洽，便于交往。对入住酒店的顾客，酒店员工适度的微笑、热情相迎、主动问候等都有助于消除顾客的紧张感，给客人宾至如归的感受。另外，酒店员工要善于观察客人的言行举止，并从中判断客人的需要，及时提供周到的服务。当顾客对酒店的服务或管理提出不同意见时，服务员要虚心接受，并认真记录，不能凭个人主观情绪跟客人争辩。只有耐心、细心、周到的服务才能使顾客觉得愉快，愿意成为酒店的回头客。

5.规范灵活

规范标准是保证酒店服务质量的根本。酒店制定各种服务程序、服务方法，采取现代化的服务手段等，都是为了保证向顾客提供统一化的服务，并且对员工明确自己的具体工作可以起到一定的引导作用，以提高工作效率。如中西式铺床都有各自的标准，服务员不按照标准进行操作，会大大降低服务效率。但酒店要根据自身的档次和特点、员工的素质、客源及客人的喜好等内外因素来制定各项工作标准及规范，这样才能提高规范的实用性。此外，员工的服务应该在规范的引导下，根据顾客的具体情况进行灵活处理，不可僵化服务。如酒店规定顾客点餐后15分钟内就上菜，对非常着急的顾客，服务员要加快上菜速度；对还需要等人的顾客，服务员可放慢上菜的速度。服务员根据酒店标准整理客房时，还要与客人的生活习惯相结合，如客人特殊的睡眠方式等。员工的服务既要规范化，又要具有灵活性，善于做个有心人，将顾客放入心中。

6.尊重得体

对顾客尊重是酒店员工的职业道德观念和应该具有的职业意识。只有将顾客放入心中，多从顾客的角度来考虑问题，才能赢得顾客的认同和好评。如在对顾客的称呼、问候、接待、交谈等各个细节中，都应该将顾客放在第一位。在餐饮服务中，往干红葡萄酒中加入雪碧或冰块会影响酒的口感，导致品尝不出酒的真正味道。当顾客提出这样的要求时，服务人员不能直接否定或表示不理解，可以从专业的角度给予顾客一定的解释，但还是要以尊重顾客的需要为主，不得将自己的建议强加给顾客，甚至伤及顾客的面子。尊重顾客必须得体、恰当，这表现在两个方面：一是在为顾客服务的过程中保持业务性交往的心态，不掺杂个人情感。二是在服务交往中注意自己的身份，如服饰、化妆等要规范；不参加客人聚会和交谈；不答允与服务无关的要求；不收小费、礼品；不打听客人隐私等。这样不仅尊重了客人，同时尊重了服务员自己，还树立了酒店的整体形象，传播了社会主义精神文明。

7.公平合理

顾客在接受服务时，对接待程序、服务项目、服务质量、价格收费等方面要求公平合理、平等对待，这不单纯是为了满足生理方面的需要，更是为了满足自尊和自我实现的需要。只有当顾客感到在酒店中得到了同样的礼遇，才会在心理上获得平衡，以减小产生被歧视、被冷漠和被欺骗的感觉。威斯汀酒店的"天堂之床"客房、希尔顿集团的"睡得香"客房和"健身"客房、雅高集团的"嗅觉"客房以及美国特许经营的"常青客房"等新概念客房，都体现了以人为本、公平对待的服务理念。此外，顾客对酒店房价最为敏感，酒店可以根据顾客对酒店的贡献做出不同的价格策略，如合同价、门市价、会员价、商务价、政府价甚至免费价，以灵活地处理客人对房价的敏感性问题。顾客除了对价格有公平合理的需要以外，更多要求体现在对服务等软性方面的需要上。如对待生客、熟客、消费不同的顾客，酒店员工都要注意保持良好的服务态度，不能有冷热生疏之分。

由于受到多种内外因素的影响，酒店顾客的需要总是处于不断变化和发展的状态。酒店要不断探索和发现顾客需要的新动向和新趋势，才能为顾客提供满意的服务。

二、顾客动机与酒店服务策略

酒店为顾客提供了满意服务后，会引发顾客对酒店的长久兴趣和爱好，不仅会使顾客经常光顾酒店，还可以起到对酒店的宣传作用，带动酒店的客源。酒店通过适当的方法来激发顾客的消费动机，有利于刺激顾客的兴趣，产生消费行为。

1.注重品牌效益

具有特色的东西对人们的消费欲望能够起到刺激作用，所以酒店在服务过程中，一定要形成自己独特的服务风格和方式，结合酒店的主题，突出特色吸引顾客。如海南三亚亚龙湾鸟巢度假村酒店隐藏于丛林之中，以森林生态环境为主题，分为生态保护区、生态观光区和休闲度假区三大区域，它以生态休闲为特色，以观光游览功能为基础，以休闲度假功能为重点，同时与以雨林探险、民俗文化、健身养生等功能为辅助的综合型绿色生态旅游景区，是尽显"野趣奢华"特色的山地森林度假村。该酒店建筑以原生态的天然建材为元素，以热带风情为风格建筑，建造手法国内罕见。顾客在此居住，可以尽情享受与大自然的亲密接触，放下一切，返璞归真。酒店的客房又分为集结地客房、孔雀区客房、大雁区客房、老鹰区客房、喜鹊区客房、喜白鹭区客房和丹顶鹤区客房，特色十分突出。许多顾客慕名而来，体验中国式的融探险性、娱乐性、休闲性为一体的海滨度假酒店。

酒店在开发产品和服务的过程中，要注意以自然为本、突出个性、突出民族特点，不可盲目模仿照搬，丧失自我特色。

2.保证服务质量

酒店良好的服务和管理，本身就是吸引客源的重要因素。泰国曼谷的东方酒店堪称亚洲酒店之最，几乎每天客满，不提前预订是很难有机会入住的。泰国在亚洲的国家中并不是特别发达，但是它能够拥有如此高入住率的酒店，一方面跟泰国旅游业的发达息息相关，另一方面就是东方酒店非同寻常的对客服务，以关怀来打动顾客，获得了世界范围的认同。东方酒店很注重对老客户的服务，培养他们的客户忠诚度，提高客户回头率。一位中国顾客因公事再次去了东方酒店，第二天一早起来就看到门口一个服务生鞠躬："早上好，余先生！"客人很惊异地问："你怎么知道我名字的？"服务员说他们公司规定，每天晚上在顾客休息的时候要背熟整一层客户的名字。接下来余先生去乘电梯，开门的瞬间，里面的服务小姐鞠躬："早上好，余先生！"余先生又问："怎么你也知道我的名字？"服务员说因为刚刚上面来电话说楼上的余先生要下来吃早餐了。等他来到餐区，服务生说："余先生，还选老位子吗？""老位子？""您在1993年4月3日曾来过本酒店，当时您坐在第二排离窗户的B座。""老菜单吗？当时您选了一杯牛奶、一个面包、一份煎蛋而且是双面的。""这次我再加份水果！"余先生吃正餐时问服务员这是什么菜？他先后退一步，然后回答于先生那是什么菜。对于这个小细节，后来他们回答说是为了不把自己的唾液溅到顾客的菜上。中途余先生去厕所方便，要去洗手，服务员已经帮于先生打开水龙头了，洗完后马上递上一块香喷喷的热毛巾，余先生满意地给了服务生5块钱的小费，服务员连忙表示感谢，直到余先生走出走廊消失在他视线内他才停止感谢。三年后，余先生突然收到东方酒店的信件，"您好，余先生。今天是您的生日，祝您生日快乐！您已经有三年没来我们酒店了，大家都很想念您！"于先生一看时间，确实是他的生日，而且他们预计信件到今天会送到他手上。看到信封上贴了张六块钱的邮票，余先生感叹道："他们花了六块钱就买下了我的心！" 泰国东方酒店通过其几近完美的服务，赢得了顾客的心。在大家都标准化、日趋无差异化的背景下，竞争的就是人的差异化，员工的素质成了最大的核心竞争力，也是酒店保证服务质量的关键因素。

3.加强宣传力度

顾客的消费欲望和动机有时是受到了内在因素的影响，有时则是受外界条件刺激而形成的。通过广告宣传的方式，酒店可以达到吸引和保持顾客对酒店产品和服务关注的目的。酒店业可以选择多种传播信息的方式，如电视广告、报纸、杂志、户外广告以及网络广告等来进行有效宣传。人们通过广告宣传对酒店当前的现状以及产品和服务有一个全面的了解，从而根据自身需求做出判断，进行选择，在合适的时机进行购买消费。所以，广告对人的行为动机的影响非常大。

【典型案例分析】

要的就是这种感觉

王小姐和她朋友乘坐的出租车刚刚停在国际酒店大堂门口，面带微笑的门童立刻迎上前去，并躬身拉门问候道："欢迎光临！"王小姐和她的朋友们谈笑风生地走下了出租车，当门童正准备关门时，忽然发现前座上遗留了一部漂亮的手机，于是扭头对正在准备进酒店的王小姐说："小姐，您是否遗忘了手机？"王小姐一听，停止了说笑，忙说："哎哟，是我的手机，谢谢，谢谢。"门童将手机递还给客人，同时又写一张小条子递给王小姐，这张小条子上写着这辆出租车的号码，然后门童迅速引领客人进入酒店大堂。

王小姐来到前厅接待处，接待员礼貌地问候道："你们好，欢迎光临国际酒店，请问有没有预订？"王小姐说："我们早在十天前已经预订了一个三人间。"接待员随即请王小姐出示证件，并熟练地查阅预订，立即为客人填写了入住登记表上的相关内容，并请王小姐预付押金和签名。最后说："小姐，你们住在1501房，这是你们的房卡与钥匙，祝您入住愉快。"

在王小姐办理入住登记手续时，行李员恭立在她们身后，看护着行李箱。行李员带着客人刚来到1501房间所在楼层，客房服务员便迅速迎了过来，笑容可掬地躬身说，"你们好，欢迎光临，请出示房卡"，"请这边走"，服务员来到1501房门口敲门并报："Housekeeping,Housekeeping,Housekeeping",王小姐诧异地说："不是没人吗？""这是我们的服务规范。"客房服务员打开房门后，开始介绍客房设施与服务，行李员将客人的行李放到了行李架上，同时发现客人将西装脱下随手扔在了床上，便走过去将客人的西装挂进了壁橱。客房服务员和行李员询问道："王小姐还有何需要帮助？"王小姐高兴地说："不用了，谢谢你。""祝你们在本酒店居住愉快！"然后两个服务员告辞退出。

王小姐和她的朋友经过了一天的旅行，已经非常疲惫了。当她们躺在柔软的床上，听着悠扬的音乐，欣赏着舒适豪华的室内装潢，回忆着进入酒店的整个过程时，王小姐满意地对朋友们说："这真是星级酒店的服务啊！我们要的不就是这种感觉吗？"

案例评析：

这是一个客人刚刚进入酒店的基本过程，王小姐初来乍到，对国际酒店的第一印象是非常满意的。

满意是什么？满意是一种感觉。在心理学中，人们对客观事物认识都是从感觉开始，它是一切复杂心理活动的基础。事物以某方面的个别属性作用于人的感官，通过看、听、嗅、尝等，使人产生最初的心理过程，这便是感觉。人们只有在感觉的基础上，才能对现实事物的整个属性和相互关系做出更复杂的反应，从而获得外界信息，使人们对客观事物产生某种感情。

顾客对服务工作的认识，同样是从感觉开始的。它影响着顾客一定的情感与消费态度。因感觉引起的人的情感变化与消费态度，是顾客最基本的消费心理现象。所以，满意的服务往往体现于细微之处。

国际酒店通过从客人进入酒店——登记入住——客人进入客房，每一个环节都有服务人员随时为客人服务，从而让客人找到一种满意的感觉。尤其是对第一次下榻酒店的客人来说，就是这些点点滴滴的细微服务，才给客人留下深刻的印象，为客人再次光临打下基础，从而产生了一种"星级酒店服务"的感觉，客人要的就是这种感觉。

当然，客人的满意源自很多方面，酒店各部门的每一位服务员都必须密切配合，一环扣一环，上下一致，其中有一环出现偏差，对于客人来说，这次服务都可能是失败的、不满意的；这是一种连贯性的感觉，即100-1=0。特别是作为一名服务员，提供服务是天职，但服务同时又是服务商品的外包装，服务本身就有它的相应价值。因此酒店的服务员不仅是在推销商品和服务，同时也在创造价值。不要小看服务员的职业，要把它做到最好，人人满意，还是需要下一番工夫的。作为服务行业的从业人员，天天在讲"服务无止境"、"金钱有限，服务无限"……细想起来，所有这些"无限"都体现在一些细节上，细节出口碑，细节出真情，细节出效益，细节是酒店制胜的法宝。因为，正是一些细节的服务，做到了客人心坎上，让客人感动，提高了对酒店的认可度，从而扩大了酒店的客源市场，促进了酒店的发展。

【本章小结】

研究顾客需要、动机与酒店服务策略，首先要了解需要和动机的概念以及它们之间的关系。需要是人脑对生理需求和社会需求的反映。需要具有对象性、紧张性、驱动性、共性和个性以及发展性的特点。从需要的起源划分，需要包括生理需要和社会需要；按需要的对象划分，需要包括物质需要和精神需要。动机是指引起和维持个体活动，并使活动朝向某一目标的内部动力。激发动机的因素一般分为主观需要和客观刺激两个方面。动机具有激活、指向、调节和维持的作用。多源性、内隐性、非对应性是动机的三大特性。根据性质，动机分为生理性动机和社会性动机；根据来源，动机分为内在动机和外在动机；根据作用，动机分为主导动机和从属动机。需要、动机和行为三者之间关系密切。需要是动机和行为的基础，每个动机都可以引起行为，但是在多种动机存在的情况下，只有起主导作用的动机才会引起人的行为。

在对需要和动机有了一定了解的基础上，对酒店顾客的需要和动机进行把握。酒店顾客的需要具有多样性、指向性、变化性、主观性和规律性等特点，其种类可分为维持顾客生存和发展的天然性需要和为了实现所肩负的社会活动任务，或是为了维护、显示自己的社会地位和身份等对所在环境、交往条件、活动媒介等的社会性需要。酒店顾客的消费动机无不体现着旅游动机的特点，如求方便快捷、求享受、求价格合理、求美和求新奇等。酒店顾客动机的种类分为生理性消费动机、心理性消费动机和社会性消费动机。

　　根据酒店顾客的需要和动机来做好酒店服务工作，要做到以下几个方面：清洁卫生、安静舒适、快捷高效、热情周到、规范灵活、尊重得体、公平合理。此外，酒店通过开发自身特色，建立品牌效益，加强服务与管理，提高质量，加强宣传力度等方法可以激发顾客的消费动机，有利于刺激顾客的兴趣，产生消费行为。

【本章重点内容网络图】

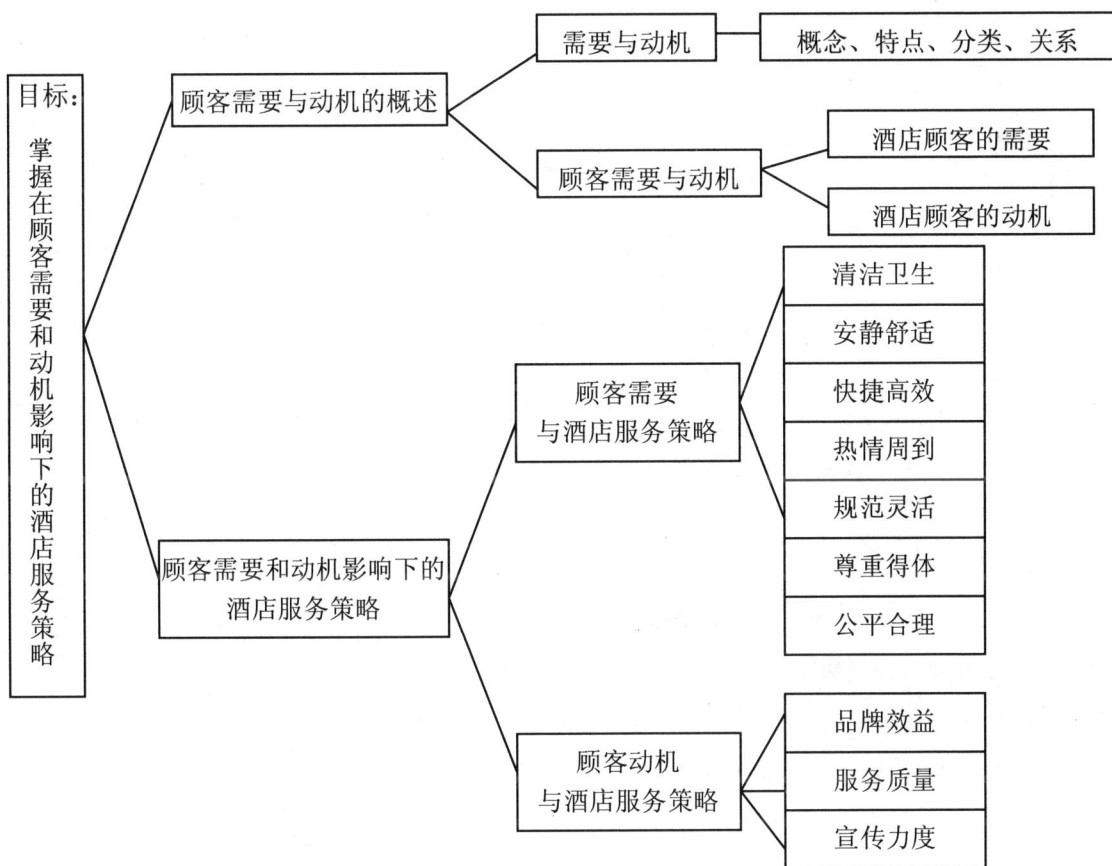

目标：掌握在顾客需要和动机影响下的酒店服务策略

顾客需要与动机的概述
- 需要与动机 —— 概念、特点、分类、关系
- 顾客需要与动机
  - 酒店顾客的需要
  - 酒店顾客的动机

顾客需要和动机影响下的酒店服务策略
- 顾客需要与酒店服务策略
  - 清洁卫生
  - 安静舒适
  - 快捷高效
  - 热情周到
  - 规范灵活
  - 尊重得体
  - 公平合理
- 顾客动机与酒店服务策略
  - 品牌效益
  - 服务质量
  - 宣传力度

课后习题

一、名词解释

1. 需要

2. 动机

3. 社会性消费动机

4. 物质需要

二、填空题

1. 需要可以按其 ＿＿＿＿＿＿＿ 、 ＿＿＿＿＿＿＿ 加以分类。根据需要的起源可以分为 ＿＿＿＿＿＿＿ 、 ＿＿＿＿＿＿＿ ，根据需要的对象可以分为 ＿＿＿＿＿＿＿ 、 ＿＿＿＿＿＿＿ 。

2. 动机具有 ＿＿＿＿＿＿＿ 、 ＿＿＿＿＿＿＿ 、 ＿＿＿＿＿＿＿ 和 ＿＿＿＿＿＿＿ 的作用。

3. 动机是由人的 ＿＿＿＿＿＿＿ 和 ＿＿＿＿＿＿＿ 而产生的。

4. 按需要的种类可以把动机划分为 ＿＿＿＿＿＿＿ 、 ＿＿＿＿＿＿＿ 。

三、单选题

1. 根据动机的来源，可以将动机分为（　　）。

A. 生理性动机和社会性动机　　　B. 原始动机和习得动机

C. 有意识动机和无意识动机　　　D. 外在动机和内在动机

2. 以人的社会文化的需要为基础的动机是（　　）。

A. 习得动机　B. 外在动机　C. 社会性动机　D. 主导性动机

3. 需要是指（　　）。

A. 对有机体内部不平衡状态的反映，表现为有机体对内外环境条件的欲求

B. 对有机体内部不平衡状态的反映，表现为有机体对内环境条件的欲求

C. 对有机体外部不平衡状态的反映，表现为有机体对外环境条件的欲求

D. 对有机体外部不平衡状态的反映，表现为有机体对内外环境条件的欲求

4. 道德感、理智感、美感是与（　　　）相联系的情感。

A. 社会需要　B. 生理需要　C. 客观环境　D. 物质需要

5. 个体行为和心理活动的内部心理动力是（　　　）。

A. 感觉　B. 知觉　C. 需要　D. 能力

四、判断题

1. 推动有机体活动的动力和源泉是动机。（　　　）

2. 需要就是动机，动机也是需要。（　　　）

3. 动机与行为的关系十分复杂：同一动机可能有不同的行为；相似或相同的行为可能由不同的动机引起。（　　　）

4. 马克思说："饥饿总是饥饿，但用刀叉吃熟食来解除的饥饿不同于用手、指甲和牙齿啃生肉来解除的饥饿。"这表明人的需要具有社会性。（　　　）

五、简答题

1. 请分别简述需要与动机的特性。

2. 简述酒店顾客的消费动机。

3. 有哪些方法可以用来激发顾客的消费动机？

六、案例分析

该不该透露住客房号

一天，两位客人来到某酒店前厅接待处，询问有没有一位杨XX先生下榻在此酒店。前厅接待员首先询问了访客的基本情况，立即进行查询，确实有一位杨XX先生入住在本酒店，接待员立即接通了杨先生的房间电话，但是很长时间没有人应答。接待员便礼貌地告诉来访客人，确有这位杨先生在本酒店入住，但是此时不在房间，接待员请两位客人在大堂休息处等候，或在前厅留言，与杨先生另行安排会面时间。两位来访客人对接待员的答复并不满意，并一再声称他们与杨先生有急事要联系，请接待员告诉他们杨先生的房间号码。接待员礼貌而又耐心地向他们解释，为了保障住店客人的安全，本酒店规定在未征得住店客人同意的情况下，不能将其房号告诉他人。同时建议来访客人在前厅给杨先生留个便条，或随时与酒店前厅联络，两位客人听后便给杨先生留下留言离开了酒店。杨先生回到酒店后，接待员便将来访者留下的信条交给了他，并说明为了安全起见，前厅没有将他的房号告诉来访者，请杨先生谅解。杨先生当即表示理解并向接待员致以谢意。

问题：

1.为客人保密是酒店员工的基本职责，您认为接待员的做法是否有不妥之处？

2.为什么满足顾客求安全需要对于酒店经营与管理非常重要？

3.假设访客也是酒店已住的熟客，并且您也认识，您会不会告诉访客杨先生的房号？

第五章
顾客态度与酒店服务策略

【学习目标】

● **知识点**

1. 熟悉顾客态度概念；
2. 了解酒店服务策略顾客态度追踪；
3. 掌握酒店服务策略。

● **技能点**

1. 培养观察分析何为顾客态度的能力；
2. 培养观察分析酒店策略顾客态度追踪的能力；
3. 培养观察分析不同类型顾客态度酒店的服务策略的能力。

第一节　顾客态度概述

【案例导入】

送餐时停电了

海南金国大酒店的餐饮部接到1208房来电，客人要求送4份海南炒粉到房间。服务员放下电话即与厨房联系，师傅炒好后，送餐的差使落到服务员小张身上。不料正待送去时，酒店电路出了故障。小张在昏暗的烛光照耀下，找了一个方托盘盛放4碗炒粉，正欲举步时，念头一转，酒店断电后电梯不能运转，用两条腿走12层楼梯真够受的，何况是在黑暗中摸索上楼。小张犹豫一阵后猛然想到，此时正值寒冬，空调机不能使用，客人在漆黑的房间里一定饥寒交加，他们正渴望吃上一顿香喷喷的热饭。现在是客人最需要服务的时候，酒店员工没有任何理由让客人失望。想到此，她端起托盘便从消防通道绕去，一口气来到12楼。她用手叩门时，两条腿好似灌了铅一般沉重。操着广东口音的客人连声道谢，小张感到浑身舒坦。她正想请客人签单，不料又节外生枝。不知何因，这几位客人只肯支付现金，不愿签单。那就是说，她必须步行到一楼收银台替客人结账，然后再返回12楼交账单！虽然麻烦，小张仍接过现金，转身便向楼梯口走去。当第二次出现在1208房时，她差点瘫了下来。一位客人把她扶到椅子前，看到她满脸通红、气喘吁吁的模样，很不好意思。他说他压根儿忘了电梯不能使用，不然的话决不会不通情理到这个地步。"不，应该道歉的是我们，由于酒店断电给您带来了不便，我上下走两次只能稍稍弥补我们的愧疚。感谢您给了我提供服务的机会。"小张的话字字发自肺腑。

思考与讨论：

1. 小张这样做好在什么地方？
2. 小张为什么应该这样做？

人们在不同的社会环境下，对待同一事物有着不同的看法。这种看法也是指人们在自己的价值观和世界观的影响下对客观事物所持的信念、观点或意见的评价与行为的倾向，表现于对外在事物的内在感受、意向和情感三个方面。这样的反应倾向较为持久、稳定时则形成了所谓的态度。

一、态度的概述

客人在酒店消费过程中，不断地与酒店的各个服务部门进行交往，在与服务人员以及服务设施接触过程中，就会形成对酒店的态度，准确及时把握客人的这种态度对于提高酒店服务质量是至关重要的。所以，有必要对酒店客人态度的概念、态度改变的理论观点进行分析，以便更好地为酒店客人提供优质的服务。

1.态度的概念

态度是个体对待社会事物（人、事、物）的心理倾向。态度既可以用语言、文字来表述，也可以用非言语的文字来表达。

2.态度的地位作用

人们在不同的社会环境下，对待同一事物有着不同的看法。态度在一定程度上影响着人们的行为方式。态度的心理倾向包括认知、情感、意向三种成分（见图5-1），这三种心理因素在态度结构中有不同的地位作用。

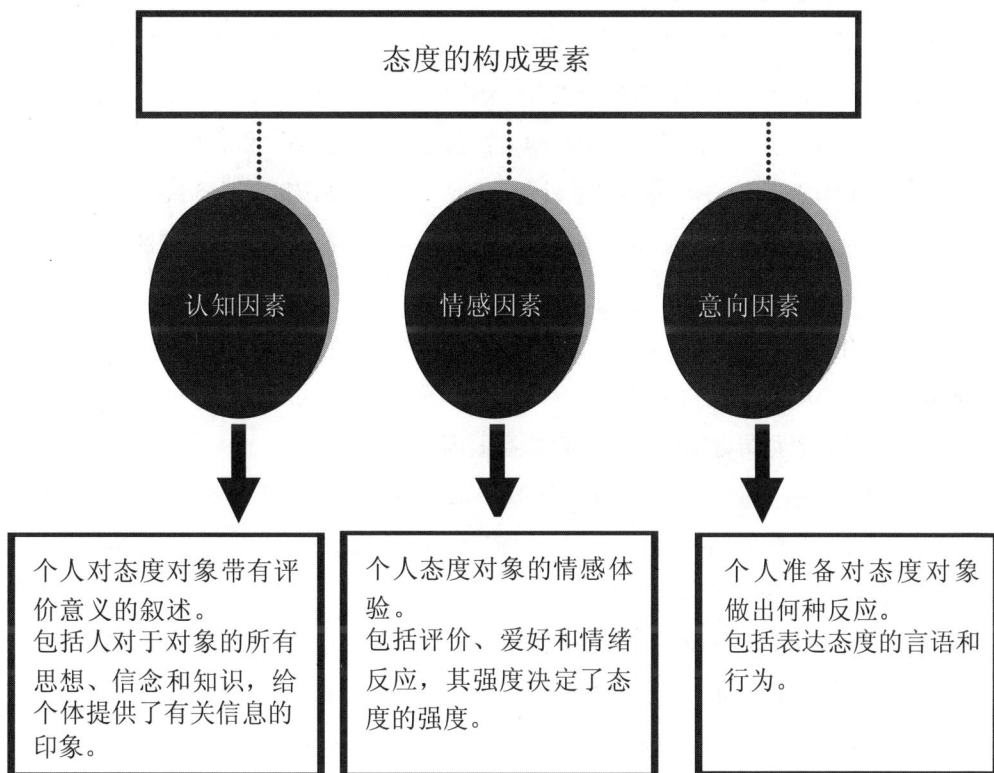

态度的构成要素

认知因素

情感因素

意向因素

个人对态度对象带有评价意义的叙述。
包括人对于对象的所有思想、信念和知识，给个体提供了有关信息的印象。

个人态度对象的情感体验。
包括评价、爱好和情绪反应，其强度决定了态度的强度。

个人准备对态度对象做出何种反应。
包括表达态度的言语和行为。

图5-1 态度的构成要素

（1）认知成分，指一个人对环境中某个对象真假好坏等的笼统认知。这些看法包括对这一事物所持的信念、观点或意见。对于同一事物，人们可能持有不同的意见和评价。而决定消费者的认知水平主要有两个方面的因素：一是知识水平，二是经验因素。如对于酒店行业的服务人员，有些人认为，在五星级酒店工作，环境好，服务工作是愉快的工作，也有些人则认为服务员是辛苦的、一种低下的伺候人的职业。这两种不同的认识与评价，反映出不同人对酒店服务工作价值的认识差别和思想水平的不同。有的顾客根据自己入住酒店或用餐的经验认为，酒店服务员只要按服务规范操作，就一定能让客人满意，还有的顾客认为酒店服务员态度不好，对服务员不太喜欢，这种认知会造成客人不愿跟服务员接触，今后不愿到酒店消费。

（2）情感成分，指个体对某一对象在认识的基础上的一种情绪情感。顾客对酒店的态度情感成分是顾客对酒店的满意程度。认为酒店服务工作高尚的人，自然对这一职业有热爱之情，对顾客的服务态度会很热情，而认为酒店工作是伺候人的，对这一职业怀着轻视和不尊重的情绪，情感因素在态度结构中起动力和核心作用，能够反映出认识评价状况和促成行为倾向的发生，如一顾客在酒店里感受到服务员对他热情、态度好，享受到了超出期望值的服务，那么他就会对这家酒店有很好的评价，并有可能再次光临。

（3）意向成分，指由认知成分和情感成分所决定的某人对某个对象的行为的反应倾向，是行为的心理准备状态。当对某一对象持否定态度时，他有可能会准备攻击；而当对某一事物持肯定态度时，可能会乐于帮助。

在态度的三种不同成分中，认知成分是形成态度的基础，情感成分是形成态度的核心，而意向成分即是态度的指向，它们相互影响、相互制约，形成一个紧密的整体。

3.态度的特征

在讨论酒店服务态度概念时，已经涉及了态度的两个特性，即对象性和情感性。此外，态度还具有社会性、内隐性、稳定性和可变性。

（1）对象性。态度必须指向一定的对象，若没有对象，就谈不上什么态度，态度是针对某一对象而产生的，具有主体和客体的相对关系，人们做任何事情都会形成态度，在谈到对某事、某人的态度时，都会提出态度的对象，例如，对酒店客房的价格感觉，对服务员的印象，对酒店的看法等等，没有对象的态度是不存在的。

（2）情感性。态度是有情感的，人们在酒店进行消费时，酒店服务员对顾客热情亲切，面带笑容，使顾客得到了情感上的满足，就会满意；反之，顾客觉得服务员没有用心为他们服务，就会觉得有失落感，感到不高兴，甚至愤怒。

（3）社会性。态度的社会性又被称为习得性。态度不是生来就有的，是个体在长期生活中通过后天学习而逐渐形成的。北京的颐和园最早是皇家园林，老百姓不可以随便进入，新中国成立后，普通民众才能进园游览，许多人对颐和园旅游的态度不是游客的遗传基因带来的，而是来自他们的社会生活实践。家人、朋友、同事、大众传媒或者游客自己的旅游实践，这些实践都可以成为游客习得旅游态度的途径。

（4）内隐性。态度本身是无法直接测定的，它存在于人的内心，必须从个人的行为或者与行为有关的语言行为表现中间接地推断出来。一个人的态度会对其行为产生动力性和指导性的作用。态度依赖行为来表现，而行为往往又融于态度之中。例如，如果一个旅游者收集的旅游宣传品都与海滨旅游度假地有关，就可以推断他对海滨度假旅游持积极的态度。如果一个旅游者经常出现在温泉度假区、滑雪度假区和海滨度假区，那么他无疑向人们传递了一个清楚的信息，即他对度假旅游持有肯定的态度。

（5）稳定性和可变性。态度的稳定性是指具体的态度一旦形成，可能在相当长的时间内保持着相对稳定，不容易改变，并成为人格的一部分，在行为反应上也表现出一定的规律性。如旅行社回头客的多少，不仅是服务质量高低的标志，也是旅游者的态度稳定与否的衡量指标。态度的稳定性与构成态度的三种成分相互协调一致，联系密切。一般说来，三种成分无论是正向一致或负向一致，越一致态度越是稳定。态度的稳定性还与态度的对象有关，对相似对象所形成的态度彼此联系密切，相关性高，会构成态度群。态度群中某一态度的改变就意味着重新组合态度群，会遇到态度群的抗拒和反抗，会让人心里感到不舒服，故态度群更具稳定性。

态度的稳定性是相对的，态度的可变性是绝对的。影响态度的各种主观因素发生变化，势必会导致态度的变化。如过去曾一度流传着"看墙头去北京，看坟头去西安，看人头去上海"的说法，但近些年随着这三座城市的巨大变化，势必会导致人们对这三座旅游城市态度的改变。再如，受传统观念影响，在一些人头脑中对旅游有一种潜在的抵触情绪，随着我国旅游业的发展，越来越多的人投身旅游活动，游玩过后都喜欢住酒店，酒店方便卫生，使得人们对酒店消费的抵触情绪日渐减轻，并逐渐对酒店产生了积极肯定的态度。

二、态度的转变理论

凯尔曼（1961）提出了态度形成与变化过程的三个阶段——服从、同化、内化。

1.服从阶段

服从指个体为了获得奖励或逃避惩罚而采取的与他人表面上相一致的行为。服从不是个体自愿的，而是迫于外界的强制性压力采取的暂时性的行为。在态度形成的过程中，服从是很普遍的现象，在个体早期生活中，态度的形成很大程度上依赖于依从。这是态度形成的一种常见形式，比如一个公司组织员工去某地游玩并在酒店住宿，要求成员都参加，员工只好选择去那里的酒店住宿，不会另外选其他地方。

2.同化阶段

同化是个体自愿地让自己的态度和行为与心目中榜样的观念和态度相一致。实际上，我们很多时候都是依照社会中其他角色的态度来指导我们自己的思想和行为。同化能否顺利实现，关键在于他人或者团体的吸引力。比如海南三亚的热带森林公园，是电影"非诚勿扰2"的拍摄基地，所以许多人愿意选择自己所崇拜的明星偶像曾下榻过或旅游过的酒店或者景区游玩消费。

3.内化阶段

内化是指个体真正从内心相信并接受他人的观点，使之纳入自己的态度体系成为有机组成部分。内化在个体态度形成的过程中起着非常重要的作用。我们知道，每个团体都有其一定的规则，有的明确，有的模糊，但团体不可能对所有的行为都制订一定的规则，这就要求成员在大多数场合下都自觉地按照社会的期望来行动。

这是人的态度最稳定、最持久、最系统的阶段，在这个阶段，个体把外部的思想、观点纳入自己的思想体系之中，使之成为自己态度体系中的一个有机组成部分。比如顾客真正认识到酒店住宿是一种现代生活的内容，就会自觉地把酒店当做消费的重要支出。

三、态度转变的作用

美国学者霍夫兰德等人提出了一个态度转变模型，强调信息和背景的作用。

1.传递者

（1）信息的传递者。 其威信、与接受者的相似性都会影响他提出的信息的说服效果，威信越高，与接受者的相似性越大，说服的效果越好。

（2）说服的意图。如接受者认为传递者刻意影响他们则不易改变态度；但如果他们认为传递者没有操纵自己的意图，心理上没有阻抗，对信息的接受就会相对容易，易于转变态度。

（3）说服者的吸引力。接受者对高吸引力的传递者有较高的认同，因而容易接受他的说服。

2.沟通信息

人们在态度改变和认可的情况下，信息起了非常大的作用。

（1）信息差异。任何态度转变都是在沟通信息与接受者原有态度存在差异的情况下发生的。如果传递者的威信较高，这种差异越大，引发的态度转变就越大；如传递者威信低，这种差异适中，引发的态度改变也较大。

（2）畏惧信息。它与态度转变的关系不是线性关系。在大多数情况下，畏惧的唤起能增强说服效果。但是，如果畏惧太强烈，引起接受者心理防御以至否定畏惧本身，结果就只能是态度转变较少。研究发现，中等强度的畏惧信息能达到较好的说服效果。

（3）信息倾向性。对于一般公众，单一倾向信息说服效果较好；对文化水平高的信息接受者，提供正反两方面的信息，说服效果较好。

3.接受者

态度在一定的条件下，是可以接受的，以下的因素反映态度的接受原因。

（1）原有的态度与信念。已经内化了的态度作为接受者信念的一部分，难于改变；已成为既定事实的态度，即说服者根据直接经验形成的态度不易改变。

（2）接受者的人格因素。依赖性较强的接受者信服权威，比较容易接受说服；自尊较高、自我评价较高的接受者不易改变态度。社会赞许动机的强弱也是影响态度转变的因素，高社会赞许动机的接受者易受他人及公众影响，易于接受说服。

（3）个体在面临改变态度的压力时，其逆反心理、心理惯性、保留面子等心理倾向会使其拒绝他人的影响，从而影响态度转变。人们通常会利用一些自我防卫的策略来减少信息对自己的影响，比如笼统拒绝、贬损来源、歪曲信息、论点辩驳等。

4.情境

态度转变是在一定背景下进行的，以下情境因素会影响态度转变。

（1）预先警告。它有双重作用。如接受者原有态度不够坚定，预先警告可促使其态度改变，但预告也可能有抵制说服的作用，例如，预告与接受者的利益有关时往往使其抵制态度转变。

（2）分心。它的影响也是复杂的：如果分心使接受者分散了对沟通信息的注意，将会减弱他对说服者的防御和阻抗，从而促进态度转变；如果分心干扰了说服过程本身，使接受者得不到沟通信息，则会削弱说服效果。

（3）重复。沟通信息的重复频率与说服效果呈倒U型曲线关系，即中等频率的重复，效果较好；重复频率过低或过高，说服的效果均不好。

四、其他理论

1.海德的平衡理论

人们的认知系统中存在着使某些情感和评价之间趋向于一种的压力，强调人际关系对认知平衡的影响。借助P—O—X模型，可以推知人们的感情及其平衡关系中包括了八种状态。其中有四种是平衡的结构，四种是不平衡的。个体将尽可能少地改变情感关系以恢复平衡结构。在一定情景中，有许多解决不一致的途径。任何一种不平衡结构，都必须得到解决，以尽力维护其平衡。

2.费斯廷格认知失调论

态度改变是为了维持各项态度之间的一致。如果态度中有两种认知不一致，就会造成认知失调；如果失调认知的成分多于协调认知的成分，则会引起更大的失调；认知失调给个人造成心理压力使之处于不愉快的紧张状态。此时，个体就会产生清除失调、缓解紧张的动机，通过改变态度的某些认知成分，达到认知协调的平衡状态；费斯廷格认为，认知失调有四种原因：逻辑的矛盾、文化价值冲突、观念的矛盾以及新旧经验相悖。消除、减少认知失调的途径：

（1）改变或否定失调的认知因素的一方，使两个认知因素协调；（2）引起或增加新的认知因素以改变原有的不协调关系；（3）降低失调的认知因素双方的强度。

3.勒温的参与改变理论

看重一个人是否参与态度的形成过程，从而会在改变别人态度时取得不同的成效。勒温认为，改变态度的方法，不能离开群体的规范和价值。个人在群体中的活动性质能决定他的态度，也会改变他的态度。其中包括主动型和被动型。实验证明，就某一对象中，改变主动型人的态度要比改变被动型人的态度容易得多，效果也比较明显。

五、态度的改变

态度既有稳定性，也有可变化性。当主客观因素发生变化时，态度也就会随之发生改变。

1.态度改变的含义

对原来不了解的事物，有了认识和情感，这属于态度的形成。而如果这个认识和情感发生了改变，那即是态度的改变。

态度改变有两种基本类型：一是一致性改变；二是不一致性改变。一致性改变即增加态度的强硬程度，使态度得到更加的否定或更加的肯定，如学生周末自驾出行游的态度变得更加肯定。不一致性改变则为彻底改变原持有的态度，包括积极变为消极或消极变为积极。如班里组织周末去海边烧烤，小黄同学非常的讨厌烧烤，不愿意去，但因为是班级集体游玩，最后也就决定一起去。

2.影响态度改变的因素

影响态度改变的因素主要有信息的来源、信息的性质、原有态度的强硬、个性因素等几个方面：

（1）信息的来源。权威性，即一种信息来自于一个权威的媒介或权威人物，就可能有力地影响人们的态度转变。隐蔽性，人们在接受一个信息时，一般会去考虑这个信息传播人的隐秘的动机等。

（2）信息的性质。信息本身的性质，其内容的组织、呈现的顺序、对态度的改变也是有重要影响的。

（3）原有态度的强硬。如果一个人的态度内部的三种认知成分是协调的，那么他们的态度强度也就比较大，较难被改变。

（4）个性因素。一个人的个性对个人态度的改变有着很大的影响，自尊心强的人是较难被说服被改变的。

态度与酒店消费行为即态度与行为的关系。大多数人都认为，态度决定行为，一个人的态度决定着这个人的行为方式。

【经典案例评析】

如此的管理者

酒店现正在开展"优质服务明星"的评选活动，本季度的评选主题是"微笑服务"，目的是给酒店营造一个"宾至如归"的五星服务氛围，作为管理者更应该起到带头作用，但我却经历了这样一件事情。

8月23日我上中班，大约晚上22点15分电话响了，"收银主管吗？我是西餐主任，是这样的，现有一个客人吴先生是酒店翡翠卡客户，但他今天没带翡翠卡，可以给他打折吗？""按公司规定，翡翠卡客户必须出示卡方可享受翡翠卡折扣，所以他不能享受到翡翠卡折扣。"听到电话中传来急促的声音，我不敢怠慢，马上回复了她。"我已经同客人解释过了，但是客人说那是我们酒店的规定，与他无关，坚持要打九折，现在该怎么办？""要不这样，既然知道他是翡翠卡客户，你可以使用你的权限给他打九五折，应该可以平息顾客的不满吧？""我是可以打九五折啊，既然你们按规定办事，那我为什么要给他打九五折？你现在给我一句话，到底可不可以打折？""你可以给他打折，但……""那就行了！""啪"的一声，我还来不及说第二句，电话断线了。

过了不久，电话又响了，"你好，主管，有一件事想咨询一下，刚刚西餐主任打电话来问，有个住店客人在西餐消费，没有带翡翠卡，怎么办？请问我担保补压卡可以吗？"这次是客房大堂副理的来电。我说："不行，翡翠卡必须出示卡，通过读卡打折，不能手工操作，刚才西餐主任致电来时我已同她说了，她可以用自己的权限给客人九五折优惠，但她态度不太友善，并表示不使用自身的权限给客人折扣。既然现在客人是在住客，《西餐管理人员折扣规定》里面有明确过，客人如是在住客，只须出示房卡或报房号，楼面买单人员确认在账单上签名确认，就可以给客人享受九折优惠。""哦，那我知道了，谢谢！"

（资料来源：http://www.fdcew.com）

案例评析：

酒店住客在各营业点消费时，出示欢迎卡或凭签名并注明房间号，可享受普通折扣，由所在营业点有折扣权限的管理人员进行操作，收银员复核。

此案例中，作为西餐部的主任，不但对本部门的《西餐管理人员折扣规定》不熟悉，而且在处理顾客的不满情绪时，不会灵活使用公司授予自身的管理权限。其实，在各部门也存在有部分的管理人员不但对酒店管理规定、制度的不熟，而且连公司授予自己的管理权限都不清晰，更有甚者在处理顾客的要求与公司利益有冲突时，以"这是公司规定的，我也没办法……"等对客解释。希望此案例能引起各部门管理人员的注意，熟悉公司管理规定与制度，提高对客服务技巧。

第二节　顾客态度与酒店服务策略

【案例导入】

让人满意的实习学生

王欣雨是大三的学生，在明阳大酒店打暑假工。有一天晚上，客人非常多，点的也是高档菜，整个晚上她都在忙碌中完成工作。这时候来了四位四十岁左右的客人，很普通的样子。小王安排他们坐在青海包厢里，接着给他们点菜。结果他们只点了几样简单的菜品，是那晚上点菜最少的。当时小王也没有说什么，还是很热情地为他们服务，等客人点完菜，微笑着对他们说：您稍等，马上就来。小王把菜单拿到厨房，没过一会儿菜便上了，她微笑着对他们说：请慢用。其间他们叫了好几次服务员，小王都耐心微笑地服务。很快他们便用餐结束，并且让她把经理叫来。当时她还以为是自己做错了什么，结果他们是找经理说是要在酒店订餐，并且是12桌。原来他们今天是为了看这里的环境和服务情况，他们走了好几家酒店，觉得这家酒店的服务态度最为满意，所以决定把订餐的地点改在明阳大酒店。

思考与讨论：

    1.服务员的哪些态度影响了顾客？

    2.遇到消费不高的顾客服务员应该怎样接待？

一、顾客对酒店的态度与酒店服务策略

在了解了顾客心理的需求与顾客对酒店的态度的基础上，酒店要针对客人对酒店态度的不同需求，提供不同的服务，以满足顾客心理的需求。

1.顾客消费时酒店员工要读懂顾客的心态，满足顾客心理需求

我们知道，顾客并非职业人，而是追求享受的自由人，且是具有优越感最爱面子的人。所以，其往往以自我为中心，思维和行为大都具有情绪化的特征，对酒店服务的评价往往带有很大的主观性，即以自己的感觉加以判断。为此，酒店的优质服务首先必须做到充满人性化，具体要求是：

（1）对待客人像亲人。情感是服务之魂。古往今来，哪怕是一杯热茶，总能注入酒店对客人在漫漫旅途中的一份亲情与关爱。于细微处见精神，于善小处见人情，酒店必须做到用心服务，细心观察客人举动，耐心倾听客人要求，真心提供真诚服务，注意服务过程中的感情交流，并创造轻松自然的氛围，使客人感到服务人员的每一个微笑、每一次问候、每一次服务都是发自肺腑的，真正体现一种独特的关注。

（2）理解客人像朋友。由于客人是以消费者的心态对待酒店的特定环境，客人往往会有一些自以为是、唯我独尊的行为，会犯一些大惊小怪、无理指责的错误。对此，酒店应该给予充分的理解与包容。海南皇冠假日大酒店客房经理，因客人损坏客房物品让客人赔偿时，客人不愿意，后发生争执，经理遭到了中年女客人的辱骂，虽然经理有万分委屈，但她还是理解和包容了客人过激的行为，没有对其进行法律追究。

（3）接待客人像领导。"马上去给我办。"这是领导在吩咐手下时说的话，如果我们服务员没等"领导"发话，就已经做好了，客人是不是觉得很有面子？中国人是很爱面子的，要想让他认同服务员的服务，就一定要给足客人面子。只有让客人感到愉悦，他才会常到酒店消费。所以，作为酒店的员工，必须懂得欣赏客人的"表演"，让客人找到良好的自我感觉和当"领导"的快乐。

2.超值服务，满足顾客期望

要打动消费者的心，仅有满意是不够的，还必须给消费者惊喜。满意是指顾客对酒店产品实际感知的结果与其期望值相当时，形成的愉悦的感觉。惊喜则是当顾客对产品实际感知的结果大于其期望值时，形成的意料之外的愉悦感觉。只有当顾客有惊喜之感时，才是真正动心。为此，酒店的优质服务应超越顾客的期望，即酒店提供的服务是出乎顾客意料或从未体验过的。要超越顾客的期望，关键是做到个性化和超常化，并努力做好延伸服务。个性化即有针对性和灵活性。顾客是千差万别的，针对性就是要根据不同顾客的需求和特点，提供具有个性化的服务。顾客又是千变万化的，即使同一个顾客，由于场合、情绪、身体、环境等不同，也会有不同的需求特征和行为表现。灵活性就是在服务过程中随机应变，投其所好，满足不同顾客随时变化的个性需求。超常化就是要打破常规、标新立异、别出心裁、推陈出新，让顾客有一种前所未有、意想不到的感觉和经历。

超常化的服务，既可以是其他酒店所没有的、顾客所没有想到的服务，也可以是与众不同的独特服务。如一束在机场接机时献上的鲜花、一张服务员的淳朴的问候卡、一封热情洋溢的欢迎信、一件独特的纪念品等。有的服务员总是会给客人唱生日歌，因为酒店存有客史档案，当发现具有客史档案的客人生日当天在酒店消费，餐厅就会准备生日蛋糕，并让大家一起唱生日歌为其过生日，每当这个时候都能从客人的脸上看出惊喜来，客人离开的时候还不忘感谢，"这里不但菜好吃服务也独特"。

当然，要超越顾客的期望，酒店的宣传及广告必须适度，既应展示酒店的服务特色和优势，令顾客向往并吸引他们的光临；又应忠于客观实际，不能过度浮夸，以免造成顾客的过高期望。

3.顾客消费过程中的心理需要

顾客在消费过程中，如果酒店服务人员能够提供良好的服务，不仅能够化解顾客的不满情绪，还能转变对酒店的不良看法，这样酒店能留住很多的回头客。

（1）受尊重的心理需要。顾客在酒店消费后，服务员要继续对其进行细致周到的服务，直到顾客离店。如及时为顾客结账，当顾客起身要离店时及时提醒顾客带好私人物品，送客到电梯门口或楼梯口，对其到本酒店用餐致谢并欢迎下次光临。

（2）顾客"求平衡"的心理需要。顾客消费过程中，如果服务或菜肴不佳，对自己的消费感觉到不值，就会产生不平衡的心理效应。酒店服务不是一种必要的消耗品，而是一种享受品。顾客到酒店是来享受的，他们耳闻目睹了许多消费宣传，并积累了丰富的消费经验，这就要求酒店必须向顾客提供标准化、超常化的服务。顾客消费前会产生一定的期望值，接受服务后会形成实在感受。当两者相当时，表现为满意，当实在感受大于期望值时表现为惊喜，从而达到真正的平衡。

二、员工对顾客的态度与酒店服务策略

酒店员工在对客服务的过程中，服务态度具有感召和逐客的作用。良好的服务态度会使顾客愿意与员工接触，使顾客和员工更加亲近，吸引顾客再次惠顾；而恶劣的服务态度会使顾客不愿意与员工接触，严重影响顾客的二次入住。此外，服务态度还具有感化和激化的作用。

1.服务态度好提高顾客满意度

服务态度指酒店从业人员在从事酒店服务工作中对顾客在言语、表情、行为举止等方面所表现出的一种心理倾向。态度是一种复杂的心理现象，不仅受到个体已有的知识、经验、动机等认识因素的影响，也受到个体已有的对事物的情感和意向的影响。服务态度具有浓厚的职业色彩，同时还具有浓厚的情感色彩，对顾客的心理和行为能够产生重要的作用和影响。

良好的服务态度能够化解顾客的不满情绪，转变对酒店的不良看法；而恶劣的服务态度，特别是在顾客情绪正处于不良状态时，容易引发冲突和矛盾，造成不良影响。所以，酒店员工应随时注意个人的服务态度，定位好自己的工作角色，避免因自己的态度问题而出现影响顾客情绪和对酒店产生不良评价的现象。酒店员工要形成良好的服务态度，必须从以下几个方面入手：

（1）树立高度的责任感。酒店员工必须清楚地认识到自己的社会角色，明确服务工作的特点，热爱本职工作，消除自卑感和厌恶感。以酒店大局为重，从整体考虑，不计较个人得失，工作认真负责。

（2）加强自身修养。酒店员工必须眼界开阔、心胸宽广、理智感强，会主动自觉地形成并保持良好的服务态度，这些是一名具有文化修养、职业道德和心理素质良好的员工必备的因素。

（3）完善服务行为。服务行为是服务态度的具体表现形式，酒店员工要有愉快的表情，有发自内心的微笑；站立姿势要挺直、自然、规矩，行走要平稳协调、精神；语言要规范、和气、文雅、谦逊；仪表要端庄、举止稳健、自然，符合职业身份。

2.提高服务技能做到优质服务

服务员的服务技能的高低决定着是否能够为客人提供良好的服务，直接决定着客人的满意度，以下就是服务技能中最关键的几点技能：

（1）语言技能。语言是服务员与顾客建立良好关系、留下深刻印象的重要工具和途径。语言是思维的物质外壳，它体现服务员的精神涵养、气质底蕴、态度性格。顾客能够感受到的最重要的两个方面就是服务员的言和行。

服务员在表达时，要注意语气的自然流畅、和蔼可亲，在语速上保持匀速，任何时候都要心平气和，礼貌有加。那些表示尊重、谦虚的语言词汇常常可以缓和语气，如"您、请、抱歉、假如、可以"等等。另外，服务员还要注意表达时机和表达对象，根据不同的场合和顾客的不同身份等具体情况进行适当得体的表达。

（2）观察技能。服务人员为顾客提供的服务有三种，第一种是顾客讲得非常明确的服务需求，只要有娴熟的服务技能，做好这一点是比较容易的。第二种是例行性的服务，即应当为顾客提供的、不需顾客提醒的服务。例如，客人到餐厅坐下准备就餐时，服务员就应当迅速给客人倒上茶、放好纸巾或毛巾；在前厅，带着很多行李的客人一进门，服务员就要上前帮忙。第三种则是客人没有想到、没法想到或正在考虑的潜在服务需求，如客人的手有擦伤服务员可以取来"创可贴"送给客人。能够善于把客人的这种潜在需求一眼看透，是服务员最值得肯定的服务本领。这就需要服务员具有敏锐的观察技能，并把这种潜在的需求变为及时的实在服务。而这种服务的提供是所有服务中最有价值的部分。第一种服务是被动性的，后两种服务则是主动性的，而潜在服务的提供更强调服务员的主动性。观察技能的实质就在于善于想客人之所想，在客人开口言明之前将服务及时、妥帖地送到。

（3）记忆技能。在服务过程中，客人常常会向服务员提出一些如酒店服务项目、星级档次、服务设施、特色菜肴、烟酒茶点的价格或城市交通、旅游等方面的问题，服务员此时就要以自己平时从经验中得来的或有目的积累知识成为客人的"活字典"、"指南针"，使客人能够及时了解自己所需要的各种信息，这既是一种服务指向、引导，本身也是一种能够征得客人欣赏的服务。如果发生客人所需的服务被迫延时或干脆因为被遗忘而得不到满足的情况，对酒店的形象会产生不好的影响。

（4）应变技能。服务中的突发性事件是屡见不鲜的，在处理此类事件时，服务员应当秉承"客人永远是对的"宗旨，善于站在客人的立场上，设身处地为客人着想，必要时可以作适当的让步，特别是责任多在服务员一方时就更要敢于承认错误，给客人以即时的道歉和补偿。在一般情况下，客人的情绪就是服务员所提供的服务状况的一面镜子。当矛盾发生时，服务员应当首先考虑到错误是不是在自己一方。

（5）营销技能。一名优秀的服务员除了要按照工作程序完成自己的本职工作外，还应当主动地向客人介绍、推销其他各种服务项目。这既是充分挖掘服务空间利用潜力的重要方法，也是体现服务员的主人翁意识。

三、好态度是做好心理服务的秘诀

为客人提供心理服务有两条要诀：一是让客人觉得你和蔼可亲，使客人获得更多的亲切感；二是让客人对自己更加满意，使客人获得更多的自豪感。

服务人员在客我交往中要为客人提供心理服务，就必须要有恭敬的态度和敏锐的观察力，并有效地运用"有声语言"和"无声语言"，在客人心目中树立一个富于人情味的、和蔼可亲的形象。导游的一句问候、一个简单的搀扶，都会使远在异乡的客人心存无限感激。

1.谦恭的态度

要让客人觉得你和蔼可亲，服务人员必须首先对客人态度谦恭。谦恭是一种良好的行为方式，是指对客人的感受非常灵敏，避免言行上任何不必要的冒犯。当服务人员没有听懂客人的问话时，不要简单地问"什么？你说什么来着？"而应该这样问话："请原谅，你能重复一遍吗？"或者："对不起，请您再说一遍可以吗？"不要告诉客人他们必须做什么，而应该采取建议的方式：我认为……可能会更好，您觉得怎么样？总之要能够使客人感觉你和蔼可亲,这才符合谦恭的行为方式。

2.讲究措辞

说话在塑造良好的客我关系中是极其重要的，服务人员可以通过训练改进说话的方式速度、语调及问句的选择，使客人觉得你和蔼可亲。服务人员使用"文明礼貌语言"要形成习惯，要了解"同样的话"有哪些"不同的说法"。一般情况下，用肯定的语气说话比用否定的语气说话会使人感到柔和一些。在客我交往中，特别是在表达否定性意见时，要尽量采用那些"柔性"的、让客人听起来觉得"顺耳"的，而不是"刚性"的、让客人听起来觉得"逆耳"的表达方式。

3.善于运用"无声语言"

服务人员在客我交往中不仅要善于运用"有声语言"，而且要善于运用"无声语言"，即体态语言，做到"有声语言"与"无声语言"并重，两种语言互相补充、配合得当。眼神表情、体态姿势等无声语言的表现，可以通过平时的努力和训练来提高。

眼神接触是一种有效的体态语言沟通方式，当服务人员与客人交谈时，要注视对方的眼睛，这就意味着是在集中注意力倾听客人说话，表示了对客人的尊重。服务人员开始与客人说话以后，应该面向客人并且正视客人，不可东张西望，如果客人发现你在听他说话时，眼睛却盯着别处或看着地板，那么客人会立刻失去交谈的兴趣。眼神接触，对沟通过程具有反馈作用和强化作用。当然，并不是说要目不转睛地看着对方，不能咄咄逼人，而应该通过目光让对方感觉到你在认真倾听，没有分散自己的注意力，否则会被认为心不在焉甚至没有礼貌，但是死盯着对方又会被认为是一种威胁。有没有眼神的接触还意味着服务人员是否有信心，一般来说，有信心的人往往正视对方。一个优秀的服务人员，还必须培养在与客人说话时正视对方的习惯，这种习惯在客我交往中，能够使交往更加顺利、融洽。

微笑，作为旅游服务程序的灵魂的十把钥匙之一，是各国客人都能理解和欢迎的世界语言，微笑在客我交往中意义重大，它意味着友善，象征着诚意，减少了不安，化解了敌意。当服务人员和颜悦色，满面春风地对客人笑脸相迎的时候，微笑就向客人传递了"我们对您表示欢迎，我们愿意为您效劳"的信息，真诚、热情、发自内心的微笑能够使客人觉得你和蔼可亲，是赢得客人满意的最有效的手段。

姿势是指具体呈现的样子，动作是具体的活动，客人往往也是从服务人员的姿势和动作上判断他们是否友善、是否细心、是否可信、是否灵活。服务人员坐、立、行的姿态，都能给客人留下好或不好的印象，所以，服务人员要注意自己的各种姿态和动作，站要直立，坐要端正，走路要抬头挺胸，姿势和动作都要显得饱满。

一个人的行为方式对他的心理有很大的暗示作用。信心也可以从站姿、坐姿、行姿中体现出来。行动有信心，就能够树立信心。动作无精打采，心理就容易消沉。行为友善，态度就会友善，也容易与客人形成友善关系，站立直而稳，大脑就会快而准，所以旅游服务人员平时应注意纠正那些使自己和客人感到不舒服的姿势。行为动作因文化的差异而有所不同，服务人员在与客人打交道时，与客人之间应保持多大的距离是因人而异的，而且与文化背景的差异也有很大的关系。

4.敏锐的洞察力

服务人员要善于洞察客人的情绪变化，及时做出恰当的反映，服务人员可以通过训练提高自己从客人的面部表情来洞察其内心感情的能力。比如，在看电视时，把电视机的音量调到零，集中注意力仔细观察画面上的人物表情，体会她们的内心情感，然后再调出声音，加以对照，这样反复多次，学会准确地洞察人们的情绪变化，锻炼敏锐的洞察力。总之，只有充分了解客人的心理，才能做出适当的、能使客人满意的反映。

5."镜子"的作用

在交往中，人们互相之间起着"镜子"的作用。人的自我评价与别人对自己的评价是紧密相关的。如果一个人经常从别人那里获得肯定性的评价，他就会感到自豪；相反，如果一个人经常从别人那里获得否定性的评价，他就会自卑。总之，人们都重视自己在别人心目中的形象，而且是从别人如何评价自己来判断自我形象的。人们总是把别人当做自己的一面"镜子"来看待。所以，在人际交往中，人们互相之间都起着"镜子"的作用。服务员在为客人提供服务时，务必考虑到自己就是客人的一面"镜子"。客人要从服务员这面"镜子"中看到他们的"自我"形象。为了增加客人的自豪感，服务人员就应该做客人的一面好"镜子"。这面"镜子"有一种特殊功能，就是能够以恰当的方式发扬客人的长处，隐藏客人的短处，让客人在这面"镜子"中看到自己的美好形象。

6.扬长隐短

所谓长处和短处，表现在相貌衣着、行为举止、知识经验、身份地位等方面。扬客人之长，包括赞扬客人的长处和提供机会让客人表现他们的长处，但注意绝对不能为了扬某些客人的长处而使其他客人受到伤害。隐客人之短，一方面是服务人员不能对客人的短处感兴趣，不能嘲笑客人的短处，不能在客人面前显示自己的"优越"；另一方面是服务人员应该在众人面前保护客人的"脸面"，在客人可能陷入窘境时帮助客人"巧渡难关"。

　　一般来说，客我交往中最敏感的问题，是与客人自尊心有关的问题，因此，服务人员应牢记，绝不要去触犯客人的自尊心。虚荣心是一种变态的自尊心，在"提供服务"和"接受服务"这对特定的角色关系中，作为服务人员，尽量不要去触犯客人的虚荣心。如果服务人员能够恰当地为客人"扬其长，避其短"，做客人的一面"好镜子"，就能使客人对他自己感到满意。

　　好的服务态度可以增加客人的自豪感，也能让客人得到心理上的最大满足。因此，服务人员应该确定这样一个信条，如果你能有好态度让客人感到满意，他就一定会对你更加满意，所以说态度决定一切，好的态度能达到事半功倍的效果。

【经典案例分析】

忘记的押金条

　　8月12日的一天，一位手持一张押金单的客人来到某酒店的前厅收银处，声称他8月8日曾在酒店住宿，当时由于走得匆忙，忘了退押金，今天特别赶来取回押金。明白客人的来意之后，收银员请客人坐在大堂稍等片刻，并要了客人的身份证及押金单，接着开始查找电脑里的客史档案、楼层的住宿登记，经过核查最后确定，这位押金单上的客人8月8日确实住过我们酒店。随即收银员打电话给当值的两位接待员，询问她们8月9日是否有没结的账单，当确认没有时，接待员、收银员都意识到"有点问题"。为了稳住客人，服务员为客人倒了杯水并告诉他，我们正在查询，稍等一会儿答复。于是接待员打电话给财务处，要求帮忙查查账单。其结果是，账款已退，顾客已签名，但由于结账员的一时疏忽，忘了收回押金单。客人听后很生气，吵闹着说："你们酒店少耍赖，必须要退回押金单上的500块钱，否则我去告你们。"接待员明知客人在撒野，却又不好得罪客人，正在为难时，前厅经理来了，经理拿了证件去办公室再次核实。大概十分钟后，经理拿出账单要求客人一起到办公室去确认。客人看着经理一脸正气、严肃的样子，觉得今天赚不了什么便宜，迟疑了一下便装作有事嘟嘟囔囔地走了。

（资料来源: www.17u.com/...hownews）

案例评析：

服务行业是一个人员复杂的行业。从事服务工作，什么人都会接触到，酒店内不乏可疑及不法分子。本案例中要求退押金的这位客人抱着一种侥幸的欺骗心理，利用工作人员一时的疏忽，希望能够骗取500块钱的押金。作为酒店，首先自身就应树立起良好的企业形象，尤其是涉外酒店，是一个国家、一个民族、一个城市的窗口，一个健康的公共场所，酒店要坚决杜绝违法犯罪诈骗事件在酒店内发生。作为服务员，要善于察言观色，表现出良好的服务态度，善于从顾客的表情与举止行为中发现顾客的不良情绪及其动机，分析判断其情绪状态和心理特点，针对不同的顾客，采用不同的接待服务方法，因人而异地做好接待服务工作。不管遇到什么情况，我们首先应该镇定，力求自己能解决的迅速解决，解决不了的及时请求帮助。对待友好的顾客，要热情诚恳、体贴关怀，设身处地为顾客着想，这是心理学中的"感情移入"心理，是尊重、理解顾客的重要心理品质。对待怀有恶意的顾客，我们要利用感知觉的个性特点，培养服务人员良好的观察力、判断力，通过观察客人的面部表情、语言及其反应等，用端正严肃的态度对待这类顾客。像本例中这种人，生活中还是存在的，应该引起我们酒店员工的高度警惕。

本案例中，收银员要负主要的责任。在正常的服务工作中，必须严格执行服务规范，出现将押金退回押金单不收回的做法，是收银员没有责任心的表现。酒店应在制度与工作规范中严加管理，堵住审单程序上的漏洞。

【 本章小结 】

态度是人们对于某一事物的反应倾向，由三个部分构成：认知成分、情感成分、意向成分。态度的特点是具有一定的对象，并且态度是通过学习得来的，具有相对的稳定性和持续性，与行为不一定一致。

态度对人的心理与行为有着较多影响，如影响判断、学习效果及工作效率等。影响酒店顾客的态度因素有多种：酒店顾客的需要、顾客的认知水平、文化价值和经历等。客我交往中最敏感的问题，是与客人自尊心有关的问题，因此，服务人员应牢记，绝不要去触犯客人的自尊心。虚荣心是一种变态的自尊心，在"提供服务"和"接受服务"这对特定的角色关系中，作为服务人员，尽量不要去触犯客人的虚荣心。如果服务人员能够恰当地为客人"扬其长，避其短"，做客人的一面"好镜子"，就能使客人对他自己感到满意。

好的服务态度可以增加客人的自豪感，也能让客人得到心理上的最大满足。因此，服务人员应该确定这样一个信条，如果你能有好态度让客人感到满意，他就一定会对你更加满意，所以说态度决定一切。

【本章重点内容网络图】

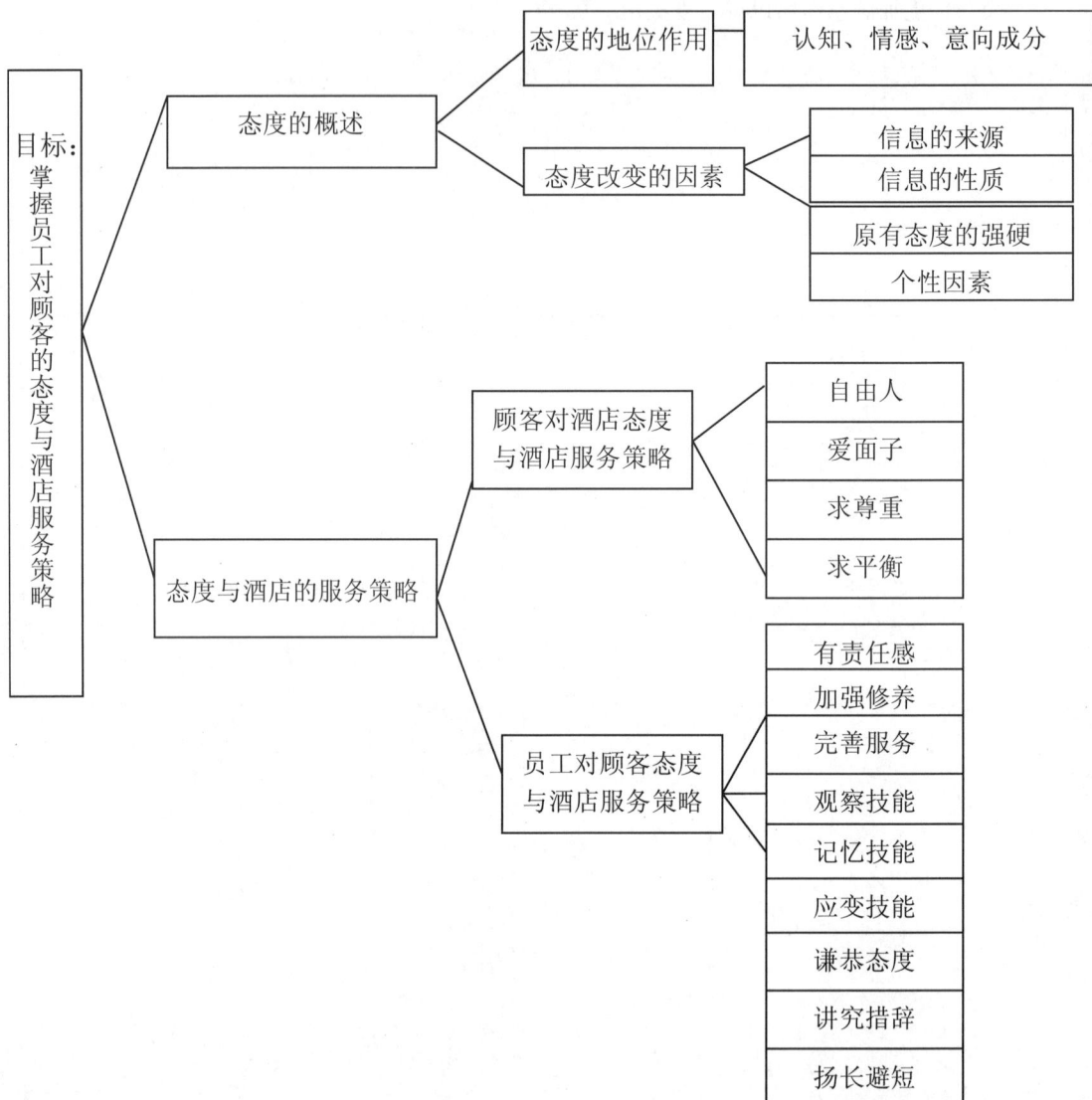

目标：掌握员工对顾客的态度与酒店服务策略

- 态度的概述
  - 态度的地位作用 — 认知、情感、意向成分
  - 态度改变的因素
    - 信息的来源
    - 信息的性质
    - 原有态度的强硬
    - 个性因素

- 态度与酒店的服务策略
  - 顾客对酒店态度与酒店服务策略
    - 自由人
    - 爱面子
    - 求尊重
    - 求平衡
  - 员工对顾客态度与酒店服务策略
    - 有责任感
    - 加强修养
    - 完善服务
    - 观察技能
    - 记忆技能
    - 应变技能
    - 谦恭态度
    - 讲究措辞
    - 扬长避短

课后习题

一、名词解释

1. 态度

2. 同化

3. 意向成分

4. 服从

5. 态度改变

二、填空题

1. 态度既有＿＿＿＿＿＿＿、＿＿＿＿＿＿＿。当主客观因素发生变化时，态度也就会随之发生改变。

2. 顾客消费过程中的心理需要＿＿＿＿＿＿＿、＿＿＿＿＿＿＿。

3. 态度的构成要素包括：认知因素、意向因素、＿＿＿＿＿＿＿。

三、单选题

1. 态度的心理倾向不包括（　　）。

A. 认知　　B. 情感　　C. 意向　　D. 感觉

2. 态度具有（　　）特性。

A. 社会性　　B. 内隐性　　C. 可变性和价值性　　D. 以上皆是

3. 影响态度改变的因素主要有信息来源、信息的性质、原有态度的强硬，属于（　　）。

A. 社会因素　　B. 文化因素　　C. 需求因素　　D. 个性因素

4. 酒店的优质服务首先必须做到充满人性化，具体要求是：对待客人像亲人、理解客人像朋友、接待客人像（　　）。

A. 领导　　B. 同事　　C. 主人　　D. 上帝

5. 人们的认知系统中存在着使某些情感和评价之间趋向于一种压力，强调人际关系对认知平衡的影响。借助P—O—X模型，可以推知人们的感情及其平衡关系中包括了八种状态。以上是（　　）提出的理论。

 A. 海德   B. 费斯廷格

 C. 勒温   D. 马斯洛

四、判断题

1. 凯尔曼（1961）提出了态度形成与变化过程的三个阶段——服从、同化、内化。（　　）

2. 美国学者霍夫金等人提出一个态度转变模型，强调信息和背景的作用。（　　）

3. 海德的平衡理论认为，态度改变是为了维持各项态度之间的一致。（　　）

4. 态度是个体对待社会事物（人、事、物）的心理倾向。（　　）

5. 态度必须指向一定的对象，若没有对象，就谈不上什么态度，态度是针对某一对象而产生的。（　　）

五、简答题

1. 酒店服务员提高哪些服务技能才能做到优质服务？

2. 影响态度改变的因素有哪些？

3. 态度改变的两种基本类型是什么？

六、案例分析

如此的服务态度

 酒店现正在开展"优质服务明星"的评选活动，本季度的评选主题是"微笑服务"，目的是给酒店营造一个"宾至如归"的五星服务氛围，作为管理者更应该起到带头作用，但我却经历了这样一件事情。

 8月23日我上中班，大约晚上22点15分电话响了，"收银主管吗？我是西餐主任，是这样的，现有一个客人吴先生是酒店翡翠卡客户，但他今天没带翡翠卡，可以给他打折吗？""按公司规定，翡翠卡客户必须出示卡方可享受翡翠卡折扣，所以他不能享受到翡翠卡折扣。"听到电话中传来急促的声音，我不敢怠慢，马上回复了她。"我已经同客人解释过了，但是客人说那是我们酒店的规定，与他无关，坚持要打九折，现在该怎么办？""要不这样，既然知道他是翡翠卡客户，你可以使用你的权限给他打九五折，应该可以平息顾客的不满吧？""我是可以打九五折啊，既然你们按规定办事，那我为什么要给他打九五折？你现在给我一句话，到底可不可以打折？""你可以给他打折，但……""那就行了！""啪"的一声，我还来不及说第二句，电话断线了。

过了不久，电话又响了，"你好，主管，有一件事想咨询一下，刚刚西餐主任打电话来问，有个住店客人在西餐消费，没有带翡翠卡，怎么办？请问我担保补压卡可以吗？"这次是客房大堂副理的来电，我说："不行，翡翠卡必须出示卡，通过读卡打折，不能手工操作，刚才西餐主任致电来时我已同她说了，她可以用自己的权限给客人九五折优惠，但她态度不太友善，并表示不使用自身的权限给客人折扣。既然现在客人是在住客，《西餐管理人员折扣规定》里面有明确过，客人如是在住客，只须出示房卡或报房号，楼面买单人员确认在账单上签名确认，就可以给客人享受九折优惠。""哦，那我知道了，谢谢！"

（资料来源:http://www.fdcew.com）

问题：

1.酒店服务人员应该怎样做，客人才满意？

2.酒店服务员对客人的态度如何？

第六章
顾客情绪与酒店服务策略

【学习目标】

● **知识点**

1. 熟悉对顾客情绪概念的界定；
2. 了解顾客情绪的分类；
3. 掌握顾客积极情绪的引导策略。

● **技能点**

1. 培养酒店员工情绪服务的技能；
2. 掌握排解自我消极情绪的途径；
3. 掌握平稳顾客消极情绪的方法。

第一节　顾客情绪概述

【案例导入】

银行高管开房遭拒情绪失控怒砸酒店总台

2011年6月12日凌晨，一名在银行重要岗位工作的男子，带朋友到福州一家高端酒店开房。在身份证登记过程中，双方发生争执，此人顿时失控，抽出一叠百元大钞砸向前台服务员，后来又拿起酒店柜台的POS机、台灯等物砸人，还搬起沙发砸碎橱窗玻璃。两名服务员因此受伤。

事发地点为福州市的一家高端酒店。据该酒店林姓总监介绍，事情的起因是该男子开房被拒。12日凌晨2时许,这名男子带两名男性朋友到酒店要开房住宿,他自称是酒店附近一家银行的行长,拿出本人的身份证要开两个标间。服务员看到只有一张身份证,表示根据公安部有关规定,一张身份证不能开两间。后来,他又拿出一张女子的身份证,服务员说这名女子不在场,根据规定入住酒店要实名登记。该男子脸色突然变了,情绪失控。

他先是拿起桌上的垫子,使劲往桌上砸去,然后指责起前台的服务员,情绪显得很激动,不断摔打着桌子上的垫子。接着,他突然从包里掏出一叠又一叠的钱,砸向服务员,百元大钞散落一地。

后来,服务员收拾地上的钱时,该男子举起大堂的沙发,扔到几米外的前台边,后又光着脚冲进大堂,举起小沙发又想砸,被一名服务员拦了下来。见状,该男子猛地把桌上的物品扫到地上,还拿起一盏台灯砸向前台的一名服务员,发泄一番后转头又走出酒店,此时前台已是一片狼藉。

该酒店的有关人士称,事发后,他们估算了一下受损的财物,包括被砸的电话机、POS机、台灯、沙发、桌子、大堂橱窗玻璃,总价值约3万元。此外,一名男服务员额头被砸伤,一名女服务员腰椎被砸伤。

经查询,闹事者叫谢某,在酒店附近某银行工作,是该银行某支行的行长助理。

(资料来源:城市在线新闻网.银行高管开房遭拒情绪失控怒砸酒店总台. 2011-06-20, http://news.025ct. com/chengshiyaowen/41200.html)

思考与讨论:

1.案例中的顾客谢某为什么会情绪失控?

2.面对这样的顾客应该如何应对?

情绪,是人各种感觉、思想和行为的一种综合心理和生理状态,是对外界刺激所产生的心理反应以及附带的生理反应,如喜、怒、哀、乐等。在1952年的《心理学词典》中,美国心理学家德雷弗认为,情绪是由身体各部分发生变化而带来的有机体的一种复杂状态,精神上,它伴随着强烈的情感和按某种具体方式去行动的冲动;而在生理上,情绪也涉及一些生理的和行为的变化,如脉搏增快、出汗、悸动或颤抖的感觉以及一些紧张的面部表情。这些变化可能是强烈的，也可能是微弱的；可能是急剧的，也可能是缓慢的；可能是引起我们喜爱的，也可能是引起我们厌恶的。在酒店服务工作中，服务的对象是顾客，作为酒店的服务人员，每天都要接触到不同的顾客，他们的情绪也是酒店服务成败的重要影响因素之一。因此酒店的管理人员和服务人员要了解顾客情绪的定义，顾客情绪的分类、结构、功能等基本概念和理论，以更好地把握顾客情绪并提供针对性的服务。

一、顾客情绪的基本概念

生活在社会中的人们，会产生各种复杂的心理活动，进而产生各种情绪体验。酒店中的顾客首先是一个社会人，他们同样会因自身所处的环境和身份等因素影响而产生各种各样的情绪，因此在了解心理学中对于人类情绪及情感的定义和区别后，我们可以进一步明确顾客情绪的概念和内涵。

1.人的情绪与情感

在心理学中，情绪和情感是紧密联系的两个概念。情绪和情感是人对客观事物与人的需要之间的关系的反映，或者说是人对客观事物是否符合人的需要而产生的内心体验。在日常生活中，情绪和情感是两个常被混用的概念，二者经常交织在一起很难加以严格区别。其实，情绪和情感既有联系，又有区别，二者都是人对客观事物与需要之间关系的反映，对人的行为产生直接影响，但是也有一些主要的区别，具体有如下三个方面：

（1）产生需要不同。情绪是与机体的生理需要相联系的体验，是人和动物共有的，而情感则是与社会需要相联系的体验，更多地与社会认识、理性观念等相联系，带有明显的社会制约性，是人类特有的。

（2）反映特点不同。情绪具有激动性、情境性和暂时性，往往随情境或一时需要的出现而发生，随情感的变化或需要的满足而较快地减弱甚至消失；而情感不仅具有情境性，还具有较大稳定性、深刻性和持久性，因为情感是由于对客观事物的深入认识而形成的观念。

（3）表现形式不同。情绪是情感的外在表现，情感是情绪的内在本质内容。情绪带有更多的冲动性和外部表现，而情感则较深沉，常隐含于人的内心或以较微妙的方式表露出来。

通过对情绪和情感的对比分析，认识到情绪与情感的区别之后，可以具体给情绪做出如下定义：情绪是指在一定的情境之下，人对客观事物是否满足自己生理需要的一种内心感受和主观的态度体验，并伴随着更多的冲动性和外部表现，如果客观事物满足了人们的需要，就会产生积极肯定的情绪，如快乐、喜悦、欢欣等；反之，就会产生否定的、消极的情绪，如痛苦、愤怒、忧郁等。

2.顾客情绪的概念与内涵

随着人们对情绪因素认识的逐步深化，营销学者们对顾客情绪的兴趣日益增强，有学者提出顾客消费过程不仅仅是一个认知过程，还是一个情绪体验过程，顾客情绪是决定企业与顾客关系的一个重要因素。顾客情绪是指顾客在产品使用或消费经历过程中所诱发出来的情绪反应，它可以用离散的情绪如生气、高兴或害怕等来描述，也可以用不同的情绪维度如愉快——不愉快和冷静——兴奋等来描述。而在酒店中，提供给顾客消费的主要产品是服务，因此酒店顾客情绪可以定义为顾客在酒店接受服务的过程中由不同的主观体验和感受所诱发出来的情绪反应。顾客情绪与个体的切身需要和主观态度联系着，从这种联系中可以引申出顾客情绪的两种存在形式，其一为内在状态，其二为外显表情。

通过酒店提供的服务产品，顾客在消费过程中会产生不同的情绪，并会进一步变成深层次的情感体验，这种顾客情绪和情感对酒店的经营和发展将起到积极或消极的作用。在顾客的消费过程中，当他们的内心需要被满足，他们对酒店的服务采取肯定态度，便会产生满意、愉快、欢喜等情绪，进而产生热爱、友好等情感体验，他们中的某些人也会因此变成酒店的忠诚顾客；当他们的内心需要无法被满足时，他们对酒店的服务则持有否定的态度，便会产生不满、痛苦等情绪，进而出现厌恶、憎恨等情感体验，而某些冲动的客人则会产生情绪失控的外在表现，表现出愤怒的表情或其他过激的行为。

二、顾客情绪产生的原因

不同情绪的产生都有着不同的原因，心理学家们对此进行过一系列的研究，并形成了相关的理论，这些理论同时也能够从不同角度阐释酒店顾客情绪产生的原因。

1.情绪产生的相关理论

情绪的产生与客观情境中的刺激、人的经历和经验、人对于刺激情境与个人需要之间的关系的评估都有密切的关系。现代心理学产生以来，心理学家提出了一系列的情绪理论，以说明情绪的产生机制。

（1）詹姆士—兰格理论。美国心理学家詹姆士和丹麦生理学家兰格各自于1884年和1885年提出了观点相似的情绪理论。他们认为情绪就是对机体变化的知觉，个体的情绪直接由生理变化引起。在这一理论中，情绪产生的方式是：刺激情境——机体反应——情绪，即情绪的产生必须先有引起知觉的刺激，这种刺激引起个体内脏和骨骼肌肉反应，这些生理反应反馈到脑而产生情绪体验。但该理论并不完全正确，后来的实验证明，情绪不只是自主神经系统支持的机体变化的知觉，它还受到更高级神经中枢的调节和支配。不过这种理论首先提出了生理变化是情绪过程不可缺少的因素，对情绪理论的发展起到了很大的推动作用。

（2）认知生理结合情绪理论。在詹姆士—兰格理论的推动下，情绪的认知理解逐渐发展起来。20世纪60年代，沙赫特和辛格通过研究认为由于在不同情境中对同一生理状态的不同认知性解释，就产生了不同的情绪体验，同时他们指出个人对自己情绪状态的认知性解释是构成情绪的主要因素，由刺激所激活的生理变化是构成情绪的次要因素，泛化的生理反应决定情绪经验的强度，而情绪的性质则由对情境的知觉所决定。

（3）认知——评价情绪理论。阿诺德是情绪评价学说的创建者，他把评价看作是由知觉而产生的活动倾向，当倾向强烈时就可称为情绪。对情境事件的评价而引起的情绪会诱导人选择适合于情境的反应行动。阿诺德认为记忆是评价的基础，任何新东西都是以过去的经验为凭借的，新事物能引起与过去经验相关联的事情的回忆，这种回忆是过去评价的再现。想象是评价的重要环节，这种评价的完整、复杂的过程几乎可以在一瞬间发生并完成。拉扎鲁斯进一步把阿诺德的评价理论扩展为评价——再评价过程，这个过程包括筛选信息、评价以及应付冲动、交替活动、身体反应的反馈、对活动后果的知觉等成分，而这一切都体现在每时每刻的评价中。根据他们的理论，情绪的来源是对情境的评价，其产生的基本过程是：刺激情境——评价——情绪。

2.顾客情绪产生的原因

通过对几种情绪理论的研究，并把这些理论与酒店顾客的情况相结合，可以总结出顾客由于酒店的服务而产生的情绪有以下几种主要的原因：

（1）服务产品消费过程中服务要素对顾客的刺激。酒店为顾客提供的服务产品是由多种要素构成的，酒店有形氛围中的装修装饰、色彩色调、音响灯光、服务人员的仪容仪表等，无形服务中的服务语言、服务流程、服务质量以及服务员素质、表情、态度等要素都会对顾客产生不同程度的刺激，进而使顾客产生不同的情绪。

（2）酒店服务情境中顾客对自身情绪状态的认知。不同的服务人员、不同的时间、不同的顾客构成酒店服务工作中不同的情境，由于这些相同或不同的情境中顾客对自己情绪状态的不同认知，进而产生了多种多样的情绪体验。

（3）顾客对酒店服务的评价与再评价。对于顾客在酒店消费过程中的各种情境事件，他们会不断地根据自己的认知以及经验做出评价。顾客曾经接受过不同酒店的服务或相同酒店的服务，在他们心中形成了一个衡量的标准，当这种瞬时评价与自己的内心标准有较大偏差时，评价就带有明显的倾向性，这种倾向强烈的评价即可称为情绪。

三、顾客情绪的结构

顾客在酒店的消费过程中会产生不同的情绪，这些情绪的结构一般来说由三部分组成，即主观体验、生理唤醒和外部表现。

1. 主观体验

顾客情绪的主观体验是个体对不同情绪状态的自我感受。每种情绪都有不同的主观体验，它们代表了人们不同的感受，构成了情绪的心理内容。首先，情绪的主观体验与外部表现存在着固定的关系，每种情绪的外显形式都是与内在体验形式共生的。如顾客在激动时手舞足蹈，在惊恐时目瞪口呆。顾客情绪的主观体验与外部表现之间的对应关系是先天的。其次，具体的某种情绪的主观体验具有不变性，它没有个体、民族差异，也没有性别、年龄差异，这是情绪在人际间进行交流和产生情感共鸣的前提。

2. 生理唤醒

情绪的生理唤醒是指情绪所产生的心理变化。任何情绪和情感都有其生理基础，并总是发生在一定的生理激起水平上。不同情绪的生理反应模式是不同的，这些生理变化不仅支持和维持着情绪，而且影响着情绪的强度和持续时间。兴奋时，血管收缩、血压升高、心跳加快、消化器官运动减弱、肾上腺素分泌增加、汗腺分泌增加，这些变化都与情绪密切相关。

3.外部表现

情绪的外部表现，是指在情绪发生时身体各部分的外部表现形式，通常称为表情。根据表现的部位不同，表情分为面部表情、姿态表情和语调表情。面部表情是全部颜面肌肉的变化所组成的模式，快乐时人的额眉平展、面颊上提、嘴角上翘；悲伤时人的额眉紧锁，嘴角下拉。面部表情模式能精细地表达不同性质的情绪，所以是鉴别情绪的主要标志。姿态表情是除颜面以外身体其他部分的表情动作，包括手势、身体姿势等。如高兴时手舞足蹈，害羞时颔首弄指，惊恐时呆若木鸡等。其中手势是人表达情绪的重要补充，是后天习得的，而且不同文化背景的人会使用不同的手势来表达自己的情绪。语调表情是通过言语的声调、节奏和速度等方面的变化来表达的，也是人表达情绪的一种重要形式。如高兴时语速轻快、语调适度；愤怒时语调高昂、语无伦次或提高音量等。

四、情绪的维度与两极性

情绪的维度是情绪在其所固有的某些特征上，存在着一个可变化的度量，主要包括情绪的动力性、激动性、强度和紧张度等方面，而这些特征的变化又具有两极性，即每个特征都存在两种对立的状态。

情绪的动力性表现为积极的增力与消极的减力两极，一般来说，人在需要得到满足时产生的肯定情绪是积极的、增力的，可以提高人的活动能力；人在需要得不到满足时产生的否定情绪是消极的、减力的，将会降低人的活动能力。

情绪的激动性表现为激动和平静两极。激动是一种强烈的、外显的情绪状态，一般是由一些重要的事件引起的，例如狂喜、暴怒等。平静则是一种安静而平稳的情绪状态，也是基本的工作条件。

情绪的强度有强与弱两极。在情绪的强弱之间还有各种不同的强度，如喜的情绪由弱到强表现为：微笑、喜悦、兴奋、大喜、狂喜等。强度水平不同，情绪体验就不同。强度越大，情绪体验越深刻，人的行为受到情绪支配的可能性越大，失控的可能性也越大；反之，越小越不深刻，人也比较容易控制自己的情绪和行为。情绪强度取决于个人卷入程度、人对于自身的要求、人的需求等方面。

情绪的紧张度也有紧张和轻松两极。紧张度是关系成败的关键时刻的情绪体验，当这种关键时刻越接近时，情绪体验就会越强。这一时刻过去时，紧张度就会消除，情绪体验度就会降低。例如有人在参加演出时，越临近登台时间紧张度就越强，并在登台后的小段时间内达到最强烈的状态。随着演出的进行，紧张感则逐渐消失，到演出结束后则有压力消失、一身轻松的感觉。情绪的紧张度有积极的作用，可以使人注意力集中，聚集全身的力量，但也可能产生抑制作用，当紧张度过高时就会使动作失调。人们情绪的紧张度取决于所面对情境的紧迫性、活动的难度、个人的知识与技能的掌握、个体心理的准备状态以及应变能力等。例如在比较复杂和紧急的情境下，一个有充足心理准备和应变能力并且曾有过类似经历的人在面对时就会比较轻松自如，情绪的波动较小，并且能够冷静处理复杂事件。

五、顾客情绪的分类

关于情绪的分类，我国古代的儒家学说、佛教经典以及中医理论都提出过"七情"之说；国外学者通过多年的研究，从不同角度对情绪进行分类，获得了较多的研究成果。综合来说，虽然情绪的分类标准众多，但性质和状态是情绪分类的两个基本依据，酒店顾客同样也会在接受服务的过程中产生不同性质的情绪和不同的情绪状态，以下内容将主要从这两个方面对顾客情绪进行分类。

1.不同性质的情绪分类

关于情绪的性质，我国古代有"七情"的说法。《礼记·礼运》说："喜、怒、哀、惧、爱、恶、欲七者弗学而能。"中医理论稍有变化，七情指"喜、怒、忧、思、悲、恐、惊"。而国外学者则从不同角度提出了八种情绪、九种类别等诸多理论。虽然中外理论各有不同，但是归结起来，一般都认为情绪有四种基本的性质，即快乐、愤怒、恐惧和悲哀。在酒店消费过程中，顾客所产生的基本情绪也不外乎这四种，但又从这四种基本情绪的延伸和组合中形成更多样和复杂的情绪体验。

（1）快乐。快乐是指一个人盼望和追求的目的达到后产生的情绪体验。由于需要得到满足，愿望得以实现，心理的急迫感和紧张感解除，快乐随之而生。根据强度、情境、需求等条件的不同，从快乐的情绪中可以延伸出喜悦、幸福、兴奋、热情、乐趣、满足、骄傲、自信、谢意、喜爱、感动、傲慢、惊喜等诸多情绪体验。例如，顾客在酒店举行生日宴会，酒店的餐厅经理和员工在客人没有要求的情况下推出一盘生日蛋糕、并齐唱生日歌，让客人感受到意外的惊喜，从而使客人产生快乐的情绪体验。

（2）愤怒。愤怒是指所追求的目的受到阻碍，愿望无法实现时产生的情绪体验。愤怒时紧张感增加，有时不能自我控制，甚至出现攻击行为。愤怒也有程度上的区别，一般的愿望无法实现时，只会感到不快或生气，但当遇到不合理的阻碍或恶意的破坏时，愤怒会急剧爆发。这种情绪对人的身心的伤害也是明显的。在不同的强度、情境等条件下，从愤怒的情绪中可以延伸出生气、郁闷、对抗、发火、暴怒等。例如，客房设施出现意外损坏，客人致电前台要求维修，但是酒店维修工人迟迟不到，客人则会感到不快，渐渐产生愤怒的情绪。如果在多次交涉的情况下没有结果，则可能导致愤怒情绪的爆发。

（3）恐惧。恐惧是企图摆脱和逃避某种危险情景而又无力应付时产生的情绪体验。所以，恐惧的产生不仅仅由于危险情景的存在，还与个人排除危险的能力和应付危险的手段有关。在不同情境下，恐惧的情绪可以延伸出惊吓、害怕、恐怖、自卑、自责、负罪、惊骇等情绪体验。例如，火灾发生时，客人都会不由自主地产生恐惧感，进而产生受惊、害怕等情绪。如果不及时带领客人逃离危险区域，某些客人的恐惧情绪将会逐渐增强，进而会大喊大叫，来回奔走，甚至出现跳楼等危及生命的严重失控行为。

（4）悲哀。悲哀是指心爱的事物失去时或理想和愿望破灭时产生的情绪体验。悲哀的程度取决于失去的事物对自己的重要性和价值。悲哀时带来的紧张的释放，会导致哭泣。当然，悲哀并不总是消极的，它有时能够转化为前进的动力。根据不同情境和强度，悲哀也可以引申出伤心、忧郁、孤独、凄凉、悲痛、痛心疾首、极度悲伤等不同情绪体验。在酒店的日常服务工作中，客人一般较少会出现悲哀的情绪，但突然接到令人伤心的消息、失恋、工作上的挫折等都会使顾客产生悲哀情绪。作为酒店管理者和服务人员应婉转并适度地开导或化解，否则客人在持续低落的情绪状态下，住店期间也可能出现晕厥、休克等生理反应，有些有极度悲哀情绪的客人甚至会出现自杀的悲剧。

除了以上这四种基本情绪及其延伸的情绪体验之外，多种性质情绪并存的情况也是普遍存在的，由此而产生了多种多样的复合情绪。例如恐惧和忧虑同时出现时，人的情绪表现为不安；愤怒、耻辱、悲伤交织的时候，人会产生后悔的情绪；疲惫与厌恶会使人产生不耐烦的情绪；疲惫、厌恶再加上愤怒则会让人产生烦躁情绪。

2.情绪状态的分类

在日常生活中，人们的情绪状态是多种多样的。情绪状态是指在特定时间内，内在的情绪活动在强度、紧张水平和持续时间上的综合表现。顾客在酒店消费过程中的不同情境下，根据自身需要和主观态度，对酒店所提供的服务产品会产生不同的情绪状态，一般可以分为以下四种，即情调、心境、激情和应激。

（1）情调。情调是伴随着顾客对于酒店客观有形环境的主观感受而产生的情绪状态，酒店大堂的颜色、灯光等有形氛围，客房的装修装饰风格以及餐厅饭菜的色、香、味等都会使顾客产生不同的情调体验。情调的产生、强度和持续时间受诸多因素的影响，一般来说主要有刺激的性质与强度、顾客的内在需求、顾客自身的经历、年龄和社会背景等。例如在酒店的大堂、客房或餐厅中，装修装饰的颜色引起的情调受顾客的性别、年龄、社会、时代、地区、教育等因素的影响而不同。在不同颜色的影响下儿童比成人、艺术家比一般人情调的体验要高。又如噪声会引起人们不好的情调体验，其强度越高对人的影响越大，在酒店中如果噪声过大，则会损害顾客的情调体验，引起顾客不满的情绪，并且强度越大损害越大。

（2）心境。心境是比较微弱又比较持久的，使人的整个心理活动都染上某种色彩的情绪状态。通俗地说就是平时讲的心情。心境具有感染性和弥散性，所谓感染性是指当个体处于某种心境之中时，他的言行举止、心理活动都会蒙上一层相应的情绪色彩，如"喜者见之则喜，忧者见之则忧"。所谓弥散性只是心境，不是关于某一事物的特定体验，而是以同样的态度体验对待一切事物。当心情愉悦时，喜笑颜开，看什么都是美好的；当心情不佳时，神色沮丧，看什么都心烦。如顾客在酒店里享受到个性化的服务并超出自己的心理预期，他会产生一种美好和快乐的心境，进而产生情绪化的外在表现，如对人彬彬有礼，与人交谈兴致勃勃，走路迈着轻快的步伐，觉得服务员所做的一切都是很好的，对于服务中出现的失误也能够体谅和容忍。如果客人在酒店里所享受到的服务与其心理预期差距很大，他会有不满和不顺心的感觉，进而心境不佳，从而使他对酒店的服务持有比较挑剔的态度，容易小题大做，引发不良后果。因此，顾客的心境对酒店的服务工作有着很大的影响。

心境的感染性和弥散性决定了心境具有积极和消极之分。积极心境使人精神振奋、乐观向上，有利于提高人的活动效率，增进人的身心健康；消极心境使人悲观消沉、丧失信心，会降低活动效率，有损身心健康。心境产生的原因是多种多样的。生活中的顺境和逆境、工作中的成功与失败、人们之间的关系是否融洽、个人的健康状况、自然环境的变化等，都可能成为引起某种心境的原因。

在酒店服务过程中，顾客自身的健康状况、思想观念和经历、顾客与酒店工作人员的人际关系、服务人员的心情好坏、服务质量与顾客心理预期的差异、管理人员对顾客投诉处理的方式等都会影响到客人的心境，尤其对一些敏感多疑、气量较小的顾客来说，其影响的程度更大。

（3）激情。激情是一种强烈的、爆发性的、为时短促并有明显外部表现的情绪状态。这种情绪状态通常是由对个人有重大意义的事件引起。重大成功之后的狂喜、惨遭失败之后的绝望、亲人突然死亡引起的极度悲伤等等，这些在短时间内产生的强烈情绪体验都是激情的不同表现。激情爆发时大都有鲜明的生理反应和外部表现，在激情状态发生时伴有自我感觉到的剧烈的内部变化，包括明显的呼吸频率、心率、汗腺分泌以及外部表情的变化，如狂喜时手舞足蹈，大怒时暴跳如雷，悲痛时哭得死去活来，恐怖时四肢颤抖、面色苍白等。

激情具有爆发性和冲动性的特点。所谓爆发性是指整个激情的发生过程十分迅猛，大量的心理能量在极短时间内倾泻。所谓冲动性是指个体在激情状态下，往往失去意志控制。激情状态下人往往出现"意识狭窄"现象，即认识活动的范围缩小，理智分析能力受到抑制，自我控制能力大大减弱，进而使人的行为失去控制。通俗地说，人在激情状态下，说话可能会语无伦次，思维的逻辑性出现混乱，身体动作超出大脑控制范围，会以各种过激行为进行发泄，出现肆意妄为的现象。同时剧烈的心理变化也可能导致人的身体健康受损，如心脏病发作等。当激情状态消失后，当事人可能会觉得情绪的发泄并非自己的意愿，对自己的过激行为产生悔意。因此，如果人不能用坚强的意志控制自己的情绪，往往就会在过激失控的状态下闯出大祸，造成诸多难以预见的不良后果。在激情状态出现后，一个人如果认为自己的过激行为完全不受意识的支配，并以此不对自己的行为负责，则是逃避责任的表现。研究表明，即使人在非常激动的状态下，意识还是存在和清醒的，激情是受人控制的，意识狭窄并不是意识消失，通过外界刺激的缓和与自我控制的加强，人是能够支配自己行为的。

激情也有积极与消极之分，积极的激情可以使人的情绪完全卷入当前的活动，成为激励人上进的强大动力。如在战斗中目睹战友牺牲后，战士会产生暴怒和极度悲痛的情绪，这种激情的爆发有时会激发出更强大的战斗力。消极的激情使人完全失去理智，行为表现为极大的破坏性冲动。

在酒店服务过程中，顾客激情的产生一般来说都属于消极的，在接受到与自己心理期望偏差较大的服务时，一些较冲动的顾客容易引起激情的爆发。例如在餐厅就餐时等待时间过长、服务人员态度恶劣、投诉得不到公正的处理等情境发生时，顾客一般都会产生愤怒的情绪，一些道德、涵养素质较高，受过良好教育的人会努力压制自己的情绪，控制激情的爆发。但是一些自控能力差、容易冲动的客人则会激情爆发，出现愤怒、说话提高音量的外部表现，甚至有些人会出现吼叫、拍桌子、摔东西等造成不良后果的行为，不仅影响酒店对当事人的服务，也影响到所有的在店客人。

（4）应激。应激是出乎意料的紧急事件所引起的迅速且极度紧张的情绪状态。如司机的紧急刹车、安静环境中突然的噪声、地震或火灾等意外灾难，无论是天灾还是人祸，这些事件或情境都有可能使人处于应激状态之中。人在应激状态下，会出现机体的一系列生物性反应，肌肉紧张度、心率、呼吸以及腺体活动都会发生明显的变化。同时也伴随着心理反应和情绪体验的急剧变化，如内心不安、紧张，出现焦虑、激动、恐惧、烦躁、情绪波动大、自卑、自责、害羞等情绪体验。同时可能表现为注意力不集中、记忆不佳、思维中断。这些变化有助于适应急剧变化的环境刺激，提高机体对紧张刺激的警戒能力和感受能力，维护机体功能的完整性，增强体能，做出适应性反应。但同时也会对机体产生负面的影响，使免疫力系统能力下降，对癌变阻抗力减小，生物学因素造成的伤害可能性增大，削弱了系统识别的能力。人如果长期处于应激状态之下会导致一系列个体适应性疾病。

应激具有超压性和超荷性。应激的超压性是指个体在应激状态下，往往会产生超乎寻常的压力。应激的超荷性是指个体在应激状态下，生理上承受巨大的负荷，充分调动体内的全部力量以应付突发事件，应激过程伴随着机体全身性的能量消耗。应激也有积极和消极两种情况。积极的应激反应表现为急中生智、超水平发挥、顺利应付突发事件；消极的应激反应表现为惊慌失措、意识狭窄、思维混乱，对事件无法做出正确的判断，甚至会导致惨痛的后果。

在酒店服务的过程中，一般容易引起顾客产生应激情绪状态的情况主要是火灾、地震等灾难的发生。这些紧急情况发生时，酒店内的所有人都会处于应激状态之中，人们在这种状态下也会出现积极和消极的应激表现。积极的客人会配合工作人员疏散人群，带领大家到安全的集合地点；消极的客人则惊恐万状、不知所措、大喊大叫、到处乱窜，给疏散或救援工作造成不必要的阻碍。

第二节　顾客情绪与服务策略

【案例导入】

损坏的马桶盖

张老师是云南某大学的在职研究生，她于2011年1月在云南省昆明市某经济型酒店的建设路分店办理退房手续时与前台服务人员发生纠纷。客房服务员查房后告知前台工作人员，张老师房间的马桶水箱盖断裂，前台工作人员要求张老师赔偿人民币700元。但是在她住店期间，马桶水箱盖上有两条印有该酒店名称的白色毛巾，而她一直没有动用过水箱盖上的毛巾，对水箱盖断裂的情况也毫不知情。因此她向前台说明情况，请酒店方公正处理，但前台工作人员坚持要求赔偿。在多次交涉未果的情况下，张老师向值班经理投诉，但是值班经理的处理结果是仍然是让其赔偿，但赔偿金额降为200元。张老师据理力争，但值班经理始终面无表情，也无任何其他处理意见。由于她急于前往机场，无奈之下只好接受了酒店方无理的赔偿要求，并在离开时流下了委屈的泪水。张老师在心里发誓，再也不会光顾该品牌旗下的任何酒店。张老师后来经常对人说，作为一个对该酒店品牌支持多年的忠诚顾客，这一事件使她对这个酒店品牌感到彻底失望，并在每次提及时都心生恨意，她将对此事铭记一生，而且决定将来出门在外时绝不会再踏入该品牌旗下任何酒店的大门。

思考与讨论：

1. 在这个事件中，张老师产生了怎样的情绪表现和外显形式？

2.服务失败的原因是什么？如果你作为值班经理应该如何处理张老师的投诉？

作为酒店的管理者，需要认识到顾客情绪与顾客满意的关系，也要认识到顾客的满意状况对企业经营的重要性。因为一个满意的顾客会成为酒店的回头客，极有可能二次购买或多次购买该酒店的服务产品；同时，顾客也会成为酒店口碑的传播者，并较少注意其他品牌的酒店竞争者。据统计，一个满意的顾客会向3个人诉说满意的消费经历，而一个不满意的顾客会向11个人陈述糟糕的体验。可以肯定的是那些非常不满的顾客很难再次走进该酒店的大门，因此企业绝不能忽视顾客的不满情绪对企业所造成的影响。

对于酒店服务工作来说，无论是服务的接受方还是提供方，在整个服务过程的不同情境下都带有一定的情绪。不管是顾客的情绪还是员工的情绪都对整个服务过程产生较大的影响，这些影响不仅关系到服务的成败，也关系到顾客的行为和情感。因此，酒店作为服务的提供方，首先要懂得情绪在服务过程中的作用，培养员工工作中的积极情绪。同时也要把握不同情绪类型的顾客的心理需求，懂得引导顾客的积极情绪并调节顾客的消极情绪，让顾客在接受服务的过程中保持良好的情绪体验，提高顾客满意度和忠诚度。

一、情绪在服务过程中的作用

情绪在服务过程中主要有五个方面的作用，这五个方面是相互联系、相互制约、相互转化的，构成情绪的完整作用系统，在酒店服务活动中有着很大的影响。

1.动力作用

顾客在酒店接受服务时，如果对服务感到满意，他们会产生积极的情绪，表现为心情愉悦、笑容满面，并对服务有着积极配合的动力和态度，促进服务过程的轻松完成，进而对酒店留下深刻美好的印象。服务人员在提供服务时，如果有一个平稳、良好的情绪状态，会加强其责任感，产生自觉履行服务规范、提高服务质量、尽量满足顾客合理需要的内在动力。

2.协调作用

人与人之间的情绪往往会相互协调，使人们的言行处于正常的平衡状态。在酒店服务过程中，顾客的情绪和服务员的情绪都会受到特定情境的影响，容易产生不同幅度的波动。相对于服务人员而言，顾客情绪的波动更大。如果服务人员能够注意保持适度的情绪，不太高涨也不太低落，以平常心对待顾客的情绪波动，则可产生情绪的协调作用，不仅可以避免自身的不当行为，也可以避免顾客感情用事。

3.适应作用

人在生存和发展的过程中，发展了多种适应方式，其中情绪就是人适应生存和发展的一种重要方式。情绪能够适应周围环境的变化，从而使人能够顺利地生活和工作。在酒店服务过程中，顾客的情绪是随着情境而不断适应并且产生变化的，作为服务人员面对不同的情境和顾客情绪的变化，需要服务行为的适应，也需要情绪的适应。服务人员要分析情境，提前预计顾客的情绪变化，避免与情绪不稳定或容易冲动的顾客发生冲突，造成服务失败或引起投诉的不良后果。

4.信号作用

情绪的信号作用是指一个人的情绪能通过表情外显而具有信息传递的功能。这种功能是通过情绪的外部表现，即表情来实现的。由人的情绪而产生的表情是言语交流的重要补充，情绪的适应作用也是通过信号交流作用来完成的。在酒店服务工作中，根据顾客的表情信号可以推测顾客的情绪状态，如微笑、点头、目光上扬则表示顾客处于快乐的情绪当中，可能对服务工作持有认可的态度；如果顾客有皱眉、微微摇头、目光下垂等外显表情，则可能对服务有不满的情绪，服务人员需要在工作中注意观察并采取相应的措施。

5.感染作用

情绪的感染作用是指人们的情绪在一定的情境下会感染别人，也会受到别人的感染。例如一位顾客品尝了美味的菜肴之后频频点头、面露微笑、赞不绝口，同桌的客人都会受到这种愉悦情绪的感染，整个就餐的气氛就会活跃起来，而且这种情绪也会感染到正在服务的工作人员，使其获得服务成功的成就感。这种情绪还可能通过服务员感染到领班、经理甚至厨师，使大家都能够在工作中体会到快乐。而从服务员情绪的角度来说，服务员微笑的面容、轻盈的表情、和蔼的言语可以把一种快乐的情绪传递给顾客，引起顾客情绪的共鸣。另外，消极的情绪同样也具有感染作用，而且会对客观环境产生破坏。例如一个刚刚经历悲伤事件的服务员，带着悲哀消沉的情绪上岗，在与顾客接触的过程中，会造成一种压抑的情境，使顾客被消极的情绪感染。服务员消极的表情也容易导致顾客的愤怒，而自己低落的心情也会容易导致郁闷、烦躁等消极的外在表现。在这样的情境下，服务交流中的摩擦极易发生，甚至出现争吵、引起顾客投诉。

酒店管理者应该认识到在酒店服务过程中顾客与服务人员之间情绪的互相适应、互相感染和互相协调，既要懂得运用针对性的策略来引导顾客产生积极情绪，也要能够在顾客产生消极情绪时用不同的策略进行调节，以此提高服务质量，进而提升顾客的满意度和忠诚度，增加企业的竞争力，为企业带来更好的经济效益。

二、酒店顾客情绪的影响因素

顾客在酒店消费过程中所接触到的一切，都会引起情绪的变化。作为酒店服务的提供者，要认识到这些因素，根据相关因素调整服务策略，引导顾客的积极情绪。具体来说，影响酒店顾客情绪的因素主要有以下几个方面：

1.酒店服务是否能满足顾客需要

顾客到酒店消费都是为了满足某种需要，例如就餐、住宿、游泳、打保龄球等。需要是情绪产生的前提，顾客的需要是否得到满足，决定着情绪的性质。如果酒店的服务能够满足顾客的需要，顾客就会产生积极肯定的态度，如高兴、喜欢、满意等；如果他们的需要得不到满足，就会产生否定、消极的情绪，如不满、失望、愤怒等。

2.顾客在酒店内的活动是否顺利

顾客由于需要的动机而产生到酒店消费的行为，不仅行动的结果影响顾客情绪的产生，行动过程是否顺利也会引起顾客积极或消极的情绪体验。

3.客观条件

客观条件是一种外在刺激，它引起顾客的知觉从而产生情绪体验。酒店服务中的客观条件主要是指酒店外部以及内部的环境和有形氛围，如酒店周围的景色、酒店的内部装潢、工作人员的着装等。

4.人际关系

酒店服务中服务人员与顾客的交往是暂时的、不太深入的人际交往，但是也应注意人际关系对情绪的影响作用，给予顾客充分的尊重。酒店工作人员与顾客友好的关系可以使顾客产生积极的情绪，如果酒店每一位员工都能够给顾客友好的问候，建立和谐的人际交往氛围，顾客积极的情绪体验会使其忠诚度不断增加。

5.身体状况

身体健康、精力旺盛是产生愉快情绪的原因之一。身体欠佳或过度疲劳，容易产生不良情绪。光顾酒店的客人可能有不同的身体状况，一般来说到酒店享受服务的大部分客人都有较好的身体状况，但是也有些身体状况欠佳的客人，例如由于生病到酒店疗养的客人、因旅游活动而非常疲劳的客人等，这些客人可能由于身体原因而容易产生情绪波动。

三、顾客积极情绪的引导策略

要引导顾客在酒店消费过程中的积极情绪，就要保证顾客需求的满足、服务过程的顺利完成，这涉及酒店良好的客观条件以及员工、管理等多方面的因素。酒店管理者应从酒店有形氛围、服务人员的培养、服务过程、情绪管理等多方面进行努力，运用相应的策略引导顾客保持积极的情绪，提高顾客的消费热情。

1.构建良好的有形氛围

服务氛围是指某服务设施中与内外部环境相关，对顾客施有情感和生理影响的可控项集合。酒店氛围就是酒店内外部顾客所面对的气氛、环境，酒店服务产品的重要组成部分。酒店的氛围分为有形氛围和无形氛围，无形氛围是指服务人员的态度、礼节、仪容仪表、服务能力等，而有形氛围则是酒店的位置、外观、景色、内部装潢、构造和空间布局等方面。良好的外部有形氛围能影响顾客的情绪，给顾客留下深刻的印象，良好的内部氛围则能够加强客人在接受服务过程中的满意度，增强顾客再次惠顾的动机。一般来说，顾客在受到外部环境的刺激之后，会产生不同的情绪体验，进而产生相应的行为，即氛围刺激——个体情绪——行为反应。酒店有形氛围中的多种因素都能够对顾客情绪产生刺激作用，引导顾客产生积极的情绪，并激发顾客的消费行为。在"环境刺激——顾客评价——情绪产生——行为反应"的过程中，酒店外部的建筑物外观、周围景观、交通停车，酒店内部的灯光、音乐、噪声水平、气味、无烟区（烟味）、温度、地面、颜色安排、通道宽度、天花板高度、空间设计、装潢陈设等都在顾客考虑的因素之中。这就要求酒店管理者在设计和改进酒店有形氛围时，研究目标市场中顾客的心理需求，为他们创造舒适的服务环境，通过合理的有形氛围设计引导顾客产生积极的情绪。例如在酒店的餐厅氛围设计中，灯光、音乐等环境因素对顾客的愉悦水平有着较大的影响。在顾客就餐过程中，柔和的灯光、舒缓的音乐使顾客产生积极的情调体验，同时也可以考虑在其他因素方面调动顾客愉悦的情绪。假设在30层高的旋转西餐厅里，顾客坐着宽敞舒适的椅子，闻着烤面包的香味，通过落地的玻璃窗俯瞰无边的大海，耳边传来煽情的钢琴曲。置身于这样的氛围之中，顾客的心情是快乐的，他们将会产生积极的消费热情，对工作人员的服务采取配合的态度，使服务过程能够顺利并且高质量地完成。

2.服务人员良好情绪的自我培养与控制

酒店服务是体现在顾客和服务工作者之间的一种协调合作的社会关系，二者的交往不仅是信息的交流和对象的相互作用，同时还伴随着情绪状态的交换。没有高兴的员工，就没有高兴的客人。因为情绪具有感染作用，当员工在对客服务时，他们的情绪状态不再纯粹是个人的事情，员工的情绪表现会通过对客人的感染而产生一种感染效果。作为酒店一线的服务人员，需要培养自身良好的工作情绪，这需要从以下几个方面着手。

（1）培养自身良好的职业意识与职业情感。酒店是一个通过提供服务产品来获得经济效益的综合性服务企业，服务对象是具有个性情绪表现的人，也就是不同的顾客。作为服务人员应该意识到，酒店服务消费不是一种必要的消耗产品，而是一种享受产品。这就要求服务人员对所有来酒店接受服务的顾客一视同仁、礼貌热情、服务周到，使顾客在酒店消费的过程中有家外之家、宾至如归的心理体验，进而产生积极的消费情绪。要让顾客高兴地到来、快乐地离开。

从服务员自身来说，要端正思想和态度，对服务工作充满热情。长期以来，特别在中国，由于受到传统思想的影响，整个社会对服务行业的认识比较狭隘和局限，认为这是一个给人端茶倒水、点头哈腰、低人一等的行业。受到这种思想的影响，酒店服务员通常对自己所从事的工作也有一定的偏见，部分服务人员在工作中缺乏积极的热情、良好的态度，对自己的职业缺乏情感。但是，从目前中国酒店业的发展来说，这是一个有着光明前景的行业。每一位一线的服务人员都应该认识到基层的服务工作不是一辈子的事情，要用长远的和发展的眼光来对待自己的工作，为能够在酒店行业做出更大的成就而努力。而要进入管理层，就要从最基本的一线服务工作开始，打好基础，才能够有更大的发展。因此，服务人员应该调整心态，饱含热情投身到一线的服务工作中，这样才能够带着积极的情绪进行日常的对客服务工作。

（2）保持良好的工作情绪。酒店服务人员的良好情绪是服务的重要内容，又是顾客积极情绪的主要诱导因素。这就要求酒店服务人员要保持良好的工作情绪，给顾客施以正向的情绪影响。每个人都会产生不良的情绪，服务人员也不例外。人在负面情绪的影响下容易处于应激状态，一旦情绪失控，在服务工作中的负面影响是巨大的。因此在服务工作开始之前和服务过程之中要学会情绪的自我控制，避免情绪失控给服务工作带来负面影响。控制和排遣自身的消极情绪可以从以下几个方面来考虑：

首先，注重自身的仪容仪表。良好的仪容仪表是个人情绪的外在表现，无论内心情绪好坏，服务员在服务工作的过程中都要让自己保持良好的仪容仪表。同时，作为服务人员也要认识到良好的仪容仪表不仅反映了自身的素质，也体现了酒店的经营管理水平，同时还能折射出一个国家、地区、民族的道德水准和文化素养。有了这样的认识之后，员工穿上制服走上工作岗位时，自然会产生庄重、负责任的心理。因此，酒店服务员在上班前应该认真检查自己的仪容仪表，这不仅能够使自己形成良好的情绪，也能够给顾客留下美好的印象。

其次，感知自身的不良情绪。当在生活和工作中出现负面情绪时，服务人员首先应该感知自己消极情绪状态的存在，如意识到自己"我现在很生气"、"我心里很难过"等。只有察觉到自己出现这样的消极情绪，才能够进行自我调控。

最后，排遣不良情绪。服务人员在意识到自己的负面情绪后，可以通过几种方法来排遣，避免带着情绪工作。第一，转移注意力。有意识地转移注意力，可以有效控制消极情绪。例如，上岗之前如果情绪不好，服务员就尽量不要想让自己心情糟糕的事情，分散注意力，做点平时感兴趣的事情，如听音乐、散步、回忆自己幸福和高兴的时刻或事情，从而把消极情绪转移到积极情绪上去，冲淡以至忘却烦恼。第二，回避。如果事先知道自己情绪不好，可以向酒店领导申请调班，以此避免带着消极情绪上岗。如果因为工作中受到顾客态度和情绪的影响而导致自己情绪不好，或与客人产生情绪冲突而即将导致不良情绪的爆发，服务员可以用巧妙的方式暂时离开当时的环境，将这种情况告诉领班或主管，适当回避与产生冲突的顾客再次接触，由管理者另派其他员工继续服务。服务员回避客人要遵从一个原则，即要用委婉、巧妙的方式离开，不能让客人觉得你是负气而去，否则对于客人的情绪来说是雪上加霜。因此在一般情况下，服务人员不应该选择回避，最好通过转移注意力来控制情绪。第三，合理发泄不良情绪。学会合理地发泄，是缓解和排除不良情绪的有效方法。服务人员在上岗之前可能会因某些事情带有消极情绪，在工作中和人接触也会产生某些不良的情绪，特别是面对无理的客人，受到委屈时一定要忍耐，一定要学会通过合理发泄的方式缓解和排除这些不良情绪。合理发泄有不同的途径，如面对突如其来的打击造成的高度紧张或极度痛苦，可以通过在适当的场合哭泣来发泄自己的情绪；在受到委屈时，可以向亲朋好友和酒店中信任的人倾诉，发发牢骚，以此消除心中的不良情绪感受；在极度的愤怒和忍耐之后，可以通过在适当的场合进行剧烈运动、放声歌唱或喊叫来发泄情绪，把积聚在体内可能导致失控行为的能量转移到这一类行为之中，使不愉快的情绪得到宣泄。第四，语言暗示。语言是自我心理活动的一种形式，当负面情绪即将爆发或心中非常压抑时，可以通过语言暗示来进行自我安慰和自我提醒，调整和放松心理上的紧张，缓解不良情绪。例如在服务过程中将要发怒的时候，可以在心中不断地告诫自己"不要生气，冲动只会使事情更糟"、"我是一个有涵养的人"、"不要意气用事"等等，通过语言暗示来控制自己的情绪。

3. 人性化服务与超值服务策略

服务过程与顾客情绪密切相关，顾客通过对服务过程与自身期望的比较后会对酒店服务进行评价，进而产生积极或消极的情绪。酒店管理者通过人性化服务和超值服务策略，可以引导顾客产生积极情绪，缓解和消除不良情绪。

（1）人性化服务策略。到酒店消费是追求享受的顾客，大都是具有优越感的并且爱面子的人。所以，大多数顾客以自我为中心，思维和行为大都具有情绪化的特征，对酒店服务的评价往往带有很大的主观性，即以自己的感觉加以判断。因此要让顾客感受到酒店的优质服务，必须使服务过程充满人性化，具体可以从以下几个方面着手：

给客人一份亲情。于细微处见精神，于善小处见人情，酒店服务人员必须做到用心、细心观察客人的举动，耐心倾听客人的要求，真心提供真诚的服务，注意服务过程中的感情交流，并创造轻松自然的氛围，使客人感到服务人员的每一个微笑、每一次问候、每一次服务都是发自肺腑的，真正让客人在酒店中有家外之家的感觉，体会到一份亲情。给客人一份理解。由于客人的特殊心态和酒店的特定环境，客人往往会有一些自以为是、唯我独尊的行为，犯一些大惊小怪、无理指责等错误。对此，酒店服务人员应该给予充分理解与包容。给客人一份自豪。给足客人面子才是酒店的生财之道。特别在中国这样一个注重面子的社会中，只有让客人感到有面子，他才会认同服务员的服务，只有让客人感到愉悦，他才会常到酒店消费。所以，作为酒店的员工，必须懂得欣赏客人的"表演"，让客人找到自我的感觉和当"领导"的快乐。

（2）超值服务策略。满意是指顾客对酒店产品实际感知的结果与其期望值相当时，形成的愉悦的感觉。惊喜则是当顾客对产品实际感知的结果大于期望值时，形成的意料之外的愉悦感觉。当有惊喜之感时，顾客才能真正动心。为此，酒店的优质服务应超越顾客的期望，关键是酒店的服务必须做到个性化和超常化，并努力做好延伸服务。超越顾客心理期望的服务可以让快乐的顾客更加快乐，让低落的顾客扭转颓势，让伤心的顾客转悲为喜，让愤怒的情绪得到平复。超常化的服务，既可以是其他酒店所没有的、顾客所没有想到的服务，也可以是与众不同的独特服务。如一个放在带小孩客人房间的小熊、一个带着生日祝福的蛋糕、一封热情洋溢的欢迎信、一件独特的纪念品等。当然，要超越顾客的期望，酒店的宣传及广告必须适度，既应展示酒店的服务特色和优势，令顾客向往并吸引他们的光临；又应忠于客观实际，不能过度浮夸，以免造成顾客的过高期望。

4.情绪管理策略

在酒店企业中，员工的情绪直接影响到服务质量和顾客情绪，顾客情绪又会影响到服务成败以及酒店效益和声誉。作为酒店管理者，应该认识到情绪管理的重要性，恰当运用情绪管理的策略调节员工以及顾客的情绪，构建酒店服务过程中和谐的情绪氛围。

（1）帮助员工增强自控能力。有些酒店管理者认为服务中受气、受委屈是很自然的事情，时间一长就会习惯，而且员工通过自我调节就能适应高情绪劳动付出的工作。实际上，员工的工作情绪不仅需要自我调整，更需要管理者在日常管理中加以指导与培训。作为酒店的管理者，应该重视情绪管理，懂得运用员工的情绪来激发员工的积极性和创造力，控制员工不良情绪的产生，通过培训、以身作则等各种方式培养员工的情绪自控能力，帮助员工树立正确的职业意识，教育他们掌握多种调节不良情绪的方法。

（2）培养员工的情绪服务技能。良好的情绪服务技能可以使员工在不同情境之下面对顾客的不同情绪应对自如，服务技能的高低也决定着顾客对服务质量的感知，直接决定顾客的情绪体验。因此，酒店管理者要从以下几个方面培养员工的情绪服务技能：

首先是语言技能。语言是服务员与顾客建立良好关系、引导顾客积极情绪的重要工具。管理者应培养服务人员的语言技能，告诉服务人员在与顾客交流时，要注意语气的自然流畅、和蔼可亲，在语速上保持平缓，任何时候都要心平气和、礼貌有加。那些表示尊重、谦虚的语言词汇常常可以缓和语气，如"您、请、抱歉、可以"等等。另外，服务员还要注意表达时机和表达对象，即根据不同场合和顾客的不同身份等具体情况进行得体的表达。

其次是观察技能。顾客情绪多种多样，不同情绪的顾客需要不同的服务策略。这就要求服务人员善于观察，通过观察客人的外显表情来判断顾客内心的情绪状态。管理者首先要研究顾客表情与情绪的关系，再培养服务员对顾客情绪的观察技能。与顾客情绪相关的表情主要有以下三种：第一，面部表情。观察时要注意看眼睛和面部肌肉群的运动。顾客在高兴时眉开眼笑、满面红光；羞怯时面红耳赤、眼光闪躲；愤怒时皱眉瞪目、眼光灼人。第二，身段表情。观察时要注意顾客身体的姿态，其中以手足的动作最为明显。顾客在高兴时手舞足蹈、拍手鼓掌；懊恼时摇头握拳、捶胸顿足；焦虑时坐立不安、两手相搓。第三，言语表情。观察时应注意顾客的音调、强度和速度等方面。顾客在高兴时音调较高、语速较快；在悲伤时音调低、语速缓慢；愤怒时提高音量和语气的强度、语速突然加快。

最后是应变技能。顾客情绪是随着不同的情境而改变的。管理者应该教导服务员，在任何情况下都应当秉承"客人永远是对的"的宗旨，善于站在客人的立场上，设身处地为客人着想，适当时可做出让步。特别是责任多在服务员一方的就更要敢于承认错误，给客人以即时的道歉和补偿。在一般情况下，客人的情绪就是服务员所提供的服务状况的一面镜子。当矛盾发生时，服务员应当首先考虑到错误是不是在自己一方。

（3）构建和谐的人际交往氛围。管理者可以通过构建和谐的人际交往氛围来引导员工和顾客的积极情绪。人际关系是指人与人之间相互了解、信任、好感和合作的关系。一方面，酒店内部管理者与员工之间、员工与员工之间团结和睦、相互支持，可以使员工带着积极的情绪投入服务工作。另一方面，管理者要通过细节的管理构建酒店员工与顾客之间和谐的人际交往氛围，给予顾客友好的、被关注的感受，使他们在整个消费过程中带着快乐的情绪积极合作。例如记住顾客姓名，每次服务中以"××先生"、"××女士"相称，就可以拉近顾客与员工的心理距离。但是酒店顾客成千上万，记住每一位顾客的姓名是很困难的，所以作为管理者要研究客史资料，选择忠诚顾客，在每次这类常客到店之时告诉每一位员工如何称呼他们，也可以鼓励员工在合适的时候就合适的话题与顾客进行适当的交谈，以此构建酒店员工与顾客之间友好和谐的人际交往氛围。

（4）员工与顾客消极情绪的调节。作为管理者，要懂得调节员工的情绪和顾客的情绪，引导双方的积极情绪，预防消极情绪以及激情和应激情绪状态的发生。

首先应做到人性化的情绪管理。员工在日常生活和工作之中都会产生各种情绪，其中不乏消极情绪。对于产生消极情绪的员工，管理者不能放任不管，应该积极疏导，并采取人性化的管理策略。例如，员工由于某种突发事件陷入极度的悲伤中，管理者可以适当调整轮休，给予员工缓解情绪的时间。在员工受到委屈时，管理者可以充当员工的倾诉对象，与员工做朋友，让员工在自己面前敞开心扉，认真聆听员工的心事，积极疏导员工的消极情绪。

其次是服务时间的管理。顾客在酒店接受的每种服务都有一个时间过程，一般来说，如果服务时间与顾客的消费要求时间基本一致，顾客就会感到便利和满足，就会愉快地接受服务，否则就会产生失望、不耐烦的情绪，严重的甚至会引起投诉，后续的消费行为也会受到很大的影响。因此，酒店管理者要懂得合理设计服务流程，对服务过程进行时间管理，缩短顾客等待时间。在服务时间的管理策略中，要做到两个方面：第一，设计标准化的服务流程，对服务时间进行科学管理。酒店管理者可以根据酒店的软硬件设施条件，对服务项目进行规范化和标准化的设计，使每次服务都控制在一定的时间之内，尽量做到让每位客人在相同的时间内接受相同标准的服务。第二，缩短顾客的心理等待时间，缓解顾客等待中的烦躁情绪。有时候顾客的等待是不可避免的，管理者需要用针对性的策略来缩短顾客的心理等待时间。①要让顾客明白你知道他正在等待。这个信息可以通过服务情境中员工的表情来传达给顾客，如员工不时给予顾客关注的眼神和理解的表情。②告诉顾客还要等待多长时间。不确定的等待会造成顾客更容易产生焦虑和不满的情绪，酒店可以通过适当的方式告诉顾客还需等多久，就能有效消除客人顾虑。如果酒店主动告知顾客等待时间，当实际等待时间比告知时间短时，顾客就会产生愉悦的情绪。③填补顾客等待中的无聊时间。等待中无所事事，如果时间过长则极易烦躁。酒店管理者可以通过一些相应的策略填充顾客的无聊时间，如预订电话等待时的音乐声、餐厅设置等候区、在大堂摆放报纸杂志、在电梯口旁悬挂电视机等。④实施排队管理策略。顾客在酒店中排队的现象也时有发生，管理者应针对实际情况进行排队管理。在排队的顾客心中都有一个先到先得的规则，这就要求管理者善于观察和记忆，避免后到先得的情况出现，否则极易导致先到顾客内心情绪的变化，大喊大叫与暴跳如雷的情况都有可能发生。另外，排队时服务点的设置和顾客流量的控制也是管理者需要考虑到的因素。

最后要合理处理顾客投诉。投诉一般是由于服务失败或顾客对酒店服务产生不满的情绪而导致的，当然也不乏个别顾客的无理取闹。管理者在投诉处理时要考虑到事件双方的情绪，即顾客情绪与员工情绪。管理者处理投诉的过程是缓解甚至消除双方消极情绪的重要阶段，如果处理得当则皆大欢喜，可以缓解双方特别是顾客的不满情绪，预防顾客激情的爆发；处理不当则雪上加霜，激发当事人的愤怒情绪，可能导致失控行为的出现。

在处理投诉的过程中与顾客交流时，管理者可以通过下列策略方法有效地平稳顾客的消极情绪。第一，真心诚意地帮助客人解决问题，并且绝不怀疑客人的真诚。第二，尽量让客人坐下谈话，放低对方的重心，避免和对方站着沟通。第三，客人倾诉时面无表情并保持安静是处理投诉的大忌，要在倾听对方的同时主动并且注意给予言语或表情上的反馈。在沟通中，可以将客户的谈话内容及思想加以综合整理后，再用自己的语言反馈给对方，但要注意绝不能与客人争辩。第四，当聆听并反馈后客户情绪依然没有得到有效平稳时，可以考虑转换场地。即请对方换一个场所谈话，在转换过程中可以分散其注意力，缓解客人的消极情绪。第五，秉承"顾客至上"的宗旨，尽量满足顾客投诉后的要求，主动提出补偿方案。但对于无理取闹的客人则要不卑不亢，对于不合理的要求要耐心解释，但也可以对这类顾客给予适当的补偿，让顾客自觉无趣、自我检讨。

在由于顾客与员工的冲突而导致投诉时，管理者的处理也要照顾到员工的情绪，避免员工不满情绪的爆发，对于员工要进行适当的安抚。当服务失败时，员工和顾客则可能发生情绪冲突，特别是由于顾客方面的原因导致的冲突发生时，员工迫切需要企业在情感上给予支持和帮助。在顾客面前，不仅要照顾到顾客的面子和情绪，也要考虑到员工的面子和情绪。管理者不能对一味对员工进行施压和斥责，逼迫其迁就顾客，也不能毫无作为，冷眼相看，而要主动采取措施，保护自己的员工，并及时帮助员工疏导负面情绪。管理者可以让服务员先向顾客致歉，之后让其离开现场，通过回避的方式缓解员工的情绪，处理好客人情绪后可以安排其他服务员继续服务。事后要对当事的服务员进行情绪安抚，让员工感到企业站在自己这一边。

另外还要做好应激情绪状态的预防。顾客的应激情绪状态通常是在火灾、地震等紧急状况发生时出现。管理者在酒店中应该尽量避免顾客应激状态发生的可能。这就要求管理者为紧急状态设置应急预案，使顾客在紧急状况时能在员工的引导下从容应对，减少应激状态产生的危害。例如，平时应做好消防设施器材的设置和检查以及设计紧急逃生通道，针对员工进行各类紧急抢救措施和疏散指导进行经常性的培训和演练。同时把应急心理辅导作为常规培训项目，通过各种措施使员工在突发状况下临危不乱，产生积极的应激反应，进而引导顾客在应激状态下积极的情绪反应，缓解和消除顾客的消极情绪状态。

【知识链接】

培养服务人员的情商

情商是区分、调节自己和他人情绪并运用情绪信息去引导自己行动的能力。情商不同于智商，情商不是与生俱来的，是可以通过学习而获得的能力。人的情商包括以下五种能力：

1. 了解自我情绪的能力。监视自我情绪时时刻刻的变化，能够察觉某种情绪的出现，观察和审视自己的内心体验，了解情绪产生的原因。

2. 控制自我情绪的能力。能够自我管理、调控情绪，使之适时适度地表现出来。

3. 自我激励的能力。能够依据活动的某种目标，调动、指挥自我情绪的能力，增强注意力和创造力。

4. 了解别人情绪的能力。能够通过细微的社会信号、敏感地感受到他人的需求与欲望，是认知他人的情绪，这是与他人正常交往、实现顺利沟通的基础。

5. 维系融洽人际关系的能力，能够理解并适应别人的情绪，调控自己与他人的情绪反应技巧。

在酒店服务工作中，一个人的情商与自我情绪的控制以及顾客情绪的引导具有很大的关系。情商高的管理者和服务人员，懂得恰当处理不同情境下自己的情绪反应，适应和引导顾客的情绪状态。因此，作为酒店的工作人员，要通过不断的学习，加深自我修养和认知能力，提高自己的情商。

（资料来源：魏乃昌，魏虹主编.服务心理学[M].北京：中国物资出版社，2006）

【本章小结】

顾客情绪是酒店服务工作重要的影响因素之一，关系到服务质量和酒店效益。酒店顾客情绪的定义是顾客在酒店接受服务的过程中由不同的主观体验和感受所诱发出来的情绪反应。顾客情绪有快乐、愤怒、悲哀和恐惧四种基本性质的情绪以及情调、心境、激情和应激四种情绪状态，这四种基本情绪和情绪状态在酒店服务过程中的不同情境下有不同的外显形式，产生兴奋、愉悦、生气、不满、害怕、委屈、愤怒等多种情绪体验。

酒店管理者要懂得情绪在服务过程中的作用以及顾客情绪的影响因素。通过良好服务氛围的构建、培训和指导员工自我情绪的控制、优质服务和超值服务以及情绪管理等策略引导顾客在酒店消费过程中产生积极情绪，控制和调节消极情绪。

【本章重点内容网络图】

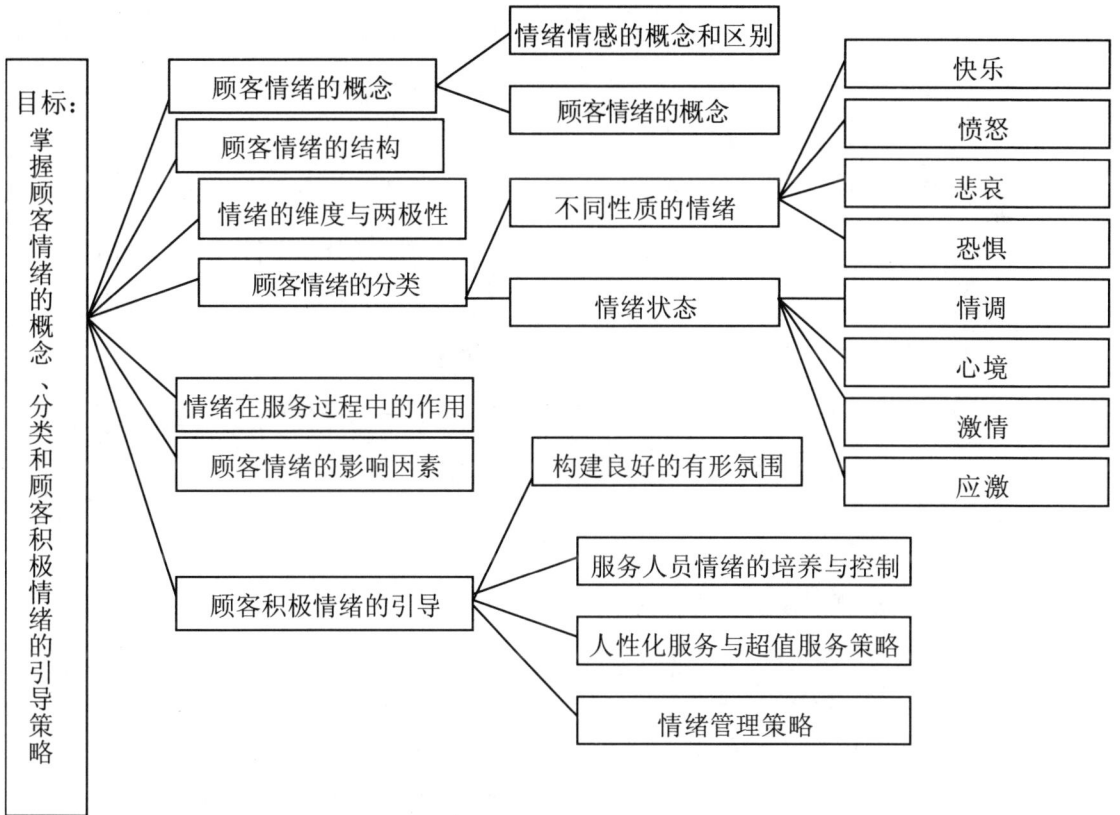

目标：掌握顾客情绪的概念、分类和顾客积极情绪的引导策略

- 顾客情绪的概念
  - 情绪情感的概念和区别
  - 顾客情绪的概念
- 顾客情绪的结构
- 情绪的维度与两极性
- 顾客情绪的分类
  - 不同性质的情绪
    - 快乐
    - 愤怒
    - 悲哀
    - 恐惧
  - 情绪状态
    - 情调
    - 心境
    - 激情
    - 应激
- 情绪在服务过程中的作用
- 顾客情绪的影响因素
- 顾客积极情绪的引导
  - 构建良好的有形氛围
  - 服务人员情绪的培养与控制
  - 人性化服务与超值服务策略
  - 情绪管理策略

课后习题

一、名词解释

1.情绪

2.酒店顾客情绪

3.激情

4.心境

二、填空题

1.美国心理学家_____和丹麦生理学家_____各自于1884年和1885年提出了观点相似的情绪理论。

2.心境的_____和_____决定了心境具有积极和消极之分。

3.情绪状态一般可分为_____、_____、_____、_____。

4.情绪是情感的_____，情感是情绪的_____。

三、单选题

1."忧者见之则忧，喜者见之则喜"，这是受一个人的(   )的影响所致。

A.激情   B.心境   C.热情   D.应激

2.在冯特提出的情绪三维理论中，下面哪一个维度不包含在其中(   )。

A.愉快——不愉快   B.激动——平静   C.注意——拒绝   D.紧张——松弛

3.所谓"人逢喜事精神爽"、"感时花溅泪，恨别鸟惊心"等皆是(   )的绝好写照。

A.心境   B.激情   C.应激   D.情境

4.当个体遇到对其有重大意义的事件时，会出现"意识狭隘"现象,此时(   )。

A.人们无法控制自己的行为   B.出现意识消失的情况

C.理智分析能力受到抑制   D.对发生的鲁莽行为可以不负责任

5.大脑的喜怒哀乐爱惧恨等感受状态，是人的情绪在认识层面上的一种自我觉察，被称为(   )。

A.情绪的主观体验   B.情绪的生理唤醒   C.情绪的外部行为   D.情绪的外部表达

四、判断题

1. 从本质上看，人们购买和消费行为的目的是为了获得积极的情感情绪体验。（　　）

2. 焦虑是一种不愉快的情绪。因此，我们只要将焦虑降到最低程度，才能发挥最高的工作效率。（　　）

3. 在由于顾客与员工的冲突而导致投诉时，管理者在处理的过程中应着重照顾顾客情绪，员工的情绪可暂时搁置，待客人冷静后再做处理。（　　）

4. 秉承"顾客至上"的宗旨，就是要满足顾客的一切要求。（　　）

五、简答题

1. 请简述顾客情绪的结构。

2. 请简述酒店顾客情绪的影响因素。

3. 在处理投诉过程中与顾客交流时，管理者可以通过哪些策略方法有效地平复顾客的消极情绪？

六、案例分析

离店的麻烦

某天中午11点左右，在一个四星级酒店内，顾客何先生来到酒店总台要求结账退房，服务员翠花在进行例行检查客房时发现客房里少了一条浴巾。按规定，顾客不能带走客房里的东西，若发现客房里少了任何东西或损坏任何东西，就要按酒店有关规定进行照价赔偿。

"顾客是酒店正常经营的前提条件，没有充足的客源酒店的经营就难以进行，如何能够既不使顾客丢面子，又使酒店的利益不受到任何损害呢？"翠花离开房间前往酒店总台时一边走一边想，不知不觉已经来到了总台。

翠花微笑对顾客说："先生，对不起，房间里少了一条浴巾，您暂时不能结账。"

何先生不屑地说道："少了一条浴巾关我什么事啊，快点结账，我赶时间，要不然误了飞机你可要负责。"

翠花再次微笑着说："真的很抱歉，先生，按酒店规定，在找到浴巾之前，你暂时不能结账，或按浴巾价格付了有关款项才能离店。"

顾客微怒地说道："哦？你的意思就是我拿了那条浴巾了，你是什么意思啊，什么态度啊？"翠花依然很有礼貌地说："先生，我不是那个意思，只是提醒您一下，可能您在收拾行李时，不小心顺手把浴巾夹在您行李里面了，有请您再检查一下您的行李好吗？"

顾客这下子真的怒了："好你个打工妹，你竟然怀疑我偷了那条烂浴巾啊！你知道我家产有多少吗？我会堕落到为了一条烂浴巾不顾自己的身份吗？你这是什么态度！我要找你的经理，我要投诉！"

翠花心里感到一阵愤怒，这位先生怎么了？有理说理么，怎么能侮辱我的人格呢？她正要发火，但想起经理在职业培训课时说的一番话："在某些时候，即使顾客是错的，我们也不能让顾客太难堪，不能跟顾客对着干，而要给顾客找台阶下。"翠花想到这儿，连忙克制住自己的情绪，重新微笑着对何先生说："先生，对不起，如果我之前说的某些话冒犯了您，我在这儿先向您道歉。但是按照酒店规定，酒店的日常用品不见了是要按价赔偿的。"

"这还有点像话，但我的确没有拿那条浴巾，你们总不能叫我付这冤枉钱吧？"

翠花微笑着提醒他："那么先生您昨天用完它有没有顺手把它放在其他地方呢？能否请先生移贵步再回房间检查一下？可能您工作太忙了，忘记了这些鸡毛蒜皮的事情，每个人都有忘记事情的时候。"

何先生想了想说："哦，那真的可能是我昨天把它放在某个地方了吧，那我再回去检查一下。"说完就拿着行李回房去了。

不一会儿，何先生就下来了，对翠花说：

"原来，浴巾真的在床单底下，你下次检查时要小心一点了，看你浪费了我这么多时间，我要误飞机了。"顾客悻悻地走了。

问题：

1. 如果你在服务时遇到了这种难以分辨清楚的情况，应该怎么办？

2. 若是房间里的其他硬件设施，如电视、热水器等，在顾客离开时发现故障，怎样做到充分相信顾客的前提下又不使酒店蒙受不必要的损失呢？

第七章
酒店餐饮服务心理

第一节　顾客对酒店餐饮的心理需求

【案例导入】

醉酒客人拉服务员共舞

　　一天，酒店来了一群客人，个个西装革履，气宇轩昂。服务员主动上前引座服务。刚开始客人比较平静，酒过三巡，客人有些面红耳赤了。于是脱掉外套，手握话筒高歌一曲。这时，其中一位过来拉服务员要求同歌共舞。这位服务员平静地说："看这位先生一定是位厂长或经理，您希望您的职工违反工作制度吗？"　客人一愣，服务员得体地补充说："现在我正在上班，不能和您一起娱乐，对不起，您还需要什么的话，尽可吩咐。"

过了一会儿，几位客人的酒气上来了，开始击碗拍案，胡言乱语起来，服务员依然平静，既没有认可，也没有拂袖而去，只是淡淡地正色道："各位请自重，以免失了身份。"客人露出一丝尴尬。最后有两位酩酊大醉，吐了一地。这位服务员扶他们到沙发上休息，又给他们递茶、倒水、送毛巾。事后，客人专程来道歉致谢。

（资料来源：职业餐饮网，2012年1月4日）

思考与讨论：

1. 服务员在同客人服务交往中，怎样适度把握"客人永远是对的"这一原则？
2. 客人此时的心理需求是什么？

酒店是随着人们旅行活动的发展而出现在社会生活中的，酒店最初的功能是为在旅途中的人们提供住宿服务。由于人类社会的发展和经济水平的提高，酒店已演变成为向顾客提供住宿、餐饮、交通、购物、娱乐、商务等诸多功能的综合性服务企业。酒店餐饮的发展水平不仅反映了一个国家或地区的经济发展水平及开发利用自然资源的能力，而且体现了该国家或地区物质文明和精神文明的程度。中国的餐饮业历史源远流长，"民以食为天"这句古语在国人当中耳熟能详。历经商周、春秋、战国、秦汉，乃至唐、宋、元、明、清，孕育出了极具中国风采的鲁菜、苏菜、粤菜、川菜、浙菜、闽菜、湘菜、徽菜等"八大菜系"，各地的面点、米食、汤饮、酒水、小吃、茶饮更是名目繁多、异彩纷呈，诞生了许多享誉世界的名宴、名菜、名酒、名茶，"吃在中国"成为世人共识。饮食是人类生存的最重要的物质条件之一。随着社会生产力的发展及人们价值观的改变，对餐饮的要求越来越多，人们更加关注食品的营养、环境的舒适、服务的优质，在享受饮食的过程中品味文化。

一、酒店餐饮部门概述

餐厅服务是旅游酒店服务中不可缺少的一个环节，在整个酒店旅游收入中占三分之一左右，因此，无论从完善旅游服务角度，还是从经济角度，做好餐厅服务、管理都是必要的。探讨客人就餐心理，并提出相应对策，才能提供更好的餐厅服务。

1. 餐饮部的概念

餐厅是通过出售菜肴酒水及相关服务来满足客人饮食需求的场所，为顾客提供各式菜肴与服务，沟通客人与厨房联系的部门，是酒店餐饮重要的利润中心，餐厅服务的质量、水平和特色，直接影响着酒店的声誉，与酒店的生存和发展息息相关。

2. 餐饮部的地位

餐饮部生产满足人们饮食需要的产品；餐饮收入是酒店收入的重要组成部分；餐饮部门的管理、服务水平直接影响酒店声誉；餐饮部门的经营活动是酒店营销活动的重要组成部分；餐饮部门是酒店用工最多的部门。餐饮部的经营要与酒店的其他部门如与前厅部、销售部、采购部、财务部、工程部等相配合。

3. 酒店餐饮部的分类

酒店的餐饮部分为中餐厅和西餐厅。酒店中餐厅的表现形式主要有：咖啡厅 (Coffee Shop)、中餐厅 (Chinese Restaurant)、法式餐厅 (Grill Room)、多功能厅 (Functional Room)、风味特色餐厅 (Special Room)、其他种类的餐厅 (Others)。西餐用餐时提供给用餐者的侍应招待方式大多起源于欧洲贵族家庭和王宫，主要有以下几种服务：美式服务(American Style Service)、俄式服务(Russian Style Service)、法式服务(French Style Service)。

4. 餐饮服务的特点

餐饮服务是指客人在餐厅就餐的过程中，餐厅的工作人员利用餐饮服务设施向客人提供菜肴饮料的同时提供方便就餐的一切帮助，餐饮服务具有服务的无形性、服务的一次性、服务的同步性、服务的差异性等特点。

（1）服务的无形性。餐饮服务是餐饮产品构成要素中的重要组成部分，而服务本身具有无形性，难以用具体的标准进行衡量。顾客对服务的满意度是靠心理去感受，这就给服务带来很大难度，要求酒店不断提高服务质量，提供针对性服务，以满足客人要求。

（2）服务的一次性。餐饮服务在客人的消费过程中只能当次享受，不可以像物质产品一样进行储存或者重复消费。如果服务出现质量问题，将难以弥补客人的损失。因此，在接待中要争取100%的合格率，才能使客人成为回头客，最终成为常客。

（3）服务的同步性。餐饮产品的生产、销售、消费是同步进行的，即现生产、现销售，这就决定了餐饮产品不能储存、不能外运。服务时要充分利用当次推销机会，将厨师的特别介绍和需要急推的菜式推销出去。

（4）服务的差异性。每位员工由于年龄、性格、所受教育程度及职业培训程度的不同，所提供的服务也不相同；相同的人在不同的场合、不同的时间，服务态度也会有差异。客人衡量酒店服务水平的高低永远是以服务水平最低的服务员为准，就像木桶效应一样，水总是从最低的一块板流出。要解决这一问题就必须要制定服务质量标准，并通过培训提高员工素质。

（5）服务质量评价标准的主观性。餐饮服务质量的评定主要依赖消费者的主观判断，由于消费者的价值观、审美观、性格特点、生活禁忌、饮食需求存在较大差异，因此每个人的评价标准也各不相同，同样的服务可能得到不同的评价，因此，要求餐饮服务人员能够提供针对性的服务。

二、顾客对酒店餐饮的心理需求

酒店顾客的消费心态研究研究酒店消费者在消费活动中的心理现象和行为规律，目的是研究人们在生活消费过程中的心理活动。餐饮消费者有什么样的心态，作为消费者该选择哪家酒店进行消费，在消费过程中希望得到怎样的需求，消费后又有什么样的心态，对消费者在消费前、消费中、消费后三个阶段的心态进行分析有助于酒店餐饮服务部门更好地把握顾客的消费心理。

通过对顾客心理的分析了解，餐厅服务人员应从以下几方面注重服务质量：读懂顾客的心态，满足顾客心理需求；超值服务，满足顾客期望；提高服务技能，提供优质服务；创建顾客资料管理系统，增加顾客资料的使用，以求达到顾客满意，从而提高顾客满意度。

随着餐饮业的发展，餐饮市场也逐步由过去的卖方市场向现在的买方市场转变，过去的餐饮经营是经营者始终牵引着大众的饮食趋向，而不是大众需要指导餐饮业，但近十年经济的发展打破了原先的经营格局，经营群体和消费群体的比例发生了变化，大众消费趋向开始牵引餐饮业的经营理念，为此，餐饮经营者应该把原先用于产品精化的注意力，逐步转移到产品的求新、求奇、求特色上来，以满足消费者日益多样化的消费需求。

顾客走进餐厅的主导动机是用餐，但他也通过眼、耳、鼻等感官对餐厅和其他刺激物做出积极的反应，并伴随情绪的活动迅速进行分析，调节自己的意志行动。顾客这一系列的心理活动，需要餐厅的经营管理者及从业人员有针对性地采取一系列的服务措施来赢得顾客的满意。客人在用餐过程中存在着不同的心态类型，如对地理位置及酒店环境的要求、求尊重、求快捷等，这些都不同地表现在消费前、消费中和消费后三个消费阶段，以下是对顾客在这三个阶段的心态分析。

1.餐饮消费前的心理需要

所谓消费前心理，是消费者从决定去酒店用餐到确定去哪家酒店用餐过程中的心理活动，在这过程中消费者会考虑很多因素，而酒店的位置与环境、菜的口味、卫生、价格是影响顾客决定的重要因素。

（1）位置与环境对于消费者心理的需要。餐厅位置是消费价位的间接反映，好的地段肯定在价格上同其他地段有区别，但其中存在着对顾客群定向的选择和餐厅经营类型问题。环境问题就不能仅停留在狭窄意义上的清洁层面。有这样一个例子：重庆大足的"荷花山庄"，巴渝特色气氛浓烈，顾客三三两两可以安坐在一艘花艇内观看艇外的各式荷花，品尝巴渝小吃，接受穿着古楼渔家服的"渔家女"热情淳朴的服务，令顾客仿佛来到了世外桃源。这个例子显示的是环境特色的经营理念，舒适的环境能营造食客就餐的情绪，同时也让其得到享受和尊重感。餐饮环境的营造是餐厅的无形资产投入。

（2）菜的口味对于消费者心理的需要。餐饮经营者做餐饮竞争就是菜品的特色、工艺和口味，而餐饮消费者的目的也是品口味、品特色。要延长一家餐厅的生命周期，在菜的口味上就是要与众不同，这中间就有许多尺度的问题。例如，四川人多少都能吃点辣，但吃辣也有程度的差别，有的是适可而止，有的是越辣越好，还有些人是怕辣的，这就是尺度问题。当然，个性差异不能局限于这些方面，要从多个角度寻找延续餐饮生命周期的途径。

（3）卫生对于消费者心理的需要。随着生活水平的提高，人们越来越注重身体健康，注重高标准的饮食卫生，包括酒店环境卫生、产品卫生、餐具的卫生及服务员在服务操作中提供的规范服务。保持餐厅清洁是对顾客的尊重和自身经营的需要，清洁的餐厅可以唤起顾客的食欲和心情，这也是顾客选择在哪家餐厅进餐的前提，即第一印象。因为清洁的形象会给消费者留下美好的印象，进行选择时，消费者会把第一印象好的餐厅纳入考虑范围之内，所以卫生条件好坏在消费者消费前的心态上是很重要的。

（4）价格对于消费者心理的需要。顾客永远都会关注价格质量。价格合算、公道、实惠，这是每个顾客所希望的。顾客感到物有所值才会光顾酒店，物有所值是服务质量的具体体现。如果能让顾客感到物超所值，顾客会喜出望外，感到惊喜！当然，提供物超所值的服务，酒店要核算成本费用量力而行。

2.餐饮消费过程中的心理需求

所谓餐饮消费过程，是消费者选定了餐饮消费地点后，在用餐过程中对个人满足感、周到的服务和招待等方面的需求。

（1）求尊重心理需求。它主要包括三个方面的内容：一是受到礼遇，即在服务过程中能得到服务员礼貌的招呼和接待；二是得到一视同仁的服务，在餐饮服务中不能因为优先照顾熟客、关系户或重要顾客而忽视、冷落其他顾客，在做好重点顾客服务的同时，应同样兼顾到餐厅其他顾客，任何的顾此失彼都会引起部分顾客不满甚至尖锐的批评；三是愿意被认知，顾客愿意被认识、被了解，当顾客听到服务员能称呼自己姓名时会很高兴，特别是发现服务员记住自己喜欢的菜肴、习惯的座位甚至特别嗜好时，顾客更会感觉受到了重视和无微不至的关怀；四是对顾客人格、风俗习惯和宗教信仰的尊重以获得心理上和精神上的满足。另外服务员的举止是否端庄、语言是否热情亲切、是否礼貌得体以及是否能够做到主动服务、微笑服务，都关系到能否满足顾客求尊重的心理需要。

（2）求美心理需求。游客的餐饮消费实质上更侧重于精神上的愉悦，是一项综合性的审美活动，餐饮消费能满足游客视觉、嗅觉、听觉以及味觉审美心理。游客不仅追求菜肴的色、香、味以及餐具的美观，而且要求餐厅的内外环境舒适美观，要求服务人员的心灵美、仪表美，能全身心地体验享受饮食文化之美。

（3）求卫生心理需求。顾客基于自身健康安全的考虑，十分注意饮食的卫生，要求餐厅环境、食品、餐具以及服务的卫生要有切实保障，不仅要达到卫生防疫部门的检测标准，还要达到消费者视觉与嗅觉的检测标准。只有在整洁的餐厅环境中，顾客才能产生安全感和舒适感，才能唤起顾客的食欲和心情，给顾客留下良好的印象，吸引顾客的重复消费。

（4）求划算的心理需求。绝大多数消费者对于食品价格都是比较敏感的，人们总希望既能吃到美味的食物，还要价格实惠，优惠的价格本身就具有强大的吸引力，类似的买一送一、打折促销、开业酬宾、节日半价、团购等活动往往效果不错。餐厅提供"物美价廉"的菜肴和服务，也是吸引客人在酒店就餐的重要因素之一。

（5）方便快捷的心理需求。随着工作节奏的加快，生活节奏也变得越来越快，消费者希望就餐过程中尽量减少等候时间。顾客到来的时候要及时为其引座、添加酒水、上菜速度、结账速度等都要快捷。顾客来酒店是为了用餐都不愿意等太久，同时对服务的要求也很高，因此餐饮服务要既快又好，才能赢得顾客的满意。

（6）良好服务态度的心理需求。良好的服务就是适时、适需、灵活的应变服务，诚信、贴心的人性化服务，服务态度是最重要也是最灵活的因素之一。"顾客至上，服务第一"的宗旨及"一切为了顾客"的服务意识要在每位员工心中深深扎根，客人不但能在规范的服务中舒心用餐，更能享受到个性化、情感化的服务，如客人拿出香烟时，服务员会及时、主动为客人点烟；客人需落座时服务员会为客人拉椅，等等。

（7）显示气派、讲究身份的心理需求。顾客来酒店消费，希望服务人员能够尊重、关心和重视他们。如果在服务过程中涉及宾主关系，主人要显示自己的身份，显示自己款待顾客的气派，服务员此时应使用恰当的语言和恰如其分的服务来帮助主人满足其自信的需求。政协会议期间，代表们非常在意自己光荣而特殊的身份，所以在用餐服务中，服务员适时用仰慕及尊敬的语气来赞美客人，让客人感到光荣、感到被尊重。

3.消费过程后的心理需要

酒店服务人员不仅要在客人进入酒店时热情地打招呼，真心地为客人提供服务，在客人消费后，服务员要继续对其进行细致周到的服务，直到顾客离店为止。

（1）求平衡的心理需要。顾客用餐过程中可能会对服务或菜肴不满，对自己的消费感到不值，从而产生不平衡的心理效应。酒店服务不是一种必要的消耗品，而是一种享受品。顾客到酒店是来享受的，他们耳闻目睹了许多消费宣传，并积累了丰富的消费经验，这就要求酒店必须向顾客提供标准化、超常化的服务。顾客消费前会产生一定的期望值，接受服务后会形成实在感受。当两者相当时，表现为满意，当实在感受大于期望值时表现为惊喜，酒店应尽量提供更佳的服务来满足顾客的这种心理需求。

（2）受尊重的心理需要。顾客用餐后，服务员要继续对其进行细致周到的服务，如及时为顾客结账，当顾客起身要离店时要及时提醒顾客带好私人物品，送客到电梯门口或楼梯口，并对其到本酒店用餐致谢和欢迎下次光临。

（3）求新猎奇心理需要。凡是新鲜的、奇特的事物总是能引人注目，激起人们的兴趣。在餐厅用餐是顾客了解和体验饮食文化的过程，旅游者常常将品尝和购买各地有名的特色食品和美味佳肴当作旅游活动的一部分，渴望品尝到各地有特色的风味，享受到个性化的服务。因此，酒店应在菜品、餐厅环境、服务等各个方面创造特色，使自己在同行业中有鲜明的、与众不同的特点，才能吸引更多的顾客，在竞争中立于不败之地。

（4）求便利心理需要。顾客在用餐期间，因带有各自不同的目的，对就餐时间和地点也会有不同的需求，但求方便快捷是最首要的需求。顾客希望能根据自己的需求选择就餐的地点；客人来到餐厅点菜后，希望餐厅能按照要求的时间提供所需菜肴；在用餐过程中一旦提出合理需求，希望工作人员做出迅速反应；客人在用餐后，希望服务员能迅速结清账款并能提供打包的服务。

【经典案例分析】

1. 餐具的摆放位置

某餐厅的服务员赵飞最近发现，很多客人到餐厅用餐，所做的第一件事是将面前的餐具往里面移，然后双手靠在餐桌上，接着点菜、喝茶，或者聊天。

一天下午餐间休息时，赵飞抓住机会对餐厅经理说："陈经理，我有一个不成熟的建议：我们酒店摆台时规定将骨碟摆放在距桌边1.5厘米的地方，这对客人似乎不是很方便。我最近发现不少客人坐下后都是先将桌上的餐具往里移移，然后再开始点菜。您看我们是否能就此做些改进，摆台时直接把餐具往里面摆一点，以免客人坐下来再移！"陈经理马上说："这是一个非常好的建议，我会尽快向上级汇报，看看能否采用。"

一个星期后，分管餐饮部的经理宣布了摆台的改动，还表扬了赵飞。从此以后，赵飞在餐厅再也没有发现客人移餐具的现象了。

（资料来源：百度网站）

案例评析：

目前，中餐摆台的很多做法和标准都是从西餐摆台中移植过来的，但到底是否符合中餐的用餐要求和中国人的用餐习惯还缺乏深入的分析和研究。本案例中骨碟离桌边1.5厘米就是典型一例。因为中国人从小就吃中餐，吃中餐通常是圆桌，大家围成一圈，菜放中间，为了够得着菜，很多人从小就形成了坐下吃饭时双臂靠桌的习惯。正是由于这种习惯的存在，使得酒店餐厅管理骨碟离桌边1.5厘米的摆台标准让客人觉得很不方便。试想，如果餐厅管理人员对客人需求研究得深入一点，多一点创新意识，在一开始就将骨碟摆放在距桌边3厘米或5厘米的位置，既可免去客人的动手之劳，也可为酒店争得良好的声誉。

看来，酒店中有些标准也会束缚人的思维，阻碍酒店的创新。反思标准，寻求突破，当然，服务创新必须有管理者的支持，否则任何服务上的创新都是一句空话。

2. 天太热客人要脱衣服

时值盛夏，天气炎热，海南某酒店的中餐厅内上座率很高，几乎没有空位置，服务员赵敏正在紧张地为客人服务。这时她发现一位男客人已经把上衣脱掉了，只穿着大的短裤，还蹲在椅子上面在和同桌的客人吃着火锅，吆五喝六地喝着啤酒，旁边桌的客人很是反感，还皱起了眉头。

赵敏看到，心里很生气，但她镇静片刻，面带微笑地走过去说道："先生您好，能麻烦您把上衣穿上，把脚拿下来吗？"这个东北客人很是不高兴，白了她一眼说，"你们酒店哪里写着不允许光膀子了，要不你帮我穿上？"赵敏又接着说："我们餐厅虽不像五星级酒店西餐厅那样严格要求客人必须着正装，但也有一个原则，就是客人穿着不能有伤大雅，您脱衣服很不雅观，而且声音太大影响到别人，请您配合一下。"

赵敏不卑不亢、镇静自如的一席话让这位无理取闹的客人无言以对，同桌的朋友忙打圆场，笑了笑说："开个玩笑，小姐别介意，别误会！"说完安安静静地继续用餐。

案例评析：

餐厅每天迎来送往，接待的客人来自四面八方，年龄、性别、职业、性格、修养、爱好、习惯等千差万别，也难免碰到一些人做出不合理的行为。遇到这种情况，服务员尤其是女服务员不要害怕，也不要横眉冷对。只要这类顾客没有损害酒店利益，没有过分行为，服务员不必扩大事态，只要保持冷静，以不卑不亢的态度、机敏的反应、巧妙的语言技巧，给以答复，便可用正气震慑住无理取闹的人，让其自行收敛，从而维护酒店与服务人员的尊严。

案例中的服务员赵敏，遇事冷静机敏，用自己的智慧应付难缠的客人，运用语言技巧妥善处理了客人的无理取闹，语言含蓄深刻，既教育了无理取闹的客人，又没有使客人难堪，处理非常得体，表现了该服务员很好的应变能力与良好的职业心理素质。

第二节　酒店餐厅服务心理策略

【案例导入】

心急的客人

某中餐厅来了一位客人，点好菜后独自一人开始用餐。"服务员，有开水吗？"这位先生看着肖静问道。"有，请稍等，马上给您送过来。"肖静立刻给客人送上了开水。这时客人的手机响了，接完电话后，他立刻加快了吃饭的节奏，显然他要赶时间。肖静看到后想，开水刚送过去，温度还很高，于是趁客人没来得及喝时，赶紧给送上了一杯冰块。她微笑着对客人说："先生，这里有冰块，如果您觉得烫，就加上一些。"客人有些意外地看了肖静一眼，然后对她说"谢谢了"。后来，肖静留意到客人往杯子里加了冰块，试了一小口，然后一饮而尽，他冲肖静微笑了一下，就急急忙忙结账离开了。

思考与讨论：

1. 服务员肖静满足了客人的要求吗？

2. 这个案例给了我们什么样的启示？

一、读懂顾客的心态，满足顾客心理需求

我们知道，顾客并非职业人，而是追求享受的自由人，且是具有优越感的最爱面

子的人。所以，其往往以自我为中心，思维和行为大都具有情绪化的特征，对酒店服务的评价往往带有很大的主观性，即以自己的感觉加以判断。为此，酒店的优质服务首先必须做到充满人性化，具体要求是：

1.真诚

情感是中华民族服务之魂，古往今来，一杯大碗茶、一碗阳春面中，总能注入店家对客人在漫漫旅途中的一份亲情与关爱。于细微处见精神，于善小处见人情，酒店必须做到用心服务，细心观察客人的举动，耐心倾听客人的要求，真心提供真诚的服务，注意服务过程中的感情交流，并创造轻松自然的氛围，使客人感到服务人员的每一个微笑、每一次问候、每一次服务都是发自肺腑的，真正体现一种独特的关注。

2.包容

由于客人的特殊心态和酒店的特定环境，客人往往会有一些自以为是、唯我独尊的行为，犯一些大惊小怪、无理指责等错误。对此，酒店应该给予充分理解与包容。如某大酒店餐饮部主管，曾被醉酒后的客人拳打脚踢和无理责骂，虽然主管有万分的委屈，但她还是理解和包容了客人酒后失态的行为，没有对其进行法律追究。

3.面子

中国人最讲究的是"面子"，只有让客人感到有面子，他才会认同服务员的服务；只有让客人感到愉悦，他才会常到酒店消费。所以，作为酒店的员工，必须懂得欣赏客人的"表演"，让客人找到良好的自我感觉和在朋友面前很有"面子"。

二、超值服务，满足顾客期望

要打动消费者的心，仅有满意是不够的，还必须让消费者感到惊喜。满意是指顾客对酒店产品实际感知的结果与其期望值相当时，形成的愉悦的感觉。惊喜则是当顾客对产品实际感知的结果大于其期望值时，形成的意料之外的感觉。当顾客有惊喜之感时，才能真正动心。为此，酒店的优质服务应超越顾客的期望，即酒店提供的服务是出乎顾客意料或从未体验过的。要超越顾客的期望，酒店的服务必须做到个性化和超常化，并努力做好延伸服务。个性化即做到针对性和灵活性。顾客是千差万别的，针对性就是要根据不同顾客的需求和特点，提供具有个性化的服务。同时，顾客是千变万化的，即使同一个顾客，由于场合、情绪、身体、环境等不同，也会有不同的需求特征和行为表现。灵活性就是在服务过程中随机应变，投其所好，满足不同顾客随时变化的个性需求。超常化，就是要打破常规、标新立异、别出心裁、推陈出新，让顾客有一种前所未有、意想不到的感觉和经历。

超常化的服务，既可以是其他酒店所没有的、顾客所没有想到的服务，也可以是与众不同的独特服务。如一束在机场接机时献上的鲜花、一张服务员的淳朴的问候卡、一封热情洋溢的欢迎信、一件独特的纪念品等。有些酒店会给客人唱生日歌，因为酒店存有客史档案，当发现客人生日当天在酒店消费，餐厅就会准备生日蛋糕，并让大家一起唱生日歌为其过生日。此时，客人就有意外的惊喜，对服务感到非常满意，有超值的感觉。

当然，要超越顾客的期望，酒店的宣传及广告必须适度，既应展示酒店的服务特色和优势，令顾客向往并吸引他们的光临；又应忠于客观实际，不能过度浮夸，以免造成顾客的过高期望。

三、提高服务技能，提供优质服务

服务员服务技能的高低决定着是否能够为客人提供良好的就餐服务，直接决定着客人的满意度，以下就是服务技能中最关键的几点技能：

1.语言技能

语言是服务员与顾客建立良好关系、留下深刻印象的重要工具和途径，语言是思维的物质外壳，它体现服务员的精神涵养、气质底蕴、态度性格。顾客能够感受到的最重要的两个方面就是服务员的言和行。

服务员在表达时，要注意语气的自然流畅、和蔼可亲，在语速上保持均匀平缓，任何时候都要心平气和，礼貌有加。那些表示尊重、谦虚的语言词汇常常可以缓和语气，如"您、请、抱歉、假如、可以"等等。另外，服务员还要注意表达时机和表达对象，根据不同的场合和顾客的不同身份等具体情况进行适当得体的表达。

2.观察技能

服务人员为顾客提供的服务有三种：第一种是顾客讲得非常明确的服务需求，只要有娴熟的服务技能，做好这一点是比较容易的。第二种是例行性的服务，即应当为顾客提供的、不需顾客提醒的服务。例如，客人到餐厅坐下准备就餐时，服务员就应当迅速给客人倒上茶、放好纸巾或毛巾；在前厅，带着很多行李的客人一进门，服务员就要上前帮忙。第三种则是客人没有想到、没法想到或正在考虑的潜在服务需求，如客人的手有擦伤时服务员可以取来"创可贴"送给客人。

善于把客人的这种潜在需求一眼看透，是服务员最值得肯定的服务本领。这就需要服务员具有敏锐的观察技能，并把这种潜在的需求变为及时的实在服务。而这种服务的提供是所有服务中最有价值的部分。第一种服务是被动性的，后两种服务则是主动性的，而潜在服务的提供更强调服务员的主动性。观察技能的实质就在于善于想客人之所想，在客人开口言明之前将服务及时、妥帖地送到。

3.记忆技能

在服务过程中，客人常常会向服务员提出一些如酒店服务项目、星级档次、服务设施、特色菜肴、烟酒茶点的价格或城市交通、旅游等方面的问题，服务员此时就要以自己平时从经验中得来的或有目的积累的知识成为客人的"活字典"、"指南针"，使客人能够及时了解自己所需要的各种信息，这既是一种服务指向、引导，本身也是一种能够征得客人欣赏的服务。如果发生客人所需的服务被迫延时或干脆因为被遗忘而得不到满足的情况，对酒店的形象会产生不好的影响。

4.应变技能

服务中的突发性事件是屡见不鲜的，在处理此类事件时，服务员应当秉承"客人永远是对的"宗旨，善于站在客人的立场上，设身处地为客人着想，必要时可以作适当的让步，特别是责任多在服务员一方的就更要敢于承认错误，给客人以即时的道歉和补偿。在一般情况下，客人的情绪就是服务员所提供的服务状况的一面镜子，当矛盾发生时，服务员应当首先考虑到的是错误是不是在自己一方。

5.营销技能

优秀的服务员除了要按照工作程序完成自己的本职工作外，还应当主动地向客人介绍其他各种服务项目，向客人推销。这既是充分挖掘服务空间利用潜力的重要方法，也是体现服务员的主人翁意识，主动向客人提供服务的需要。

四、创建顾客资料管理系统，加强顾客资料的使用

顾客资料是酒店最重要的财富，顾客资料管理系统充分体现了酒店营销的需求及

特点，是为顾客提供针对性服务、提高顾客的满意度的依据。一份周全的顾客资料至少应包括以下三部分：

1. 顾客的基本情况记录

顾客的基本情况作为顾客的基础，其内容包括顾客的姓名、性别、受教育程度、职业、职务、工作单位、每次消费金额等基础情况。

2. 顾客的个性偏好记录

顾客的个性偏好即顾客消费方式、性格脾气、兴趣爱好、言谈举止，是应特别留意之处，另外，顾客曾经提出的特殊要求也是十分重要的内容。同时，酒店初步获得这些基本信息后，还应追踪了解，以确认这些个性特征是否准确反映顾客的个性特征。对顾客而言，这些特殊需求往往是他们认为最有价值、最重要的部分。对酒店而言，根据顾客特殊的个性偏好提供各类服务，往往表明酒店具有超越同行的能力和质量。

3. 顾客的满意程度记录

顾客的满意程度即顾客对酒店的表扬、批评、投诉记录等基本情况，包括顾客对酒店整体或局部服务质量的评价、对服务人员的评价、对设施设备等建议与要求、对酒店内部氛围的感受，消费时对价格的满意程度，顾客的消费次数，顾客是否曾经介绍朋友过来等。

在建立了顾客资料后，酒店应着重研究顾客的需要。这些需要有时是普遍化的简单需要，而有的需求则是十分罕见的，只要不违反有关规定，酒店均应尊重并设法转化为具体的餐饮服务。要树立"顾客资料就是非常有用的财富"这一观点，顾客资料中蕴涵的诸多信息应该及时成为酒店提供服务的指南，而不能束之高阁。

餐厅提供的个性化服务实际上也就是那些看似平凡实不平凡，看似容易实则难得的细节性主动服务。个性化服务的餐厅经营管理的关键，应以人为本，把服务重点放在满足客人的需求上，让他们真正感到在餐厅用餐是一种享受。

五、就餐心理需求和服务策略

"羊羹虽美、众口难调"，人们总是这样诉说从事饮食服务工作的苦衷。这句生动形象的成语颇有深意地说明人们对待饮食有着明显的个性和复杂的心理活动差异。

因此，一个餐厅的服务工作要做好，就要运用消费心理学原理，科学地分析就餐顾客的心理活动，积极采取相应的服务策略,提高餐厅的经营水平。来酒店用餐的客人，行业不同、教育背景不同、家庭不同、年龄不同、职业不同、所需求的心理服务也各不相同，根据客人的不同特点，酒店能提供相应的服务策略。

1.不同年龄顾客就餐心理需求和服务策略

根据客人的年龄不同，酒店所提供的服务也不同，具体要求如下。少年儿童：生性爱玩，不懂人情世故，胃容量小要求花样品种多，菜品质量优，就餐速度快，对刺激强大的菜品难以适应，一般喜欢清淡、鲜嫩、易消化的食品；中青年：生命力旺盛，对各种食品的接受能力也最强，辛辣、油腻、味重、强刺激的都喜欢；中年人：比较挑剔，强调过不要的菜品就不要再提起；老年人：求实惠心理比较强烈，对环境卫生、服务态度和菜肴品质要求比较高。

2.不同职业的顾客就餐心理需求和服务策略

从传统角度而言，人们普遍重视菜品的经济实惠，而现今，个性化精神需求日益成为现代顾客就餐心理的重要方面。从事工作不同，用餐时的需要也不同，具体要求如下：

（1）体力劳动者：需消耗较多的体能，其新陈代谢旺盛，故口味倾向于重味、重油、高热量的菜肴。体力劳动者就餐时在直接需求方面往往以经济实惠、快捷为主，在间接需求方面较模糊地表现为就餐环境宽松、不拘谨，服务时应倾注些情感关怀，服务过程中多一些情感交流。点菜时应耐心等候，不催促，也不轻易介绍菜肴。

（2）脑力劳动者：体力消耗小，脂肪和糖的消耗量也小，其口味倾向于清淡。脑力劳动者就餐时，其职业习惯也会表现出来，他们就餐时要求会比较多，服务时要注意聆听，方可满足其求尊重的心理需求，即使要求不太合适也要耐心听取，之后再提建议，不可直接说“不”。他们会提较多很有价值的建议，服务人员听后要表示感谢并将有效信息向上级传达。

3.不同就餐目的顾客的心理需求和服务策略

在现代社会，就餐中的社会交际功能被大大强化，餐馆变成集餐饮、信息、交际于一体的“多功能厅”。在某些情况下，餐饮的本身的作用已经不重要，就餐心理只是随着主要事物进展的好坏发生着变化，具体顾客的要求如下：

（1）宴请的顾客：主人要显示自己的热情友好，对菜肴的规格和就餐的气氛比较注重，宴请服务从场面布置到操作都必须严格按规范进行。

（2）聚餐的顾客：要求有一个愉快的环境和无拘无束的气氛，服务过程中要善于察言观色，既要服务好又不影响气氛，必要时帮他们拿定主意。餐厅一定要把好菜肴质量关，确保不影响顾客的聚会。

（3）旅游的顾客：喜欢品尝当地的风味，席间好奇心屡屡表现，从菜品原料到烹饪工艺都爱发问，对他们应有问必答。旅游顾客游览归来，心情舒畅又有过多运动消耗，胃口较好，故上菜速度要快。

（4）提着行李进餐厅风风火火的顾客：此类顾客大多是用过餐就离店的客人，对其主要是"快"，如点到烹饪时间长的菜肴时要与其讲明。围绕快，点菜、上菜、结账都要快。

（5）吃便餐的顾客：其要求随意、方便、快捷，服务人员应给予方便，介绍可口实惠的食品，可按其标准搭配合适的套餐，在引座和服务中避免引起过多人的注意。

（6）品尝的顾客：这类客人大多对风味菜和特色菜或多或少有了解，注重菜肴质量，对这些美食家除了提供周到细致的服务外，保证风味的正宗十分重要。

（7）改善生活的顾客：他们讲究风味，注重质量，对服务要求比较高。这些顾客多是举家而来，有的是聚众而来，接待要求可参照上面相关部分。向这些顾客推销名贵的菜肴和饮品，如顾客不感兴趣，就不要再作推销。

4.关系不同的顾客的心理需求和服务策略

随着社会的发展，国民收入的增加，外出就餐已成为人们的经常性选择。一般就餐心理表现为和睦融洽，休闲安适，显示家庭的和乐气氛。服务中应注意不同成员的个性和心态的服务策略。

（1）亲朋好友，一般2~5人不等，他们边吃饭边共叙友情，环境要求舒适、幽雅和稳定；

（2）一家人，他们需要欢乐、亲切、家庭般的气氛，对老人小孩都要细心照顾；

（3）情侣，环境要幽静，私密性强；

（4）赶飞机的人，几人一起，要求能尽快上菜，对座位和环境要求稍低；

（5）同学、同事、朋友，一般2~5人，他们来餐厅往往不是为了纯粹的吃饭，而是为了聊一聊，对菜肴不是很讲究；

（6）年轻知识分子家庭，通常1~2人，为了节省时间，不自己做饭而来餐厅就餐，对饭菜要求快、简单，但是环境一定要干净舒适；

（7）摆酒席请客的顾客，一般8~14人不等，这类客人喜欢热闹，希望显示自己，希望别人能看到他们的"气派"；

（8）等候的顾客，选择朝外位置，希望直接能够观察到外面的情况；

（9）心情不悦的顾客，独自来到餐厅，借酒消愁，不喜欢嘈杂的环境；

（10）旅游团体，集体行动，需要大的活动场地，有固定消费标准。

【经典案例分析】

叫出客人的名字

一位英国客人住进了北京某著名国际饭店。中午到餐厅用餐，接待他的是一位刚上岗不久的男服务员。这位服务员一边问候客人一边暗暗着急，他怎么也想不起这位客人的名字了。他仔细观察，忽然看到客人放在桌边的房间钥匙牌，灵机一动，想出了办法。他利用客人接电话这个空隙向总台查询了客人姓名，等回到桌前为客人服务时，就亲切称呼客人名字了。客人十分惊讶，原来他是第一次住进这家酒店。客人得知了服务员的用心后，非常高兴，备感亲切和温馨。

案例评析：

案例中这位新员工想方设法叫出客人的名字，给客人带来惊喜与亲切，是具有强烈服务意识的体现。现代酒店的营销十分重视"姓名辨认"，认为酒店员工如果在第二次或者第三次见到客人时，能在先生或小姐之前冠以姓氏，将会使客人感到异常亲切，这是一种人情味极浓的服务。

【本章小结】

顾客在酒店有三种消费的心理。顾客餐饮消费前的心理需要有：位置与环境；菜的口味对于消费者心理的需要；卫生对于消费者心理的需要；价格对于消费者心理的需要。顾客餐饮消费过程中的心理需求有：求尊重心理需求；求美心理需求；求卫生心理需求；求划算的心理需求；方便快捷的心理需求；良好服务态度的心理需求；显示气派、讲究身份的心理需求。顾客消费过程后的心理需要有：求平衡的心理需要；受尊重的心理需要；求新猎奇心理需要；求便利心理需要。餐厅服务心理策略是：读懂顾客的心态，满足顾客心理需求；超值服务，满足顾客期望；提高服务技能，提供优质服务；创建顾客资料管理系统，加强顾客资料的使用等。

综上所述，通过对酒店消费者消费心态的研究，了解了客人在用餐的三个阶段的不同心理，酒店可以通过这些心理来制定相适应的措施。消费者心理与餐饮企业市场服务策略存在着双向的互动关系，消费者心理的产生和发展对餐饮市场服务策略提出了特殊的要求，餐饮企业市场服务策略也影响消费者的心理产生和发展。成功的餐饮市场服务营销活动是适应顾客心理特点和需求的营销，是适应顾客心理变化而开展的有效服务。

【本章重点内容网络图】

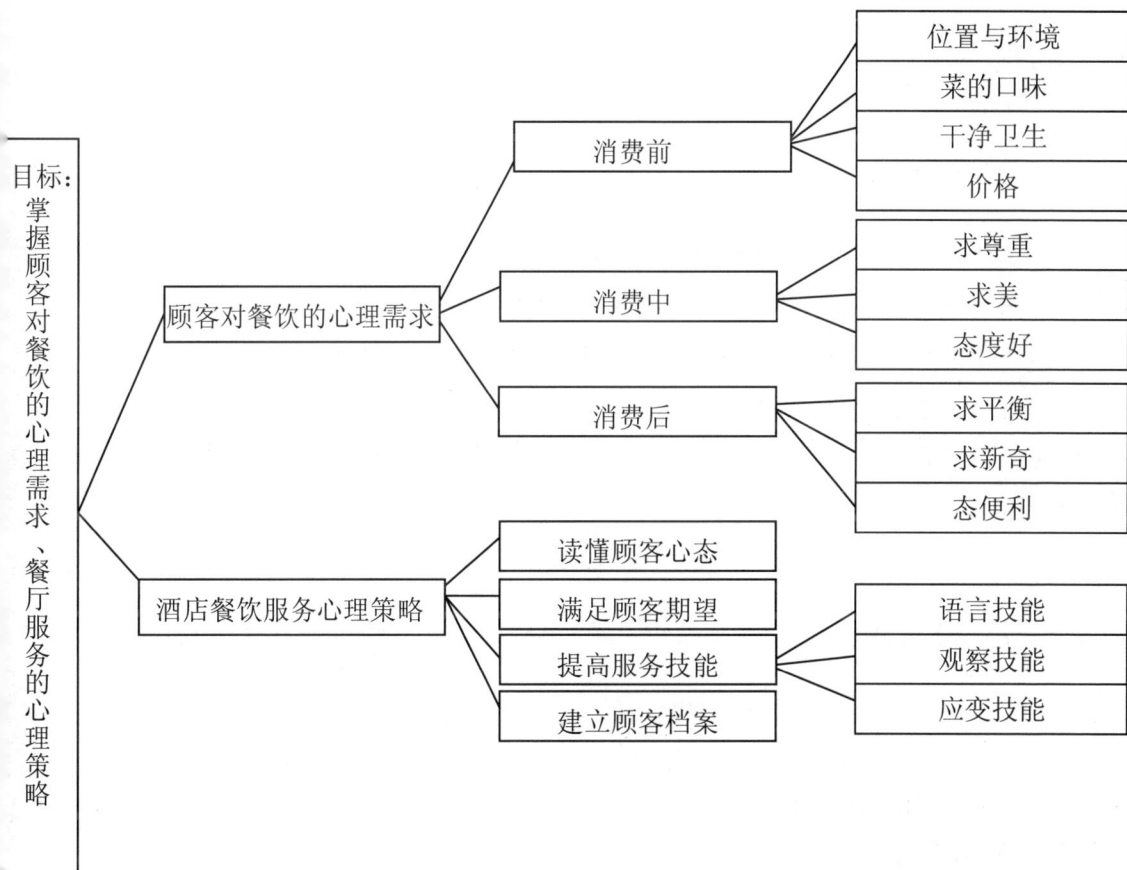

```
                                                  ┌─────────────┐
                                                  │  位置与环境  │
                                                  ├─────────────┤
                                    ┌────────┐    │   菜的口味   │
                                    │ 消费前 │────┤             │
                                    └────────┘    │   干净卫生   │
                                                  ├─────────────┤
                                                  │    价格     │
                                                  └─────────────┘

                                                  ┌─────────────┐
                                                  │   求尊重    │
                                    ┌────────┐    ├─────────────┤
        ┌──────────────────┐        │ 消费中 │────│    求美     │
        │ 顾客对餐饮的心理需求 │────────└────────┘    ├─────────────┤
        └──────────────────┘                      │   态度好    │
                                                  └─────────────┘

                                                  ┌─────────────┐
                                                  │   求平衡    │
                                    ┌────────┐    ├─────────────┤
                                    │ 消费后 │────│    求新奇   │
                                    └────────┘    ├─────────────┤
                                                  │   态便利    │
                                                  └─────────────┘

                                    ┌──────────────┐
                                    │  读懂顾客心态  │
                                    ├──────────────┤          ┌─────────────┐
        ┌──────────────────┐        │  满足顾客期望  │          │   语言技能   │
        │ 酒店餐饮服务心理策略 │────────├──────────────┤          ├─────────────┤
        └──────────────────┘        │  提高服务技能  │──────────│   观察技能   │
                                    ├──────────────┤          ├─────────────┤
                                    │  建立顾客档案  │          │   应变技能   │
                                    └──────────────┘          └─────────────┘
```

目标：掌握顾客对餐饮的心理需求、餐厅服务的心理策略

课后习题

一、名词解释

1. 餐饮服务

2. 满意

3. 惊喜

4. 灵活性

5. 餐厅

二、填空题

1. 餐饮服务的特点：服务的无形性、服务的一次性、服务的同步性、_____。

2. 餐饮产品的生产、销售、消费是同步进行的，即_____、_____。

3. 餐饮服务质量的评定主要依赖消费者的主观判断，因此要求餐饮服务人员能够提供_____的服务。

4. 酒店的_____、菜肴口味、卫生、价格是影响顾客决定到哪家酒店用餐的重要因素。

5. 餐厅是沟通客人与厨房联系的部门，是酒店餐饮重要的_____中心。

三、单选题

1. 餐饮服务在客人的消费过程中是（　　）享受的。

　A. 只能当次　B. 一次　C. 多次　D. 循环

2. 要解决服务的差异性，就必须要制订服务质量标准，并通过（　　）提高员工素质。

　A. 加薪　B. 加班　C. 培训　D. 罚款

3. 餐饮服务质量的评定主要依赖消费者的主观判断，同样的服务可能得到不同的评价，因此,要求餐饮服务人员能够提供(　　)的服务。

　A. 个性化　B. 差异性　C. 针对性　D. 罚款

4. 以下不是西餐服务的是（　　）。

　A. 美式服务　B. 德式服务　C. 俄式服务　D. 法式服务

5. 一份周全的顾客资料不包括（　　）。

A. 顾客的基本情况记录　　　B. 顾客的个性偏好记录

C. 顾客的满意程度记录　　　D. 顾客个人隐私记录

四、判断题

1. 语言是服务员与顾客建立良好关系、留下深刻印象的重要工具和途径。（　　）

2. 餐饮服务具有服务的无形性、服务的一次性、服务的同步性、服务的无偿性等特点。（　　）

3. 餐饮环境的营造是餐厅的无形资产投入。（　　）

4. 西餐服务主要有美式服务(American Style Service)、俄式服务(Russian Style Service)、法式服务(French Style Service)。（　　）

5. 客人衡量酒店服务水平的高低永远是以服务水平最高的服务员为准。（　　）

五、简答题

1. 餐饮消费过程中的心理需求。

2. 不同职业顾客的就餐心理需求和服务策略。

3. 不同年龄顾客就餐心理需求和服务策略。

六、案例分析

天太热客人要脱衣服

时值盛夏，天气炎热，海南某酒店的中餐厅内上座率很高，几乎没有空位置了，服务员赵敏正在紧张地为客人服务。这时发现一位男客人把上衣脱掉了，只穿着大的短裤，还蹲在椅子上面在和同桌的客人吃着火锅，吆五喝六地喝着啤酒，旁边桌的客人很是反感，还皱起了眉头。

赵敏看到，心里很生气，但她镇静片刻，面带微笑地走过去说道："先生您好，能麻烦您把上衣穿上，把脚拿下来吗？"这位东北客人很是不高兴，白了她一眼说，"你们酒店哪里写着不允许光膀子了，要不你帮我穿上？"赵敏又接着说："我们餐厅虽不像五星级酒店西餐厅那样严格要求客人就餐必须着正装，但也有一个原则，就是客人穿着不能有伤大雅，您脱衣服很不雅观，而且声音太大影响到别人，请您配合一下。"

赵敏不卑不亢、镇静自如的一席话，让这位无理取闹的客人无言以对，同桌的朋友忙打圆场，笑了笑说："开个玩笑，小姐别介意，别误会！"说完便安安静静地用餐了。

（资料来源：餐饮感动案例，百度文库）

问题：

酒店服务员赵敏是怎样对客服务的？

第八章
酒店前厅服务心理

第一节　顾客对前厅服务的心理需求

【案例导入】

小小提示卡，起了大作用

一天上午，一位女住客急匆匆地来到酒店大堂的礼宾部，手里拿着两张发票，她径直走到身着燕尾服的"金钥匙"礼宾员江海面前："您是酒店的'金钥匙'吗？今天早上我是乘出租车来到你们酒店的，刚才我收拾物品时才发现我把摄影机的架子忘在出租车的后排座位上了，更可气的是司机撕给我的发票是长途汽车的发票，而不是出租车的发票。"客人语气急促地说。江海说："小姐，您别着急，让我们一起想一想办法。请问您早上大约几点到达我们酒店的？"客人说："具体时间记不清了。""请出示一下您的住房卡好吗？"江海接过客人递过来的住房卡并告诉客人在大堂吧稍候一下，随即到前台接待处找到帮助这位客人打开车门的行李员小卢。小卢说他打开尾箱后一共拿出了两个皮箱，当时还仔细看了一下，没有客人说的其他行李，关了车门后迅速在提示卡上记下了这辆出租车车号交给了她。江海分析，客人自己可能怕把摄影架压坏弄脏，自己坐在前排，摄影架没有放在车后尾箱而单独放在了车的后排，下车时忘了提醒行李员。现在唯一的办法是通过行李员留给客人的那张提示卡找到出租车司机。江海立即按照提示卡上的信息通过礼宾部联系到了出租车调配中心，找到了这家出租车公司的电话，该公司以最快的速度找到司机。20分钟后，一辆出租车停在酒店门口，司机把发票和摄影架送到了前厅部。拿到摄影架和发票的客人高兴地笑着说："太谢谢你们了，谢谢你们的细心和周到，还有这张给我留下美好回忆的提示卡。"客人感激不已，脸上露出了灿烂的微笑。

（资料来源：职业餐饮网，2009年3月23日）

思考与讨论：

1. 酒店前厅的服务员对客人做了哪些让客人满意的事情？
2. 在"金钥匙"的服务中，客人体会到了什么？

前厅，位于酒店门厅处，包括酒店大门、大堂、门卫、迎送岗、行李服务、电话总机及酒店的枢纽——总台服务。前厅的预订服务、办理入住、离店服务、行李服务、迎送服务，都是酒店为游客提供的最基本的支持服务，即酒店为了使旅游者得到最基本的服务而提供的一些必备的促进性服务，它是基本服务能够被顾客消费而向顾客提供的前期服务工作，是以后顾客对酒店服务印象产生的基础。当顾客步入酒店的前厅，他们有哪些心理活动？这是酒店前厅服务心理必须研究的问题之一，而且前厅的服务水平直接关系到酒店的经营状况。

一、酒店前厅部概述

前厅是现代酒店对客服务的开始和最终完成的场所，是客人对酒店产生第一印象和最后印象的地方，也是酒店的门面与窗口。前厅服务贯穿于客人在酒店的全过程，是酒店的源头终点。因此，前厅是酒店的服务中心。客人从进门到办好住店手续，入住客房，所占的时间虽然短暂，但对客人的影响是很深的。

1. 前厅部的概念

酒店前厅，又称为总服务台，或称为总台、前台等，它通常设在酒店的大堂，负责推销酒店产品与服务，组织接待工作、业务调度的一个综合性服务部门。前厅在酒店管理中具有全面性、综合性和协调性的特点，是酒店的神经中枢。酒店前厅具体负责的工作主要有客人订房、登记、客房状况控制、客人账务的结算与审核以及前厅综合性业务管理。前厅的工作主要涉及酒店外务部的业务活动，酒店的外务部通常是比前厅意义更广的一个术语，它包括酒店外观、大堂、前厅、客房、公共区域、娱乐健身场所、餐厅酒吧以及商务中心和商店等。

2. 前厅部的重要地位

前厅是客人进出的场所，进出包含了两层意思：一是指来店、离店顾客的进出；二是指住店客人住店期间的进出。前一个进出，给客人办理住店手续和离店手续，形成客人对酒店的第一印象和最后印象；后一个进出给客人提供保管钥匙、保管物品、转交信件等服务，形成客人对酒店服务的反复印象。可见，客人对酒店服务优劣的评价，前厅部服务水平是其主要因素。在前厅，客人进出多，交往多，自然印象深刻，所以前厅被称作是酒店的门面或橱窗。人们常称现代管理实际是"一层楼"的管理，这"一层楼"就是指前厅。由此可见，前厅部在酒店的服务管理中有着重要的地位。

前厅部是酒店的"神经中枢"，它与顾客接触多，交往多，自然就成了酒店与客人的信息传递中枢，如客房的供求信息、客人消费需求信息、客人服务诉求信息、客人对酒店服务的评价信息、客人的投诉信息、酒店本身运行状态信息等，都会集中到前厅来，再由前厅以各种形式向上汇报或转告有关部门，从而不断协调对客服务和处理各种问题。前厅部在整个酒店服务管理活动中有如人体的神经中枢，在酒店的日常工作中起着调度作用，在酒店的高层决策中起着参谋作用。

以上两点就足以看出，酒店的前厅部是招揽并接待客人、推销客房及餐饮、为客人提供各种综合服务的部门。虽然不是酒店主要的营业部门，但对酒店的市场形象、服务质量乃至管理水平和经营效益有着至关重要的影响，前厅部可谓是酒店管理的点睛之笔。如何做好前厅服务管理一直是一个需要大家共同去研究探索的课题，很多酒店自身不能正视的问题，能从客人那里找出解决的方案，应该重视每一次客人的投诉，它反映着客人的不满，也反映了酒店服务工作的漏洞和不足，从中总结经验教训，促进酒店提高服务水平。

3. 前厅部的作用

前厅部是招揽并接待客人、推销客房及餐饮等酒店服务，同时为客人提供各种综合服务的部门。前厅部在酒店中的地位和作用是与它所担负的任务相联系的，它虽不是酒店的主要营业部门，但它对酒店的市场形象、服务质量乃至管理水平和经济效益都有至关重要的影响。第一，前厅部是酒店的营业橱窗，反映酒店的整体服务质量，一家酒店服务质量和档次的高低，从前厅部就可以反映出来；第二，前厅部是给客人留下第一印象和最后印象的地方；第三，前厅部具有一定的经济作用，不仅可以通过提供旅游、餐饮、客房以及出租车服务等直接取得经济收入，其销售工作的好坏还直接影响到酒店接待客人的数量；第四，前厅部的协调作用，前厅部犹如酒店的大脑，在很大程度上控制和协调着整个酒店的经营活动；第五，前厅部的工作有利于提高酒店工作的科学性，前厅部是酒店的信息中心，它所收集、加工和传递的信息是酒店管理者进行科学决策的依据；第六，前厅部是建立良好顾客关系的重要环节。建立良好关系有利于提高客人的满意程度，争取更多的回头客，从而提高酒店的经济效益。

二、顾客对前厅服务的心理需求

前厅是现代酒店对客服务开始和最终完成的场所，也是客人对酒店产生第一印象和最后印象的地方。顾客在前厅的一般心理需求主要包括受尊重、受欢迎、求快捷、求明白，求顺利热情接待。

1. 求尊重和欢迎心理

顾客步入酒店前台时，期望受尊重和欢迎的心理需求特别强烈，情感脆弱又敏感。他们期望自己是受欢迎的人，期望看到服务接待人员的笑脸，听到礼貌友好的语言，期望得到服务人员热情主动的接待，期望服务人员耐心倾听自己的意见，仔细回答自己提出的问题，并提供自己需要的服务。在与前厅服务人员的沟通中，顾客敏锐地捕捉着对方的眼神、表情、声调、语言、行为等，从中寻找服务人员对自己的态度，来决定自己是否入住。前台接待人员在看过客人的证件后能用客人的姓氏称呼客人，可以消除客人心理上的紧张感、陌生感，拉近与顾客的心理距离，使顾客产生亲切的感受。

2.求高效心理

顾客经过长途旅行到达目的地或中转地，进入酒店是为了解决休息和饮食问题。进入一个陌生的环境，客人会对时间特别敏感，不希望在前厅耽搁较长时间，所以在办理入住手续上，他们希望前台手续简便而且迅速，具体包括行李搬运平稳而快捷、验证技能熟练，入住手续办理得准确、快捷、高效率，能尽快进入客房安定下来，等待时间过长会使顾客产生不满的情绪。

3.求明白心理

顾客来自世界各地，来到异地他乡，人生地不熟，需要了解的东西很多，如客房的分类与价格，酒店的服务项目、餐饮特色和价格以及当地的风景名胜、旅游参观点、交通线路、购物场所、土特产、旅游纪念品、风土人情、酒店地理位置和周围环境等，语言和信息的沟通等都会成为顾客的优势心理需求。他们希望服务人员能随时随地回答他们的提问或为他们提供一些资料及信息。因此，前台服务应该具有完备的资料以供顾客参考，同时服务人员也要对酒店的各种情况了如指掌，随时准备应答，以满足客人知晓、明白的心理需求。顾客出门在外，会碰上诸多不便和意想不到的事情，都希望下榻的酒店能为他们提供方便，如获知旅游景点、购物中心的地理位置和交通线路信息，订票、订餐、外币兑换，代邮代取包裹，甚至能提供雨伞、针线等方面的方便服务，如果服务周到细致，可大大增强顾客的满意度。

4.求审美心理

顾客入住酒店，首先映入眼帘的是前厅，他们希望前厅的环境优雅整洁，服务人员的仪表端庄、言谈举止得体，能提供快捷优质的服务。顾客对前厅的整体印象，具有心理学意义上的"晕轮效应"，会影响顾客的审美心理，决定顾客对酒店的第一印象和最后印象。

5.求顺利心理

顾客在人生地不熟的旅游目的地，希望所住的酒店的前台能够为其办理解决一切事情，例如预订飞机票、高铁票、车船票、订餐、外币兑换等服务。同时顾客在选择居住的酒店时也会考虑酒店与其他地方的交通往来是否便利，例如，商务客人希望酒店和开会或洽谈项目的地点距离较近，游客希望居住的酒店与主要旅游景点之间的距离较近，接待、服务项目能否满足自己生活、娱乐和工作等方面的要求，酒店是否有餐厅、商场、网线、电脑、康乐等配套服务，入住手续是否简单方便。"顺利方便"是顾客在办理入住时最基本的需求。顾客在前台询问以上问题时，若得到肯定、帮助性的回答，心理上会得到安慰，产生愉快、舒适的情绪。

总之，所有入住酒店的客人，无论是亿万富翁，还是打工者，都是客人，都是领导，都是朋友。酒店员工要像对待领导一样尊重客人，像对待朋友一样理解和关注客人，要以提高客人的满意度为酒店服务的最高目标。

【经典案例评析】

一定要让客人满意

在旅游旺季，各酒店入住率均较高，为了提高经济效益，一般酒店都实行超额预订。一天，大部分客人已安排妥当。当时1505客人为预离房，但直至18点才来前台办理延住手续，而此时，1505房间的预抵客人已经到达（服务人员已在下午多次打电话联系1505房间预离客人，但未找到）。大堂副理试图向刚刚到达的客人解释酒店超额预订，并保证将他安排在附近酒店，一旦有房间，再将其接回。但客人态度坚决，称这是你们酒店的问题，与我无关，我哪也不去。鉴于客人态度十分坚决，而且多次表示哪怕房间小一点也没关系，在值班经理的允许下，大堂副理将客人安置到了值班经理用房，客人对此表示满意。

案例评析：

顾客向酒店订房，并不是每位客人都做出保证类订房，经验告诉我们，即使酒店的订房率达到100%，也会有订房者因故虽有预订而不到、临时取消或者住店客人提前离店，使酒店出现空房。因此，酒店为了追求较高的住房率，争取获得最大的经济效益，往往实施超额预订。超额预订是订房管理艺术的最高体现，处理得好会提高客房出租率，增加酒店的经济效益。但是如果超额过度，预订客人又都在规定的时限内抵达酒店，而酒店却因客满无法为他们提供所订住房，必然会引起客人的不满，这无疑将会给酒店带来很大的麻烦。接受并确认了客人的订房要求，就是酒店承诺了订房客人具有得到"自己的住房"的权利，发生这种情况属于酒店的违约行为，所以，必须积极采取补救措施，千方百计调整房间，开拓房源，最大限度地满足客人的预订要求，妥善安排好客人住宿，以消除客人的不满，挽回不良影响，维护酒店的声誉。

1. 凡有预订的客人一般都愿意按预订入住，出于种种原因不愿到其他酒店去，因此满足客人的要求就成为最重要的问题。上述案例中由于客人不愿意去其他酒店，而超额预订又成为一道难题，经过有关人员的共同努力，终于让客人住到了值班经理的用房，满足客人的要求又为酒店增加了收入，这种做法是值得提倡的。

2. 在处理超额预订时，只有实在挤不出房间时才可以考虑将客人送往其他酒店，有时客人入住其他酒店后就有可能成为其他酒店的回头客，这对于送出客人的酒店来说将是一个损失。

第二节 酒店前厅服务心理策略

【案例导入】

没有身份证也能入住

广州神州公司来阳光酒店为来参加会议的客人预订了两间标准间，这一天下午5点，三位客人在广州神州公司的办公室的李秘书陪同下来到前台，服务员要求客人填表并出示身份证，三位客人的身份证拿去租赁车辆了，暂时不便取回。这时广州神州公司李秘书提出：我公司和贵酒店是协议单位，是通过销售部的张经理预订的，能否先请客人入住房间，然后由我在此办理手续。前台服务员不同意，因为李秘书只有一个身份证，双方僵持不下时，过来一位主管，了解情况后，主管同意留下李秘书一人办理手续，并用其身份证为其他客人担保，让行李员带领客人先进客房。由于入住不顺利，耽搁了很长时间，客人及预订方都非常的不满意。

思考与讨论：

1. 前台服务员的做法对吗？

2. 对暂时不能提供证件的客人应该怎么办？

前厅服务贯穿于客人到店、住店和离店的全过程，是酒店为客服务的起点和终点。因此，前厅服务人员的服务质量至关重要，前厅根据顾客的各种需求提供以下服务策略。

一、根据顾客的心理提供的服务策略应该符合原则

酒店服务人员在提供前厅服务时要做到：尊重客人、快捷办理、热情接待、微笑服务等一系列的服务，才能让客人满意。

1.尊重客人

心理学家马斯洛认为，尊重需要是人类较高级的需要，也是人类的基本需要。当顾客一进入酒店，首先接触到就是前台服务人员，从这一刻起，客人要确立主客之间的社会角色和心理角色关系，社会角色体现为主人和客人、接待和被接待、服务和被服务的关系，而心理角色则体现为尊重和被尊重的关系。因此，服务人员与客人之间的心理角色关系是由他们之间的社会角色而定的。顾客得到服务人员的尊重，确立以客人为上的关系是理所当然的，这也为以后所有发生的关系确定了基调。

客人一进入酒店就有这样的期望，作为前台服务人员就应该满足客人的这种要求。服务人员要笑脸相迎，语言要礼貌友好，要有热情，要尊重客人的人格、习俗和信仰，也要尊重其各种行为，不因客人的不规范行为而生气。总之，客人一进入酒店，就报以热情的服务态度，体现良好的服务面貌满足客人求尊重的心理需求。

2.快捷办理

顾客经过长途旅行后踏入酒店，总是希望尽快休息，希望行李搬运平稳迅速，验证手续办理得准确、快捷。这就要求前厅工作人员有娴熟、快捷的系列化服务技能。许多酒店规定总台服务员必须在1分钟之内问候客人，2分钟之内为团队客人开好房间。除了快捷、高效外，总台服务员还应具备验证、登记、住房分配、客流统计、财务计算、电脑操作、解答询问、代理服务等系列化技能。例如，总机话务员必须在铃响3次之内接听电话，熟悉酒店主要管理者的声音，对常用电话号码的查询应对答如流，熟练操作转接、留言、叫醒、免干扰等系列化服务。商务中心员工不仅应掌握传真的发送和接收，

而且还应具备外语听、说、译的能力，并能熟练进行电脑打印、排版和电子信箱服务技术。前厅工作人员只有具备了娴熟的服务技能，才能消除顾客心理的焦虑，满足顾客对前厅服务方便、快捷、准确的心理需求，产生"酒店是我家"的温馨感。前厅服务人员要提前做好充分准备，在服务过程中尽量不使客人烦恼，操作要快、准、稳。否则，容易让客人产生不满意的情绪。客人离店的心理也与来店时的心理相同，因此，结账员在结账时也要快捷、准确，做到"忙而不乱，快而不错"。

3. 微笑服务

前厅服务人员要主动、殷勤、微笑服务。所谓主动就是向客人提供的每一项服务要在顾客要求之前进行。如服务员见到客人进入前厅时要主动打招呼，遇到客人有困难时要主动协助解决，对客人的提问要主动回答，服务工作发生一般失误要主动承担责任等。殷勤就是热情而周到地关心顾客，嘘寒问暖，关怀备至，积极为客人提供超常服务。微笑是服务工作的"活广告"，也是酒店工作人员必须具备的职业情感和体态语言。事实证明，没有微笑的酒店员工，就没有微笑的顾客。微笑不仅体现了酒店把顾客当作"上帝"的服务宗旨，表现了服务员友善、热情的好客精神，而且代表了酒店的管理水平和服务员良好的职业素质。同时，在人际交往中，微笑还起到拉近心理距离，增强友好、融洽气氛的催化剂作用。要做到主动、殷勤、微笑服务，前厅服务人员应具备良好的服务意识。

二、观察顾客特征提供相应服务心理策略

了解顾客的方式有间接的也有直接的。间接的方式通过顾客档案、预定信息、接待单等，直接的方式通过对客人的观察和接触来体现，但更多更贴切的了解则通过直接的方式，这就要求服务员应具备良好的观察力。一个观察力较强的服务员，在日常接待中能够通过对顾客的眼神、表情、言谈、举止的观察，发现顾客某些不明显却很特殊的心理动机，从而运用各种服务心理策略和灵活的接待方式来满足顾客的消费需求。

在员工具备了良好的观察能力的基础上，酒店可以组织员工对顾客的仪容、仪态、语言、行李、用具和生活习惯等方面的细微观察进行培训，并将理论培训与实际工作相结合，提高员工对顾客感知的准确性，从而为顾客提供高满意度的服务。

1.注意观察顾客的外貌特征

从体貌、衣着可以对顾客特征作出初步的判断。对衣着考究的先生和穿着美艳的女性而言，他们需要就坐于别人容易观察到的地方；而穿着情侣装的恋人，也希望受到别人的欣赏和羡慕，他们同样希望安排在比较引人注目的位置上。档次高的客人要求也高，因为花了足够多的钱，就要求等值的服务。正确辨别客人的身份，注意顾客所处的场合。顾客的职业、身份不同，对服务工作就有不同的需求。顾客在不同的场合，对服务的需求心理也是不一样的，这就要求服务员应该根据顾客的不同性别、年龄、职业、爱好为顾客提供有针对性的服务。

2.注意倾听顾客的语言

对话、交谈、自言自语等直接表达形式，有助于服务员了解到顾客的籍贯、身份、需要等。分析语言并仔细揣摩顾客语言的含义，有助于理解顾客语言所表达的意思，避免误解。例如，某餐厅来了几位客人，从他们的谈话中，服务员了解到，一位顾客宴请朋友，既要品尝某道名菜，又想品尝到其他菜点，服务员主动向他介绍了餐厅的各种风味小吃，从烹制方法到口味特点、营养价值，客人兴趣浓厚，非常满意，一连点了好几个菜，吃得津津有味，异常高兴。

3.读懂客人的身体语言

身体语言即无声语言，它比有声语言更复杂，可以分为动态和静态两种。动态语言即首语、手势语及表情语，静态语言为花卉语和服饰语，通过这些间接的表达形式可以反映出顾客是否接受、满意等。

4.仔细观察顾客的表情

顾客的行为举止和面部表情往往是无声语言的流露，顾客的心理活动，往往能通过这些方面体现出来，通过对顾客面部表情的观察，可以帮助服务人员做出正确的判断。例如：红光满面、神采飞扬是高兴、愉快的表示；面红耳赤是害羞或尴尬的表现；双目有神，眉飞色舞是心情兴奋、喜悦的表现；倒眉或皱眉是情绪不安或不满的表示。客人进了餐厅，服务员立即站在客人旁边等候客人点菜，这样会使客人感到不便甚至紧张，服务员应在递上菜单后，稍做停留退在一旁，给客人留有自行商量的空间，在客人抬头想点菜时，服务员应立即出现或回答问题，自然地介绍推荐特色菜肴。在对客服务中服务员要学会察言观色，灵活应付。

人们外出旅游或进行商务活动的同时，也在享受和体验异地文化的特色。因此，除了在前厅环境美化、装饰布置有特色等方面吸引客人以外，前厅服务员还应时时处处体现出热情大方，并通过语言、表情、动作将当地的文化及传统特色传达呈现给客人。海南"呀诺达"精神就是当地的人们带给客人异地文化享受的典范。顾客一般住在酒店的时间都不长，往往在前厅接待服务产生的深刻的"第一印象"还未消失时，又带着"最后印象"离开了。因此，各酒店都十分重视前厅服务中这两种印象的巨大心理作用。

三、从美的角度提供的服务心理策略

世界万物只要美的东西都是人们喜欢的，酒店也是如此，人们进入环境美观的前厅，看到穿着得体的服务员，用优美的语言跟客人打招呼，客人的心情一定是愉快的，也会对酒店第一印象产生好感。

1.注意美化前厅环境

前厅环境是一种对顾客的"静态服务"，它在时间上虽只有一瞬间，但作为记忆表象却能保留很长时间。前厅环境主要包括布局、装饰和陈设等。前厅布局应合理，如停车场与前厅的距离不宜太远；邮电、通信、外币兑换方便；休息区面积大小适应，相对安静并且不受干扰，具有优雅的光源格调，以产生一种凝聚的心理效果，使人乐于在此休息交谈。休息区可以略高于大堂的其他部分，选择大方别致的沙发茶几、特别的地毯和绿色植物等，以形成人为的空间感。有的酒店还设有中庭，即包括休息、餐饮、购物、娱乐等不同功能的小空间，给人一种自由感和新奇感。如果在中庭安置观光电梯，更会使静止的前厅产生缓缓的动感。首先，装饰和陈设应营造意境美，前厅的装饰、陈设要有自己的个性特色，做到形神兼备，情景交融，使顾客触景生情，产生联想，享受美的乐趣。其次，前厅的装饰和陈设宜采用大效果的观赏性作品，顾客只需大致浏览，就能产生深刻印象。再次，前厅的装饰和陈设无论是采用传统的民族风格，还是采用简洁大方的现代风格，或者采用庭园绿化风格，都要保持与酒店的总体格调和谐一致。最后，前厅应设置醒目的标志牌，以方便顾客。在前厅入口处、总台两侧、休息区、洗手间、中庭、电梯间摆放适宜的观赏植物，以创造室内自然环境。为了减弱大堂的噪声，还可以播放音乐背景。这样，经过精心设计和巧妙布局的前厅，给客人视、听、嗅、触等感觉均能形成舒适感和美感，无疑会给客人留下良好的第一印象和最后印象。

2.优雅的员工仪表

顾客进入酒店,首先为其提供服务的是前厅的工作人员。当顾客离开酒店时,最后一个为他提供服务的也是前厅的服务人员。在顾客心目中,最终留下的酒店形象实际上是前厅的形象,其中就包括了前厅的服务人员的形象。由此可见,前厅服务人员对顾客第一印象和最后印象的形成关系极大。这就要求前厅的所有工作人员,一进入工作岗位就要进入各自的"角色",以自己端庄大方、精神饱满、自然礼貌的仪表吸引顾客,努力营造一种信赖和亲近的心理效果。客人在这些着装整洁、举止大方、态度可亲的服务人员当中,会感到自己是一位高贵的受欢迎的客人,内心充满自信和愉快,对酒店留下良好的印象。由此可见,前厅服务员的仪表直接关系到对客人的尊重与礼貌。

3.优美的服务语言

语言是人们沟通信息、交流思想感情的媒介。服务人员的语言方式和质量,会直接影响顾客的心理活动,能令人欢喜,也可招人厌恶。前厅员工的语言在内容上应简洁明确、充实,在语气上应热情、诚恳、有礼,在语言语调上应清晰悦耳。另外,要尽可能地多掌握几种外语与方言。在接待中杜绝"四语",即蔑视语、烦躁语、斗气语、否定语。在服务工作中要有"五声",即欢迎声、问候声、致谢声、道歉声、告别声,这些都是前厅员工优美语言的体现。

在提供各种服务策略的前提下还要建立客史档案,提供个性化服务。客史档案记载了常住客人的个人情况,如姓名、职业、籍贯、出生年月、通讯地址、爱好、生活习惯、忌讳、特殊要求、投诉情况等。这些资料是酒店向客人提供个性化服务的主要依据。个性化服务不但能使客人感到自己在酒店受到尊重,自尊心得到充分满足,而且有利于酒店公关营销策略的实施,起到扩大客源市场空间,树立酒店形象的作用。

最后,大堂副理和"金钥匙"的服务必须高效、完整。大堂副理又称大堂值班经理,职务相当于前厅部副经理,其工作岗位设置在前厅,直接面向客人,代表酒店全权处理客人投诉、保护客人生命安全和财产安全等复杂事项。"金钥匙"是现代酒店一条龙服务的延伸,它是指酒店通过掌握丰富信息并通过构架服务网络,为顾客提供个性化服务的委托代办个人或协作群体。金钥匙组织是国际酒店的民间服务专业团体,其成员遍布全球。金钥匙服务是酒店个性化服务发展的高层次,发展的空间非常广阔。顾客在酒店内遇到困难或者有什么特殊要求，自然会想到大堂副理或"金钥匙"，并期望他们提供高效、准确、周到、完美的服务，给自己解决难题，带来惊喜。

【知识链接】

成为酒店优秀员工具备的10种服务技能

衡量一个酒店员工是否优秀，除了具备一定的专业知识能力和微笑友好的服务态度两项"硬指标"外，还要看在下面十个方面是否具有多种服务技能体现。一个优秀的酒店服务员，除具备专业化、流程化、个性化服务品质外，下面十项服务技能更是一种超越自我、追求卓越的表现。

真情服务：在对客服务中，热情不能少，真情更可贵。热情很容易做到，要做到真情自然流露在服务的全过程中，可没那么容易，搞不好还会弄巧成拙，画蛇添足。所谓真情服务，就是要求每一个员工把客人当作自己的亲人一样看待，真心实意、心甘情愿地为他（她）服务，发乎情、发乎心，不矫揉造作，不惺惺作态，在自然而然中体现好客之道和服务技巧。

随时服务：也叫随机服务。酒店在对客服务中，有量化的服务分工、服务流程、服务标准、服务时限，这些是构成做好服务的基本内涵。但如果是仅仅囿于条框的服务体系而生搬硬套、墨守成规，服务的价值就会大打折扣。例如：客人问正进行餐饮服务的员工，酒店医务室如何去？员工借手头活忙而随手一指就了事，客人就会对先期好的服务印象留下遗憾甚至反感，这是员工随时服务意识不强的表现。因此，随时（机）服务又是一种主动服务的表现，是规范化服务程序中没有固定公式的服务。

超值服务：每一个客人进入酒店消费前，心中都装着一个期待值，例如：期待饭菜可口，物美价廉；住得卫生、舒适安全；娱乐项目齐全，富有特色等等，如果这些基本的期待值能够得到满足，算是初步完成了店方与客人的心理融合和价值认同。如果在此期间或第二次光顾的时候，我们能够做到服务更周全、服务项目更精彩，甚至能够记住客人的名字和固定消费偏好等，客人就更会有物超所值的感觉，久而久之，该客人必定会成为酒店固定而忠诚的客户。

精细服务：常言说"细微之处见精神"，酒店服务无大事，多是一些细微琐碎小事，小事做细做精才是做好，做不细做不精就是做不好。因此在细微之处精下工夫，是每一个优秀员工必须熟识的一门功课。广东亚洲国际大酒店的客房服务员在碰到外地客人询问 "××地方如何去时",不是简单地指一下方向和道路就了事,而是拿出一份市内地图,详细介绍其方位、坐车路线、里程数、可能碰到的相同地名或相似建筑物名称等,令客人一目了然,倍感细微和精确之至。

距离服务:酒店服务不仅要热情,而且要得体,要能够把握服务的分寸和距离,该到位时要在位到位,该保持一定距离时应该坚持做到距离服务,既不太近也不太远。例如:两情侣在西餐厅烛光晚餐,两个员工一左一右站在边上"殷勤"备至,一会儿加水,一会儿换碟,使得两情侣兴趣索然、扫兴而归;还有卫生间的员工,目不转睛地站在客人旁边盯住客人,热情过了头,让人无所适从……距离产生美,太近或太远都是不适宜的,掌握得好与不好是衡量员工是否灵活与优秀的标准之一。

隐形服务:在服务过程中,我们既要提供有形的服务,又要提供无形服务或隐形服务,也就是说,在一些特定的服务过程中,隐形服务更能满足和照顾客人的潜在需求,比有形服务更能体现注重客人隐私、传扬酒店品质的作用。例如上面所讲的卫生间服务,又如利用客人去吃晚饭之机开夜床,就比客人在时开夜床效果要好得多,如此时再带一支玫瑰放在床头,比当面送一大束花的效果要好,浪漫与温馨在不经意间表露怎不令人难忘呢?

贴心服务:服务虽有距离、间隔、频率、标准之分,但有一点不能因为服务形式与内容不同而疏忽的,那就是贴心服务。无论客人是何种性别、年龄、国籍,都有一个共同的愿望:渴望得到酒店员工的贴心服务,尤其是心灵的融通与安慰,一解离乡之愁和离别之苦。广东亚洲国际大酒店有个员工发现一位年轻女客人情绪低落,按正规服务程序来讲,服务员可以不予过问,但该服务员通过拉家常、套近乎,最后得知该客人因失恋而买了很多安眠药企图在酒店殉情……贴心挽救了一个生命,可敬可赞!

婉拒服务:世界上任何知名的酒店,在满足客人的需求方面,都不是无限度的,而是有限度的。对于提供不了的服务需求或是不合理的要求,优秀的员工会使用委婉的拒绝艺术,而不是简单而生硬地告之:"没办法做到"、"酒店没有这项服务"、"不可能提供"等。某外国客人要求楼层女服务员帮忙找一个小姐,该员工虽然感到脸红,但并没有简单地回答说"不行",而是婉言道:"先生,对不起!在中国提供这样的服务是法律不允许的,也是不道德的,请自重吧!"理性的约束、温馨的拒绝，外国客人并没有因为满足要求而责怪员工，反而竖起大拇指，赞扬该员工不辱国格和人格的高尚情操。可见，婉拒服务也是优秀员工的一项重要技能。

远程服务：不要以为酒店所提供的服务都是即时服务、当面服务，殊不知，在当今信息化时代，酒店也有远程服务的义务和内容。例如，客人通过互联网上预订、远程电话预订、传真预订、第三方预订等，虽然见不了面甚至信息交流不对称，但其服务的快慢与好坏同样影响酒店的品质与品牌。在此过程中，一个优秀员工不仅能够当面做好服务工作，同样能够充分选用先进的营销网络及时做好远程服务，为酒店创造无限商机，赢得客人赞誉。

错位服务：虽然酒店服务分工明确，各司其职，但有时又避免不了交叉服务的可能，因为客人的即时消费意向可能发生在酒店某时某地某种情境下，这个时候，酒店就会出现错位服务现象。如果缺乏一定的应变能力和专业知识的话，服务人员就有可能手忙脚乱，疲于应对，给酒店造成不好的影响。例如，某酒店公寓客人兴趣之所至，突发奇想，要在公寓里摆一桌酒席招待来访客人，要求餐厅出菜肴，公寓服务员服务。虽然公寓员工对餐饮服务非"专业对口"，但该员工综合平时了解和看到的餐饮服务竞赛内容和服务技巧，服务起来细心认真，似模似样，超出了客人的想象，满足了客人的愿望。所以，一个优秀的员工，先是专才，然后是全才。

综上所述，服务之巧，存乎于心，服务之广，在于灵活变用，不可"刻舟求剑"，顾此失彼，能够领悟其中要领并付诸行动者，方为优秀员工。

（资料来源：职业餐饮网，2009年10月18日）

【经典案例评析】

取错行李的实习生

5月26日是国内招商会会议结束的时间，酒店的生意非常火爆。早上9点正是楼层退房的高潮，那时候小林到礼宾部实习只有一个星期左右，对礼宾部的工作程序还不是很熟练。按规定，没有做满半个月的礼宾员不准带房和提取行李，以防出错而引起客人的投诉。当时小林在工作台处理信件并准备送函件出去，这时总机打来电话，通知到808房拿取客人的行李。小林看大堂里的礼宾员个个忙得不可开交，也想表现一下自己。接完电话，小林就匆忙准备行李车到808房，开门把客人没有装好的行李装好搬上车，恰巧这时该房间的客人上来，见到小林的举动大发脾气说："是谁叫你乱动我的行李的？我还没退房你们就想赶我走是吗？"这时客房服务员过来对小林说："你拿错了，刚才总台说是B座的808房间，这里是A座！"听了这话，小林顿时傻了眼。当天下午小林便受到了这位客人的投诉，客人在得知小林是实习生没有经验后同意不再追究，而小林也受到了酒店的处分。

案例评析：

酒店服务人员应严格按照规定，提供规范的操作：

1. 组织意识。明知有规定"没有做满半个月的礼宾员不准带房和提取行李"，却想"表现一下自己"，如当时情况特殊，也应口头向当班领班请示。

2. 信息传递。总机话务员应该知道客房区域有A、B两座，应该了解和准确传达信息。因信息有误导致投诉，也应承担相应责任。

3. 岗前培训。在礼宾部岗位实习前，应有岗前培训，包括酒店客房分布、接听电话规范等，应问清、复述、记录。

4. 应变能力。发现错误，要及时道歉，良好服务的基础是规范操作。

【本章小结】

酒店前厅具体负责的工作主要有客人订房、登记、客房状况控制、客人账务的结算与审核以及前厅综合性业务管理。前厅的工作主要涉及酒店外务部的业务活动。酒店的外务部通常是比前厅意义更广的一个术语，它包括酒店外观、大堂、前厅、客房、公共区域、娱乐健身场所、餐厅酒吧以及商务中心和商店等。前厅是现代酒店对客服务的开始和最终完成的场所，也是客人对酒店产生第一印象和最后印象的地方。顾客在前厅的一般心理需求主要包括受尊重、受欢迎、求快捷、求明白，求顺利热情接待。在日常服务交往中，应该注意自己的服务态度，利用微笑来调控情绪，坚信自己能作情绪的主人，不受消极情绪的传染，要始终坚信自己对情绪的驾驭能力。前厅服务的心理策略主要有：重视员工的仪表美、优美的服务语言、娴熟的服务技能和强烈的服务意识。

【**本章重点内容网络图**】

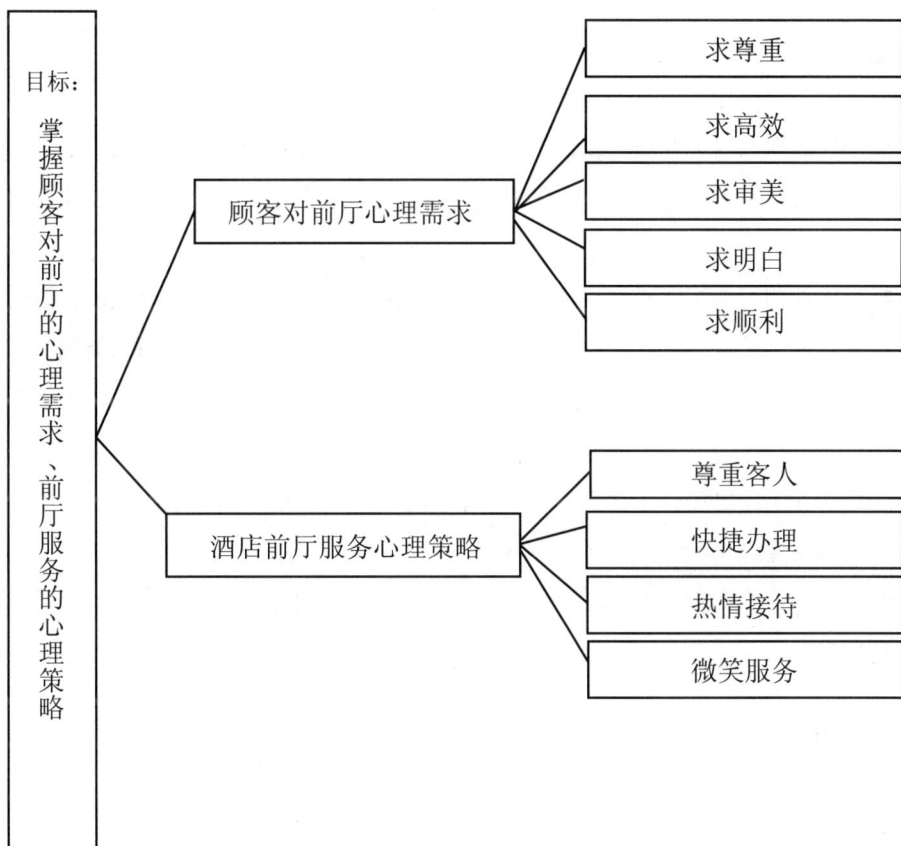

```
┌──────────┐                              ┌──────────────┐
│目标：    │                          ┌──│    求尊重     │
│          │                          │   └──────────────┘
│掌        │                          │   ┌──────────────┐
│握        │          ┌────────────┐ ├──│    求高效     │
│顾        │          │            │ │   └──────────────┘
│客        │          │顾客对前厅   │ │   ┌──────────────┐
│对    ────┼──────────│心理需求     │─┼──│    求审美     │
│前        │          │            │ │   └──────────────┘
│厅        │          └────────────┘ │   ┌──────────────┐
│的        │                          ├──│    求明白     │
│心        │                          │   └──────────────┘
│理        │                          │   ┌──────────────┐
│需        │                          └──│    求顺利     │
│求        │                              └──────────────┘
│、        │
│前        │                              ┌──────────────┐
│厅        │                          ┌──│    尊重客人   │
│服        │          ┌────────────┐ │   └──────────────┘
│务    ────┼──────────│酒店前厅服务 │─┤   ┌──────────────┐
│的        │          │心理策略     │ ├──│    快捷办理   │
│心        │          └────────────┘ │   └──────────────┘
│理        │                          │   ┌──────────────┐
│策        │                          ├──│    热情接待   │
│略        │                          │   └──────────────┘
│          │                          │   ┌──────────────┐
└──────────┘                          └──│    微笑服务   │
                                          └──────────────┘
```

课后习题

一、名词解释

1. 前厅

2. 前厅部

3. 贴心服务

4. 晕轮效应

5. 金钥匙

二、填空题

1. 前厅部在酒店中的地位和作用是与它所担负的任务相联系的，它虽不是酒店的主要营业部门，但它对_____、服务质量乃至管理水平和经济效益有至关重要的影响。

2. 顾客期望行李搬运平稳而迅捷，验证技能熟练，入住手续办理得准确、快捷、要求服务高效率，尽快进入客房休息，安定下来，_____会产生不满的情绪。

3. 前厅服务贯穿于客人到店、住店和离店的全过程，是酒店为客服务的_____。

4. 顾客在不同的场合，对服务的需求心理也是不一样的，这就要求服务员应该根据顾客的不同性别、年龄、职业、爱好为顾客提供有_____的服务。

5. "_____"是现代酒店一条龙服务的延伸。它是指酒店通过掌握丰富信息并通过构架服务网络，为顾客提供个性化服务的委托代办个人或协作群体。

三、单选题

1. 前厅在酒店管理中是酒店的神经中枢，下列（　　）不是前厅具有的特性。

A. 全面性　B. 综合性　C. 协调性　D. 统一性

2. 酒店的外务部通常是比前厅意义更广的一个术语，它包括酒店外观、大堂、前厅、客房、公共区域等。下列（　　）不属于该区域。

A. 娱乐健身场所　B. 餐厅酒吧　C. KTV 场所　D. 商务中心

3. 要求前厅服务人员必须尊重客人的具体表现，下列（　　　）不属于该表现。

A. 微笑迎客　　B. 主动服务　　C. 热情真诚　　D. 主动问候

4. 前厅环境主要包括布局、装饰和（　　　）等。

A. 挂件　　B. 陈设　　C. 桌椅　　D. 环境卫生

5. 在接待中杜绝"四语"，即蔑视语、烦躁语、斗气语、（　　　）。

A. 英语　　B. 普通语　　C. 肯定语　　D. 否定语

四、判断题

1. 前厅的预订服务，办理入住、离店服务，行李服务，迎送服务，都是酒店为顾客提供最便捷的支持服务。（　　　）

2. 前厅部在整个酒店服务管理活动中有如人体的神经中枢，在酒店的日常工作中起着调度作用，在酒店的高层决策中起着参谋的作用。（　　　）

3. 顾客离开酒店前台时，期望受尊重和欢迎的心理，需求特别强烈，情感脆弱又敏感。（　　　）

4. 顾客经过长途旅行到旅游目的地或中转地，进入酒店是为了解决休息和饮食问题。（　　　）

5. 客人离店的心理也与来店时的心理相同，因此，结账员在结账时要快捷、准确，做到"忙而不乱，快而不错"。（　　　）

五、简答题

1. 简述客人对前厅服务的心理需求。

2. 简述微笑服务。

3. 根据顾客的心理提供的服务策略应该符合哪些原则？

4. 提供好的服务策略要注意观察顾客的哪些特征？

5. 在服务工作中要有"五声"，请详细列出"五声"。

六、案例分析

被收走的垃圾

7月9日晚服务员清理8236房间，把所有的垃圾都收走了。晚22：02，张先生回房间后反映，他花费了好长时间才收藏的可口可乐瓶子被当垃圾收走了。张先生非常不满，事后服务员向客人道了歉，主管李世辉去垃圾站找回收藏品，并和总值班王经理一同送到客人房间，再次向客人赔礼道歉，并做了升值服务，以消除顾客不满。

（资料来源：餐饮管理，2011年5月12日）

问题：

酒店服务表现在哪些方面？

第九章
酒店客房服务心理

【学习目标】

● 知识点

1. 了解客人对客房服务心理需求;
2. 掌握客房服务心理策略。

● 技能点

1. 培养观察分析何为客人对客房服务心理需求的能力;
2. 培养观察分析客房服务心理策略的能力。

第一节　顾客对客房服务的心理需求

【案例导入】

遇到喝醉酒的客人

客人醉酒是酒店经常发生的事情。海南阳光海岸酒店客房服务员周小力，就遇上一位醉酒的客人。凌晨5点，海南阳光海岸酒店的电梯在6层停住。"叮咚"一声门开了，一位客人踉跄而出，喃喃自语："我喝得好痛快啊!"口里喷出一股浓烈的酒气。这时客房服务员周小力巡楼恰好走近6楼电梯口，见到客人的模样，断定他是喝醉了，连忙跑上去扶住他问道："先生，您住在哪间房?"客人神志还算清醒，他轻轻地摇摇自己的左手，周小力会意，便细看客人的左手，发现一块626房的钥匙牌。周小力一步一步把客人搀进房间，扶他躺在床上，又泡了一杯醒酒茶，然后将衬有塑料袋的清洁桶放在客人床头旁。这时，客人开始呻吟起来，周小力一面把客人稍稍扶起，将沏好的茶水端到他嘴边，一面安慰说："没事的，喝完茶躺下歇歇就会好的。"随后他又到洗手间拿来一块湿毛巾敷在客人额头上，说道："您躺一会儿，我马上就来。"不一会儿，周小力取来一些用湿毛巾裹着的冰块，换下客人额头上的湿毛巾。突然，"哇"的一声，客人开始呕吐了，已有准备的周小力迅速拿起清洁桶接住。等客人痛快地吐完后，又轻轻托起他的下颚，用湿毛巾擦去其嘴边的脏物。此后，周小力静静地观察了一会儿，发现客人脸色渐渐转红，就对他说："您好多了，好好睡上一觉，明天就能复原了。"他边说边帮客人盖好被子，在床头柜上留下一杯开水和一条湿毛巾，又补充一句："您若需要帮助，请拨09，这是楼层服务台的电话。"然后他调节好空调，换上新的垃圾袋，轻轻关上门离开。周小力找到楼层值班服务员，告知醉客的情况，并请她每过10分钟到626房去听听动静。天亮时，辛劳值勤一夜的周小力眯着熬红的双眼又来了解情况，得知醉客安然无恙才放下心来。最后他又请值班服务员在交接班记事本上写下："昨夜626房客醉酒，请特别关照！"

思考与讨论：

1.酒店客房服务员周小力对客人酒醉处理恰当吗？为什么？

2.客房服务员是否只负责打扫客房卫生？为什么？

客房是酒店的基本设施和重要组成部分，是酒店营业收入的主要来源，是顾客休息的重要场所。客房对客人来说，不仅仅是其在旅途中的"家"，还可以在此进行社交、商务等活动。因此，搞好客房服务对顾客来说是非常重要的，了解顾客在客房生活期间的心理特征，有准备、有组织地采取主动、有效的服务措施是客房服务工作的根本。

一、酒店客房部门概述

客房服务是酒店服务中非常重要的环节，在整个酒店旅游收入中占50%左右，因此，无论从完善旅游服务角度，还是从经济角度，做好客房服务、管理都是必要的。本节主要探讨客人客房服务所需心理，并提出相应对策。

1.客房部的概念

客房部又称房务部或管家部，是酒店为客人提供住宿和服务的场所，是酒店重要的设施和存在的基础。客房管理重点是管理好酒店所有的客房及设施、设备，组织好接待服务工作，加快客房的周转。

2.客房部的地位

客房是酒店组成的主体，客房是酒店经济收入和利润的重要来源，酒店的经济收入主要来源于三部分——客房收入、饮食收入和综合服务设施收入。其中，客房收入是酒店收入的主要来源，而且客房收入较其他部门收入稳定，占酒店总收入的50%左右。从利润角度来分析，客房经营成本比饮食部、商场部等都小，却是带动酒店一切经济活动的枢纽。酒店作为一种现代化食宿购物场所，只有在客房入住率高的情况下，酒店的一切设施才能发挥作用，酒店的一切组织机构才能运转，才能带动整个酒店的经营运作。客人住进客房，要到前台办手续、交房租；要到饮食部用餐、宴请；要到商务中心进行商务活动；还要健身、购物、娱乐，因而客房服务带动了酒店的各种综合服务设施。

二、顾客对客房的心理需求

客房是客人在酒店中逗留时间最长的地方，客房的卫生是否清洁、服务人员的服务态度是否热情周到、服务项目是否齐全丰富等，对客人有直接影响，是客人衡量"价"与"值"是否相符的主要依据，所以客房服务质量是衡量整个酒店服务质量，维护酒店声誉的重要标志。要做好客房的优质服务，服务人员要掌握不同顾客在客房活动的规律和心理需求，采取有预见性和针对性的服务。顾客对客房的心理需求主要有以下几个方面：

1.房间清洁卫生

客房清洁不仅指干净，还包含安全、健康、美观等要求。客房清洁卫生的范围包括客房部的环境（如大厅、电梯间、走廊、房间、卫生间）、房内所有设施（如电器、电话、茶具、衣橱、写字台、沙发、卧具和卫生洁具等）、食品（如茶杯、饮料等）和服务员个人卫生（如衣领、袖口、皮鞋、头发、口腔、手及指甲）等四个方面。保持客房的清洁卫生不仅是一个人生理上的需要，而且使人在心理上产生一种安全感、舒适感，直接影响客人的情绪。美国康奈尔大学旅游管理学院的学生曾花了一年的时间调查了3万名旅客，其中60%的人把清洁卫生列为第一需求。

客人对客房整洁方面的要求比较高，对客房清洁卫生的要求是客人普遍的心理状态。客房服务人员的主要工作职责之一就是整理客房，做好清洁卫生工作，做到客房内外清洁整齐，使客人产生信赖感、舒服感、安全感，能够放心使用。服务人员清理客房应该遵循一定的程序，一般情况下，清理客房要趁客人不在时进行。客人在客房时进行清扫，会留给客人不好的印象。如果客人有特殊要求,可以随机处理。

客房服务出售的是有形产品，其特点是循环使用和大众公用，使用者当中不可避免地会有病人、病毒携带者，如果客房经他人使用后不做彻底的清洁和严格的消毒，就有可能产生某种病菌传染。因此，顾客对直接与自己身体接触的各种设施用品（如口杯、被褥、浴池、脸盆、毛巾、浴巾等）特别敏感。尤其是卫生间的卫生状况，更是备受顾客的关注。欧美、日本等国的顾客都非常注意客房的卫生条件及其设备。因此，客房的设备一定要高质量且清洁卫生。服务员每天应认真清理，丝毫不能马虎，否则，客人不仅会感到焦虑不安和厌恶，甚至会感到愤怒而提前退房。

2.环境安静舒适

客人下榻酒店前，往往经过了长时间旅行，到达酒店时一般都比较疲倦，他们希望尽快办好入住手续，马上进入房间休息。同时更希望房间能够提供休息好的种种条件。客房可以从防止和消除噪声两方面入手保持客房的宁静。首先要做到硬件本身不产生噪声，酒店选择设备的一个标准就是它产生的噪声要小；另外，在硬件上要保证隔音性，能阻隔噪声的传入和传导。在软件上也要不产生噪声，员工要做到"三轻"——走路轻、说话轻、操作轻。同时，服务人员还要以自己的言行去影响那些爱大声说笑的客人，用说服、暗示等方式引导客人自我克制、放轻脚步、小声说笑。

环境舒适是指客房的各种设施齐全、质量完好，给人一种美的享受，它包括以下内容：房内装饰、家具陈设雅致，色调柔和、协调，布局合理，具有美感。房内气温适宜，夏天保持24~26℃，冬天保持16~20℃，体感舒适。照明亮度符合标准，房内没有不亮灯，房间灯光柔和，卫生间灯光明亮，视感不易疲劳。房内、卫生间和衣橱无异味。宁静，无水、电器的噪声，窗外噪声不传入室内，室内无虫干扰，服务员实行"三轻"服务。门窗关闭严实，避免泄露隐私，使顾客有安全感。服务员提供超常服务，能满足合理的特殊要求，使客人自尊得到充分满足。引入高科技产品，如使用电子磁卡钥匙、直拨国内外程控电话、计算机管理个人消费账单等。顾客在酒店生活期间，留在客房时间较长，客人的各种感觉器官以及情感和意志等心理活动，会对客房内各种设施作出反应。当这些反应适应客人需要时，便会产生愉快、满足的心理，感到舒适宜人；反之，就会产生烦躁、不满，觉得不舒适，进而影响客人的情绪和消费行为。

3.住宿安全放心

为了满足顾客的安全需要，在客房管理上首先应有安全管理措施作保证，如防盗措施、防火措施、财物保管措施等，有了这些措施和设施，客人才放心。顾客身在异地他乡，举目无亲，又多带有钱财物品，在住宿中求安全的心理突出。首先，顾客希望人身安全有保障，不发生火灾、触电、疾病、烫伤或其他意外伤害事故，能高高兴兴而来，平平安安而归。其次，希望财产不受损失，不发生被窃、被损坏、被弄错等不愉快事件。再次，希望精神愉快，人格受到服务员尊重，交往气氛好，隐私受到保护，没有外来人员和电话骚扰等。酒店方面要提示客人心理上的安全意识，贵重的物品要登记，最好由酒店代为保管，以免发生意外，要让客人懂得发生意外事故时的应急措施，懂得防盗报警系统和防火报警系统的使用方法。客人有来访者，服务员应把来访者请到大堂休息区、咖啡厅或楼层休息接待处，一旦发现可疑人物，要立即报告安全保卫部。另外服务员工作要细致，在收拾房间时，不能随便扔掉客人的东西（哪怕是一张小纸片），整理完房间后，要检查房间的安全情况，如电线有无外露、门锁是否牢靠、设备是否完好等。最后，客房服务要严格执行客房部安全工作条例，按条例规定处理一切有关事宜，确保客人的人身安全与财产安全。

4.服务真诚亲切

这也是客人被尊重的需要。客人希望自己是受酒店欢迎的贵宾，希望见到的是服务人员真诚的微笑，听到的是服务人员真诚的话语，得到的是服务人员热情的服务，希望服务人员尊重自己的人格，尊重自己的意愿，尊重自己的朋友、客人，尊重自己的生活习俗、宗教信仰等，希望真正体验到"宾至如归"的感觉。

客房服务是客人每天接触和享受的，客房服务离客人最近，与客人关系最密切。客房服务人员亲切的服务态度，能够最大限度地消除客人的陌生感、距离感等不安的情绪，缩短客人与服务人员之间情感上的距离，增进彼此的信赖感。客人与客房服务人员情感接近了，会使其对酒店的服务工作采取配合、支持和谅解的态度，才有利于酒店顺利完成日常的服务工作，也有利于提高酒店的声誉。

5.设施齐全方便

方便是指房间设施的实用价值及其完善的服务项目。如果顾客在客房中感到生活起居方便，心理上就会愉快，得到安慰，消除身心疲劳和不安，形成积极的消费态度；如果顾客在客房中感到生活起居不太方便，在心理上就会沮丧，产生不满情绪，导致提前离店或投诉。顾客在酒店客房住下后，都希望生活上十分方便，要求酒店设备齐全，服务项目完善，需要洗衣只要填张单并将衣物放进洗衣袋，有什么问题只需向服务台挂个电话就行，一切都像在家中一样方便。顾客对客房生活起居方便的心理要求，表现在以下三个方面：

（1）设施齐全。客房设施是为满足客人需要而设计和配备的。虽然酒店的级别和档次不同，客房设施水平可能存在差异，但下榻酒店的客人都希望客房内生活用具齐全，如睡眠的家具、盥洗间的卫生用具、起居室的水瓶水杯等用品、书写间的桌椅及夹有文具的服务指南、储存间存放行李衣物的置物架以及保护客人生命安全的消防措施等。只有具备齐全的设施，客人才能正常生活、学习和工作。

（2）服务项目完善。客房服务项目一般包括客房酒吧服务、洗烫服务、保姆服务、客房送餐服务、会客服务、会议服务、代办服务、团队服务、网络服务等。客房服务项目完善与否，是体现酒店服务周到与否的一个依据。

（3）使用便利。客房设施不仅要齐全，还要保证质量，最重要的是让客人感到便利。如调节水温、使用空调、欣赏电视、开启门锁、控制灯关、拉扯窗帘、拨打电话等活动，如果设施质量差或出现损坏，客人使用会感到不便。设施质量不好，客人还容易产生不公平的感受，心理难以平衡，容易出现投诉。

第二节 酒店客房服务心理策略

【案例导入】

废弃的小纸片

某日，一位张先生入住酒店606房间。傍晚时分张先生接到该市会议主办方的通知电话，告知张先生这几天会议的时间地点及注意事项，张先生边接电话边把这些记在了服务指南的信纸中。第二天清晨张先生外出，服务员小李为张先生清理房间时，看到了这张纸，因为字迹潦草，小李误以为是客人随手写的无用纸片，于是拿出来放在门外布草车上。傍晚，张先生回来后发现自己的东西不见了，急忙询问服务员，经过多方查找和询问，服务员小李才说出那片重要的纸条放在该楼层的布草车上，因自己一时忙，忘了交代给下一班次的服务员。

思考与讨论：

1.小李哪些地方做错了？

2.如果换作是你该怎样处理这个问题？

顾客租用客房，主要是住宿，是消除肌体疲劳的生理需要，但其在客房的活动并不是单纯的静止休息。顾客中有的利用客房接待访客进行社交活动，有的利用客房从事公务和商务等活动，有的作为小型集会的地点；有的白天外出活动，有的白天在客房休息。每位顾客的生活时间表也不可能一致，客房服务应该根据顾客的活动规律，在职责范围内尽可能地满足顾客在生理和心理方面的需求，大致上可以从以下几个主要方面去注意。

一、加强酒店内部的管理

加强酒店内部的管理要从保持客房的清洁，增强客人的信任感，出现问题要及时补救几个方面入手，给客人的心理增加愉悦感。

1.保持客房的整洁

人们外出旅行住宿的时候，最关注的就是房间的卫生程度，所以客房服务人员必须加强对客房卫生的管理，才能真正地做好对客的接待服务工作。客房服务人员在清理客房时，必须保证客房及各种设施、用具的卫生。另外，客房服务人员可以采取一些措施来增加客人心理上的卫生感和安全感。保证客房清洁整理的质量，满足客人对客房物质的需求，提供清洁、美观、舒适、方便的居住空间，配备高质量的生活设备和用品，满足客人精神上的需要，向他们提供全方位的优质服务，让客人真正体会到有种回"家"的感觉。要使客人感受到物质需要和精神需要的满足，最基本的是客房能够向客人提供一个清洁卫生的舒适环境，这是人们生活的第一需要，向客人提供这样的一个居住环境，是提供优质服务的基础。

酒店为了保证向客人提供优质服务，做好客房的清洁整理工作，必须对客房卫生的清洁工作进行有效管理，提高客房服务人员的思想认识，充分认识客房服务工作的重要性。客房服务人员应该具有敬业乐业的精神，积极主动的服务态度，并将日常的服务工作化为他们的自觉行动，这样才能真正地做好客房的清洁与维护工作，这是做好客房服务工作的关键。要做好客房的清扫，保证客房的清洁质量，还必须对每一位员工加强进一步的职业道德的教育，要求切实遵守职业道德规范，努力钻研业务，提高操作技能，这是客房服务人员在业务上的基本要求。客房服务人员只有不断地提高对客房服务工作重要性的认识，提高操作技能，严格遵守操作规程，注意生产安全，及时掌握客房服务中各种新设备、新方法的应用，才能更好地提供给顾客优质的客房服务。否则，将会严重地影响酒店的声誉，以致影响酒店的形象及经济收入。比如，在清理后贴上"已消毒"标志，在茶具上蒙上塑料袋等，这些措施能让顾客有安全的感受，但一定要实事求是，不能欺骗顾客。

2.信守诚信道德

要增强顾客的信任感，酒店企业必须遵守商业道德，履行诺言，自觉接受顾客的监督，并通过优质的服务，形成良好的市场声誉。同时酒店要为顾客提供定制化、个性化、多样化的服务，满足每一位顾客的特殊需要。在酒店广告宣传中，如果向顾客做出的承诺过度，脱离了实际，将会使顾客建立过高的服务预期，加大顾客的服务预期质量和体验服务质量之间的差距，最终导致顾客感知服务质量的下降。承诺是影响服务预期的重要因素，酒店应该加强对这些因素的控制，使其对顾客和服务质量形成良好的影响。

3. 重视补救管理

对于服务上出现的差错，不能认为是理所当然，要想尽一切办法补救。重视差错补救工作，将其列为服务质量范畴的重要组成部分，才能不断提高酒店的整体服务质量。

4. 加强企业文化

任何酒店都有一套适合本酒店的企业文化，酒店管理者应通过对本酒店企业理念宗旨，目标、行为规范等有关企业文化方面知识的广泛宣传与培训，帮助员工树立正确的观念。好的酒店文化能够提升员工的服务意愿，使员工更加发自内心地去为顾客服务，而消费者在接受这种服务，感受这种企业文化的同时会自发地提升对本酒店服务质量的认同。

5. 提高员工素质

员工的素质包含员工的道德水准、文化修养、业务技能等诸多方面，员工的行为举止是顾客的第一印象，这种印象往往形成顾客对客房服务的最基本评价。因此，员工素质的高低和服务质量的好坏直接影响到顾客对客房酒店服务质量的整体评价。酒店管理者要针对不同的员工采取不同的方式方法激励员工不断进步。例如，给家庭生活不太好的员工适当的物质帮助，对思想觉悟高的员工充分信任和尊重，都会收到事半功倍的效果。

6. 客房服务的督查

客房服务过程中的督查，是保证服务质量的一个重要环节。第一，要加强对各班组的组织和领导，严格执行规章制度，服务人员的每一道程序要进行严格的检查，实行领班、经理、质检员、房务总监逐级查房制度，达到层层把关；第二，加强各部门间的联系，及时传递信息，客房管理不是孤立存在的，需要和其他部门协调配合形成一个统一的整体，才能保证业务活动的正常进行；第三，主动了解客人的反映，及时处理客人投诉，加强意见反馈渠道，做好接待服务工作。客房管理的好坏最终取决于客人的满意程度，要注意分析客人类型，研究客人的心理，随时掌握客人的意见和要求，从中发现带有普遍性的问题和客人需求的变化规律，抓住客房服务过程中的内在联系和基本环节，不断提高服务质量。

二、"五化"服务原则

酒店要保证客房的良好服务，应从个性化服务、人情化服务、友情化服务、态度优良化服务、市场化服务等方面入手，为每位顾客提供贴心的服务，让客人体会到与众不同的感觉。

1.个性化服务原则

个性化服务就是指在服务过程中尽量满足每一位顾客的个性需求。要做好个性化服务，完善的客房档案的建立是必不可少的，它要求酒店在服务过程中留心收集每一位住店客人吃、住、行、游、购、娱等全方位的需求信息，有了这些信息，就可在接待方式、客房氛围、菜肴口味等各个细节方面满足客人的个性需求，让每位再次光临的客人产生一种"受重视"的感觉，在心理上得到一种"受尊重"的满足感。

2.人性化服务原则

服务工作的过程是顾客和服务人员之间共同交流的过程，这个过程如果缺少感情的投入，就会使客人与服务员之间产生一种距离感，使服务的满意率下降，做好人情化服务，要求服务人员在对客服务上突出感情的投入，强化把客人当家人、朋友理解，处处为客人着想，时时为他们提供方便，使每一位到酒店的客人都能享受到"回家"的温馨感觉。

3.有形化服务原则

做好服务的有形展示，使酒店服务的价值表现于有形，可以增加酒店服务工作的透明度，使客人对酒店产生长久的信任感。如结账时提供详细的消费清单，菜肴食品的现场制作、精美的宣传图片册等等。服务工作的有形化，可以创造较好的消费气氛，增加销售。"凡是客人看到的都必须是整洁美观的，凡是提供给客人使用的都必须是安全有效的，所有员工对客人都必须是热情友好的"，这是做好有形化服务工作的精髓。

4.态度优良化原则

在客房服务过程中只有做到主动、热情、礼貌、耐心、周到的服务，才能赢得客人的好感。作为客房服务员首先的服务是主动，客人开口之前应主动打招呼，这是客房服务人员服务意识强烈的集中表现，包括主动迎送、主动问候、主动与客人打招呼、主动介绍服务项目、主动递送和保管钥匙、主动叫电梯、主动引路让路、主动照顾老弱病残客人、主动征求客人意见等。

热情服务就是帮助客人消除陌生感、拘谨感和紧张感，使其心理上得到满足和放松。服务员要精神饱满，面带微笑，语言精确，态度和蔼，举止大方，不卑不亢，乐于助人，不辞辛苦，为客人排忧解难。热情是服务态度的本质表现，是取悦客人的关键。客房服务人员要懂礼节有礼貌，对客人有礼貌，就是对客人的尊重。礼节、礼貌体现在客房服务的方方面面，如与客人讲话用礼貌用语；操作时轻盈利落，避免干扰客人；与客人相遇或相向行走时，让客人先行；等等。

耐心就是指不厌不烦，根据各种不同类型的客人的具体要求提供优质服务。它要求服务人员在工作繁忙时不急躁，对爱挑剔的客人不厌烦，对老弱病残的客人照顾细致周到，客人有意见时耐心听取，客人表扬时不骄傲自满。

及时周到是指客房服务人员能在最短的时间内提供客人所需的服务，并做到细致入微。这要求服务人员要善于了解客人的不同需要，采取有针对性的服务，根据每个客人的需要、兴趣、性格等个性特点，确定合适的服务方式。服务周到是赢得客人积极评价的有效途径之一。服务周到要求处处为客人着想，提供的服务细致入微、准确及时，包括转达留言、叫醒服务、送餐服务以及提供针线包、信笺、信封、墨水、圆珠笔、电话号码本、节目单等。

5.市场化服务原则

酒店与市场的连接点是顾客的需求，有顾客的需求才有市场，围绕顾客的需求，用使客人满意的服务来取得良好的效益是现代酒店的经营基础。所以在服务中，必须有市场化的眼光，一切服务要围绕客人的需求开展。目前，有很多酒店从业人员的思想意识还停留在产品观念时代，服务关注的是自身产品的完善而不是客户的需求。当客人的需求超出酒店的服务程序和范围时，往往要求客人来适应酒店既定的服务模式而不是顺应客户做出他们满意的调整。服务必须以市场需求为导向，在酒店管理服务中，在不违背原则的情况下，要做好"超常规服务"，尽量满足客人要求。"有满意的顾客，才会有满意的效益"，应作为每一位从事服务工作人员的最高理念来指导工作。

【知识链接】

客房服务员礼貌用语

酒店客房管理过程中不免要和客人正面接触，要有礼貌地对待客人，在礼貌的时候一定要体现出自己的职业素养。这里提供一些用语供参考：

1. 有来访客人找住店客人时，如客人在房间，应电话通知住店客人："先生/小姐，您好！大厅内有××先生/小姐来访，您方便会客吗？"如客人不在应讲："对不起，××不在，有什么事我可以转达的吗？"若客人不见，应对访客讲："对不起，××先生/小姐现在不方便会客。"

2. 上欢迎茶和免费水果时应讲："您好！先生/小姐，给您上欢迎茶和免费水果。"

3. 如在整理房间过程中客人回来，应致歉："您好！先生/小姐，我们正在为您打扫房间，现在可以继续清理吗？"为客人整理好房间后，应讲："如有什么需要，请拨打电话××与我们联系。"

4. 如客人的物品寄存在前台应提醒客人："先生/小姐，前台有您寄存的物品。"

5. 转送外部门送给客人的物品应提前与客人联系："先生/小姐，××部门送您的××现在方便给您送到房间去吗？"

6. 客人要的物品酒店没有，应向客人道歉："对不起，先生/小姐，您要的东西我们正在帮您联系，联系到后马上给您送到房间。"

7. 访客要求进入保密房，出于对住客负责应讲："对不起，您说的客人不住在我们酒店。"

8. 当不知道如何回答客人的问题时，应讲："对不起，先生/小姐，请稍等，我给您问一下，稍后给您答复。"

9. 如遇到客人投诉，自己解决不了的，应对客人讲："对不起，请稍等，我马上给您请示。"

（资料来源：职业餐饮网，2009年8月29日）

【 本章小结 】

客房是客人在酒店中逗留时间最长的地方，客房的卫生是否清洁，服务人员的服务态度是否热情周到，服务项目是否齐全丰富等，对客人有着直接影响，是客人衡量"价"与"值"是否相符的主要依据，所以客房服务质量是衡量整个酒店服务质量，维护酒店声誉的重要标志。要做好客房的优质服务，服务人员要根据不同顾客在客房活动的规律和心理需求特点，采取有预见性和针对性的服务。顾客对客房的心理需求主要有以下几方面：房间清洁卫生；环境安静舒适；住宿安全放心；服务真诚亲切；设施齐全方便。酒店要保证客房的良好服务，应从个性化服务、人性化服务、友情化服务、态度优良化服务、市场化服务"五化"服务入手，为每位顾客提供贴心的服务，让客人体会到与众不同的感觉。

【本章重点内容网络图】

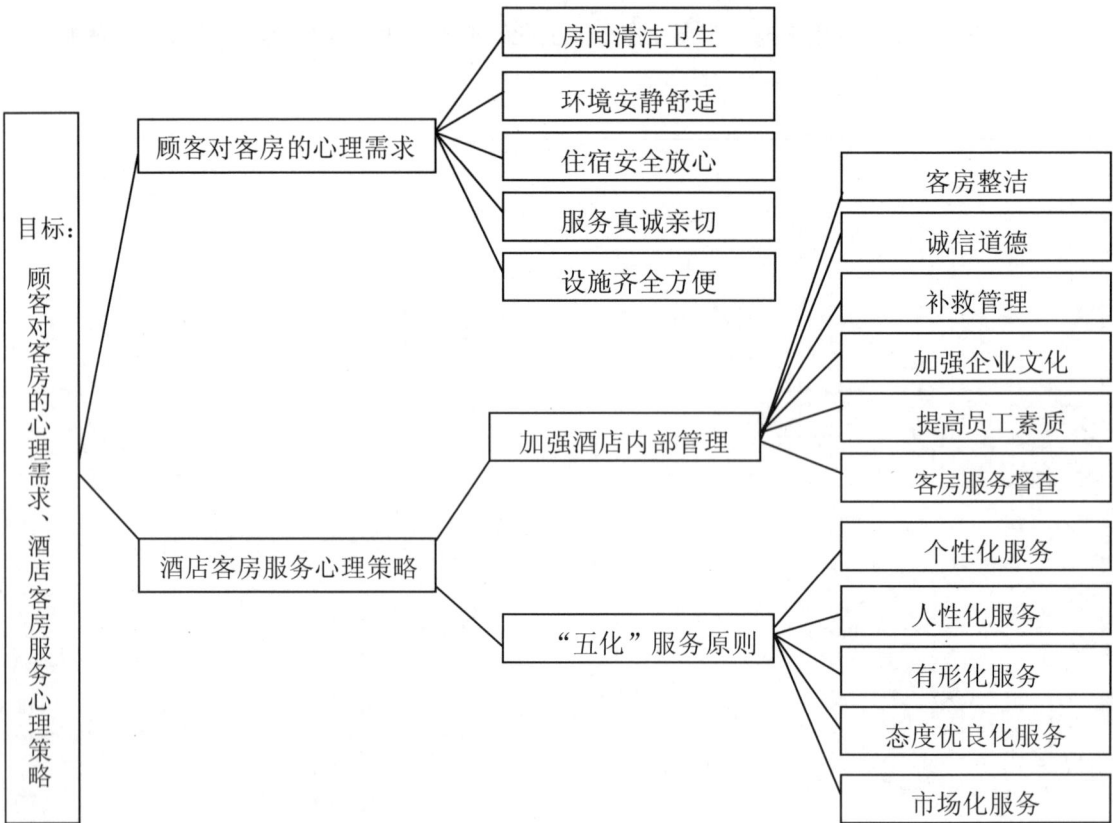

```
目标：                顾客对客房的心理需求 ┌─ 房间清洁卫生
顾客                                      ├─ 环境安静舒适
对                                        ├─ 住宿安全放心
客                                        ├─ 服务真诚亲切
房                                        └─ 设施齐全方便
的
心                                                            ┌─ 客房整洁
理                                                            ├─ 诚信道德
需                                        加强酒店内部管理 ──┤─ 补救管理
求                                                            ├─ 加强企业文化
、                酒店客房服务心理策略                        ├─ 提高员工素质
酒                                                            └─ 客房服务督查
店
客                                                            ┌─ 个性化服务
房                                        "五化"服务原则 ──┤─ 人性化服务
服                                                            ├─ 有形化服务
务                                                            ├─ 态度优良化服务
心                                                            └─ 市场化服务
理
策
略
```

课后习题

一、名词解释

1. 客房部

2. 客房服务质量

3. 环境舒适

4. 安全感

5. 客房部的地位

二、填空题

1. 客房服务要严格执行_____，按条例规定处理一切有关事宜，确保客人的人身安全与财产安全。

2. 人们外出旅行住宿的时候，最关注的就是房间的_____。

3. 客人希望自己是受酒店欢迎的贵宾，希望见到的是服务人员真诚的微笑，听到的是服务人员真诚的话语，得到的是服务人员热情的服务；希望服务人员尊重自己的人格，尊重自己的意愿，尊重自己的朋友、客人，尊重自己的生活习俗、宗教信仰，等等。希望真正体验到"_____"的感觉。

4. 同时酒店要为顾客提供定制化、_____、多样化的服务，满足每一位顾客的特殊需要。

5. 客人在住宿期间，希望保障自己的人身和财产安全及其在酒店的_____。

三、单选题

1. 酒店的经济收入主要来源于三部分——客房收入、饮食收入和（　　）收入。

A. 娱乐项目　　B. 会议收入　　C. 旅游收入　　D. 综合服务设施

2. 下列（　　）不是表现顾客对客房生活起居方便的心理要求方面。

A. 设施齐全　　B. 服务项目完善　　C. 价格便宜　　D. 使用便利

3. 在酒店的软件上也要不产生噪声，员工要做到"三轻"，下列（　　）不属于"三轻"。

A. 服务轻　　B. 操作轻　　C. 说话轻　　D. 走路轻

4. 在酒店服务中服务员要精神饱满，面带微笑，语言精确，态度和蔼，举止大方，不卑不亢，乐于助人，不辞辛苦，为客人排忧解难。这属于酒店服务的（　　　）。

A. 软件服务　　B. 硬件服务　　C. 配套设施服务　　D. 微笑服务

5. 服务周到要求处处为客人着想，提供的服务细致入微、准确及时，包括转达留言、叫醒服务、送餐服务以及提供信笺、信封、墨水、圆珠笔等。下列（　　　）酒店不予以提供。

A. 节目单　　B. 电话号码本　　C. 针线包　　D. 旅行箱

四、判断题

1. 客房收入一般占酒店总收入的80%左右。（　　　）

2. 客房是客人在酒店中逗留时间最短的地方。（　　　）

3. 环境舒适是指客房的各种设施齐全、质量完好，给人一种美的享受。（　　　）

4. 人性化服务是指在服务过程中尽量满足每一位顾客的个性需求，要做好个性化服务，完善的客房档案的建立是必不可少的。（　　　）

5. 客房服务是客人每天接触和享受的，客房服务离客人最近，与客人关系最密切。（　　　）

五、简答题

1. 简述酒店客房一般有几种类型。

2. 简述顾客对客房的心理需求有哪些。

3. 简述加强酒店内部的管理有哪些方面。

4. 简述"五化"服务原则。

5. 介绍一下客人在酒店客房的一般心理需求共有几种类型。

六、案例分析

欠费的房客

在某市的凯宾斯基酒店中，前台服务员Cherry 遇到了这样一位客人——王先生，四天前入住本酒店一商务客房，房租为686元/夜·间，预计入住的天数为两天，入住时缴纳了1400元的预付款。根据顾客的相关信息，在王先生入住酒店两天后的上午，Cherry 打电话到王先生的房间询问其具体离店时间，可王先生告诉Cherry，他的事情没有办完，因此要延迟离店。于是，Cherry要求王先生方便时到酒店前台续缴费以保证他能够继续顺利地住在该房间，王先生很痛快地答应了。然而，两天过去了，尽管Cherry又催了王先生两次，但仍未见其前来续费。Cherry很担心会出现顾客逃账的现象，但又不能过于生硬与直白地催王先生缴费。

问题：

1. 如果你是Cherry，你会怎么办？

2. 这一案例在酒店的软、硬件管理上给了你怎样的启示？

第十章
酒店康乐服务心理

第一节　顾客对康乐服务的心理需求

【案例导入】

谁应该拿报纸

7月28日，上海阳光大酒店健康中心会员顾客林小姐来到该酒店。由于是假期，在该酒店购物消费后，林小姐决定去游泳舒缓一下精神，放松一下身体，顺便从桑拿室拿了一份报纸，打算游泳后边晒太阳边看报。就在她看完报纸，随手放下准备回到桑拿室做面部护理时，一直在旁边的健身中心员工小艾突然拦住她：

"林小姐，你看的报纸忘了拿回去了。"

由于员工小艾在她晒太阳的过程中一直在旁边盯着，林小姐很不自在，现在居然又……林小姐忍不住了："这不是你们员工应该做的吗?还要我帮你们做?"小艾支吾了一下，没说话，将报纸从泳池拿回来。

林小姐想继续享受休闲乐趣的心情被破坏了，她直接找到健康中心经理："经理，我希望这件事你能够给我一个合理的解释。"

"发生了什么事?"

"你们的员工在顾客消费期间对顾客就是这么不信任的吗?需要一直在旁边盯着看吗? 我看完报纸后，她还居然要求我把报纸拿回去。你们酒店的制度是这样的吗? 员工不主动服务还不算，还要求顾客来做，这个样子谁还来你们酒店?"林小姐的怒气全部发泄了出来。

"居然有这种事?"健康中心经理听了觉得很意外，但马上道歉说："林小姐你先消消气。我代表我们酒店为员工的错误行为向你道歉。我们一定会严格管理好员工，保证以后不再发生类似的事情。"

"还不止这件事呢。有一次，我在用毛巾清洁面部时，不小心污染了一条毛巾。当时我连忙说我会做出相应的赔偿。赔款以后，那员工每次在我使用毛巾时就盯着看，这跟监视有什么两样?在这里还有没有人身自由呀?我用坏了东西，我赔，又不是偷了东西走人。真气人，还是五星级酒店呢!"

经理连忙把小艾叫来，对她进行了一番教育后，让她当面向林小姐赔礼道歉，并让其写出保证书反省自己的过失，这才平息了林小姐的怒气。

事后，经理特地交代员工应给林小姐相应的会员优惠，同时加强了服务意识的培训和管理，并将此事列入培训档案，提醒员工应注意"主动服务"。

（资料来源：徐栖玲.酒店服务案例心理解析 [M]. 广州：广东旅游出版社，2006 ）

思考与讨论：

1.案例中的林小姐为什么会发怒?

2.如果你是酒店的主管经理，你会怎样处理这宗投诉?

康乐，顾名思义是健康娱乐的意思，也就是满足人们健康娱乐的一系列活动的总称，它包括身体健康锻炼活动、休闲活动、娱乐活动、文艺活动、声像、美容等，涉及广泛的领域，如体育、卫生、健美、审美等。现代康乐是人类物质文明与精神文明高度发展的结果，也是人们文化生活水平提高的必然要求。随着生活水平的提高，人们对于酒店的认知度越来越高，消费也就出现了多样化。酒店不再只是旅途中歇脚的住宿场所，在酒店消费需要的是享受的感觉。"花钱买健康，花钱买娱乐"是现代都市人普遍存在的观点，在这样的背景之下，酒店的康乐部应运而生。同时，作为高星级酒店主要顾客来源的西方客人，喜爱体育运动的这种习惯也被带到异国的旅途中，这些客人在住店时要求必须有娱乐健身设施，因此康乐部在现代化酒店中就成为一个重要的部门。

一、酒店康乐部门概述

康乐部是酒店对客服务的部门之一，主要满足现代人对于康乐服务的心理需求。酒店管理者要为顾客提供优质的康乐服务，首先要明确康乐的概念、康乐部的地位以及酒店能够提供的康乐项目类型。

1.康乐的概念与酒店的康乐部

康乐是指人们为达到调节身心、恢复体力和振作精神的目的，在闲暇时间，在一定场地和设施条件下参与的休闲性和消遣性的活动。如今生活在压力中的都市人越来越认识到康乐的重要性，也越来越愿意在康乐活动上进行投资，目的是增进身心健康、缓解压力和提高生活质量。康乐是现代客人特别是商务客人的重要消费需求，甚至有些人把酒店的康乐服务作为选择下榻酒店的重要条件之一。

酒店的康乐部是向顾客提供娱乐、美容、健身、休闲等综合服务的业务部门，是酒店增加服务功能、吸引客人，并以此提高企业声誉和营业收入的重要部门。酒店的康乐部从现代人的需求出发，正成为人们追求生活享受、得到康乐和追求康乐感受的最佳场所之一。康乐部门的软硬件建设也成为体现酒店档次高低以及服务功能完善与否的重要标志。康乐部的设施不仅向住店客人开放，也向社会公众特别是当地居民开放，从而成为酒店招揽生意、树立形象、增加收入的重要组成部分。为顾客提供健康、文明、高雅、周到、细致的康乐服务已成为现代酒店服务的重要内容。

2.康乐部的地位

在酒店的众多部门中，康乐部已成为现代高星级酒店不可或缺的部门之一。按照中华人民共和国国家旅游局《旅游涉外酒店星级评定标准》中规定，涉外星级酒店必须具备一定的康乐设施。改革开放30多年来，旅游酒店及时地引进了"康乐"这一有益的新观念。一些中外合资的大酒店都设立了康乐中心或成立了康乐部，为客人增加了服务项目，也增加了酒店收入。有些酒店的康乐部可以为酒店带来每年上千万元的收入，其利率甚至可高达60%。按照旅游酒店星级评定标准来看，康乐是涉外酒店不可缺少的先决条件，不具备较好、较完备的康乐设施的旅游酒店，无论其他方面的条件如何优秀，都不能算是较完善的涉外酒店或不予评审等级。由此可见，康乐部是星级酒店特别是涉外酒店不可缺少的一个部门。

3.酒店康乐项目的类型

现代酒店能够提供给客人的康乐项目种类繁多，一般来说主要分为三个大类，即康体运动项目、娱乐消遣项目和保健休闲项目。

（1）康体运动项目。康体运动项目是指顾客借助一定的健身设备、设施和场地，通过参与来调节心情、促进身心健康、达到休闲和交友目的的具有健身功能的体育活动。康体运动项目的设置必须依赖特定的现代化设施设备和场所，如体育器械、游泳池、运动场等。酒店的康体运动项目既要有锻炼身体的效果，又要达到缓解精神压力、放松身心、平复情绪的目的。酒店可以提供的康体运动主要包括健身器械运动、游泳运动、球类运动和户外运动等项目。其中健身器械运动分为心肺功能训练项目、力量训练项目等；游泳运动则有室内泳池、室外泳池，一些高星级度假酒店还有专属海滨浴场；球类运动包括保龄球、乒乓球、斯诺克、羽毛球、沙狐球等室内项目以及高尔夫球、网球、沙滩排球、沙滩足球等室外项目；户外运动则包括登山、骑马、滑雪、划船等。

（2）娱乐消遣项目。娱乐消遣项目是指酒店为顾客提供一定条件的环境和设施，使顾客通过一定的参与形式或自娱自乐的形式，满足精神需求的各种文娱活动项目。娱乐消遣项目包括的内容比较广，酒店一般所能提供的项目主要有卡拉OK、歌舞厅、棋牌室、网咖、茶艺室、书报阅览、电子游戏厅、乐器演奏和歌舞表演等。

（3）保健休闲项目。保健休闲项目是酒店为顾客提供一定的环境和设施，通过一些有利于身心健康的被动休闲方式让顾客享受服务、放松精神、陶冶情操的各种休闲项目。目前酒店常见的保健休闲项目主要有洗浴桑拿、按摩保健、护肤美容等方面。洗浴桑拿类可以具体分为温泉浴、桑拿浴、药浴、足浴、盐浴等；按摩保健类一般包含人工按摩、按摩椅、足疗等；护肤美容则主要是做面膜、去黑头、烫发、染发等。

二、顾客对康乐服务的心理需求

根据马斯洛的需求层次理论，人的需求分为五个层次，即生理需求、安全需求、社交需求、尊重需求和自我实现需求。现代社会，人们在温饱方面的需求已经基本得到满足，对于现代都市中生活的大部分人来说，解决吃穿用住等基本需要已经不再是难题，因而产生了更高层次的需求。顾客对酒店康乐服务的需求显然不是最低层次的生理需求，而是在吃住等生理需求被满足之后出现的高层次需求。无论是出门在外的游客还是在当地常住的居民，都有对于康乐服务的需求。对于酒店来说，康乐部的客源不仅仅是住店客人，当地居民的需求更应该得到关注，通过研究他们的心理需求并提供有针对性的服务，更能够吸引当地居民到酒店进行康乐消费，并且形成一个长期固定的常客群体。无论是住店客人还是当地居民，他们到酒店进行康乐消费都是为了追求娱乐、消遣和享受，康乐服务对于他们需求的满足更侧重于精神层面，涵盖了除生理需求之外的其他各个层次，表现为多种多样的心理需求。

1.顾客参与康乐活动的心理需求

不同的心理需求促使顾客参与康乐活动并接受酒店康乐服务，这些心理需求产生的原因主要有以下几个方面。

（1）放松身心、缓解压力的心理需求。现代社会生活节奏加快、竞争激烈，无论白领还是蓝领、老师或者学生、老板抑或员工，每个人都在工作、学习和生活之中面临着各种各样的压力，精神紧张、身体和心理压力大是大部分现代都市人共同的感受。现代人在享受更多更好的物质生活的同时，压力也是有增无减。不少人特别是商务人士、政府工作人员甚至各类学校的学生都因压力过大而出现了失眠、焦虑、抑郁、烦躁等心理问题。因此，人们在紧张的工作和学习之余都不约而同地产生了放松身心、缓解工作压力、学习压力的心理需求。到酒店进行康乐消费已经成为人们放松身心，缓解压力的有效途径之一，如唱歌跳舞、足疗按摩、打牌下棋等。顾客通过各种康体、娱乐和保健休闲活动可以消解忧虑、放松身体，缓解精神压力，因而酒店康乐部要能够满足顾客放松、减压的心理需求。

（2）强身健体、塑形瘦身的心理需求。生活在现代社会的人们压力较大，不仅导致了很多心理问题，也影响到了人们的身体健康。"生命在于运动"，经常锻炼身体、强健体魄，已经成为现代人追求健康的共同认识。事实表明，有规律地参与锻炼会使人身心健康、精力充沛地完成各项工作和任务。锻炼的最大作用在于全面增进人的健康，不仅可以预防各种疾病，改善消化、神经等人体系统的功能，还能够使人保持身体活动的能力，延缓衰老。各类体育运动项目可以使人达到锻炼身体的目的，因此，体育运动也成为人们追求健康的必然选择。但是有些运动项目受器材、设备、场地等条件制约，大部分普通市民和一般旅游者无法在家中进行，例如保龄球、斯诺克、壁球、游泳、乒乓球等。而酒店康乐部门则可以为人们提供这些设施设备和场地，同时还能够为顾客提供细致周到的服务。而且随着物质生活水平的提高，越来越多生活在都市中的人接受了"花钱买健康"的观念。顾客更愿意到酒店中进行体育锻炼，成为康体项目的受众群体，酒店的康乐服务也正好可以满足这些顾客强身健体的心理需求。

另外，由于物质生活水平的提高和精神压力的增大，身体变形、发胖等也开始成为现代都市人生活中的困扰。人们开始通过各种方式健美体形、减肥塑身。对于爱美的女士们来说，形体美是她们人生中重要的追求目标之一。因此，体型健美和塑形瘦身也成为现代人光顾酒店康乐部的心理因素之一。一般来说，酒店康乐部下设的健身房、形体训练室等设施设备可以满足顾客健美体型、减肥瘦身的心理需求，而顾客在酒店参与各种康体运动项目如乒乓球、壁球、游泳等也可以达到同样的目的。

（3）文化与审美的心理需求。顾客具有文化品位和审美体验的心理需求。对于出门在外的游客来说，身处异域的他们追求不同的地方文化特色和艺术审美。国外游客参与酒店提供的娱乐活动时，期望在其中看到浓郁的中国特色文化和艺术，国内游客在不同的省、市、区，也期望能够体验各地不同的民族特色，因此酒店康乐部在设计娱乐活动与文艺节目时就要考虑顾客文化与审美的需求，让客人感受到富有地域特色和民族氛围的文化内涵，使他们在心理上得到美的享受。

（4）社会交往的心理需求。由于对感情、接触、亲密、归属感的渴望和战胜异化感、孤独感、距离感的需要，人们会因为友谊、爱情、人际关系、商务交际等各种目的而进行社会交往，以此达成某种目的。因此，社会交往是人们较高层次的心理需求。现代康乐活动是人们进行社会交往的途径之一，"请您喝酒不如请您流汗"已经成为现代都市中的新观念。因此，酒店康乐部也逐渐成为了人们进行交友、会客、商务洽谈等社交活动的场所之一。如情侣一起在闲暇时间可以到酒店打保龄球，康乐部就成为约会的场所；当地居民与远道而来的亲朋好友一起唱卡拉OK、下棋或打牌，康乐部则是宾主尽欢、增进友谊的场所，也可能因此为酒店带来更多的住店客人；还有一些商务人士喜欢利用康乐部的特殊环境进行商务洽谈，例如高尔夫球场是很多企业高层之间进行商务交际的会议室，优美的环境和极佳的氛围使人头脑清醒，便于沟通交流，很多商务决策和目标在绿草如茵的高尔夫球场得以达成。

（5）兴趣与趣味性的心理需求。随着经济的发展，人们在物质方面的需求得到了极大的丰富和满足，但是有人逐渐感到精神上的空虚与贫乏，很多人在闲暇时间里觉得无事可做，而康乐活动则可以填补人们精神上的空白。康体运动项目多数都是有规则的游戏，如斯诺克、高尔夫等，都具有很大的趣味性。KTV、歌舞厅、棋牌室等更是人们娱人娱己的理想方式。玩是人类的天性，康乐项目在使人们身心得到锻炼的同时，还能培养诸多的兴趣，满足人们对趣味性的心理诉求，使人们的生活更加丰富多彩。

（6）新奇性的心理需求。人们都有追求新鲜感和时尚感的心理，对于新奇的或者没接触过的事物一般都会比较感兴趣，因此对于比较新鲜的康乐项目也会产生想体验的心理。同时，由于时尚、潮流、风气等社会因素的影响，体验新鲜时尚的康乐项目也是现代人对康乐活动的心理需求之一。对于中国人来说，斯诺克和网球项目以前并不被很多人了解和尝试，但自从著名斯诺克选手丁俊晖和网球名将李娜在国际比赛中屡屡斩获佳绩，社会上掀起了一股斯诺克和网球运动的风潮，很多人都愿意了解和亲身体验这两项运动的魅力，特别是年轻人，更对这两项运动产生了极大的兴趣。由于新奇和时尚，很多酒店的康乐部门适时地引入了斯诺克和网球项目，吸引了大量的斯诺克与网球项目的爱好者，在为酒店提高经济效益的同时，也培养了一批这类康乐项目的忠诚顾客，进一步推动了这些项目的流行。

2.顾客康乐消费过程中的心理需求

作为酒店康乐部门的管理者，除了需要了解顾客参与康乐活动的心理需求，还应懂得顾客在进行康乐活动的过程中所产生的心理需求，这些心理需求主要包括以下几个方面。

（1）安全保障的心理需求。求安全是人最基本和最重要的需求之一。顾客在参与康乐项目的同时，安全的保障也是他们重要的心理需求之一。顾客对于康乐服务中的安全需求分为人身安全和财产安全两部分。顾客在接受康乐服务的同时，一般会尽情地运动或享受，而在心里则希望作为康乐服务提供方的酒店能够切实保障他们的人身和财产安全，因此，他们在娱乐、健身设施上也会对安全问题非常敏感。当顾客计划到某酒店进行康乐消费时，安全问题是他们考虑的重要因素之一，他们会注意康乐场所是否拥有良好的防火防盗设施、各种设施设备是否存在安全隐患、酒店方对于个人财物是否有安全的管理方式等。

（2）清洁卫生的心理需求。顾客关心酒店康乐场所的清洁卫生，是一种正常的心理需求。根据美国康奈尔大学旅游管理学院对3万名客人的调查，其中有60%的客人把清洁卫生列为第一需求。因为清洁卫生不仅关系到他们的身体健康，还影响到他们的心境。任何人都不愿意在一个脏乱的环境中进行康乐活动，因此康乐场所的清洁卫生也是影响顾客消费的重要因素。无论什么档次的康乐场所，清洁卫生都是不可缺少的条件之一。酒店康乐部的客流量大，使用频繁，尤其是设施设备和器械经过许多顾客的身体接触，因此清洁卫生工作十分重要，良好的清洁卫生条件可以给参与康乐活动的顾客带来舒心、愉快的情绪。

（3）高质服务的心理需求。从顾客心理需求的角度来说，服务质量也是他们选择康乐服务提供者的重要依据之一。服务质量是星级酒店的竞争优势之一，这一点在康乐服务中尤为明显。社会上存在多种康乐服务的提供者，但是从服务质量的角度来说，这些社会康乐场所是无法与以提供服务为主的星级酒店相提并论的。例如，目前有些城市中的体育会所拥有专业的设施设备，如乒乓球室、羽毛球场地等，顾客到这类场所消费，一般流程为登记、运动、结账，其他配套服务基本没有，有些场所为了节省成本，场地狭窄、空气不畅、环境嘈杂，有的连空调都不安装。顾客在康乐消费的过程中，高质量的服务也是他们的心理需求之一，也许在顾客打球的时候端上一杯茶，或者在他们大汗淋漓之时递上一条擦汗的毛巾，以及宽敞安静、空气清新的环境都可能使顾客有更好的心理体验。一般来说，星级酒店能够提供比社会康乐场所更舒适的康乐服务环境、更优质周到的康乐服务，但是相对来说价格略高，不过在目前经济发展水平不断提高的时代，很多顾客会因为对服务质量的心理需求而选择星级酒店的康乐服务。

（4）方便快捷的心理需求。人们一般都有害怕麻烦的心理，因此方便快捷是顾客选择酒店康乐服务的重要因素之一。当客人在酒店进行康乐活动时，如果感到处处方便，在心理上会产生快慰、舒适的情绪，如果总是有让客人感到不便的情况发生，则会使他们产生沮丧、不满的心理，最终导致客源流失的后果。方便快捷在康乐服务中主要体现为酒店康乐设施是否符合客人的要求、活动过程中是否存在各种麻烦等等。例如某些设备比较难操作，让人感到难以学会，就会使客人感到不便。

（5）求尊重的心理需求。人们都有求尊重的心理需求，这一点在酒店服务过程中的任何场合都会有所体现。客人在康乐部消费时同样也有求尊重的心理，因为不是每一位客人都能掌握各种运动技巧、熟悉各种康乐项目的规则、熟练使用各种康乐设施器材，所以某些客人比较在意服务人员对自己的服务态度，他们会担心自己因为不懂规则、不会操作或者水平不高而被别人瞧不起。另外，他们也会很在意服务的公平性，渴望酒店康乐部所提供的服务能够一视同仁，有失偏颇的服务态度和服务标准会让顾客产生被轻视和不被尊重的心理。

（6）学习求知的心理需求。康乐部的运动项目种类繁多，各种项目的规则、技术以及技巧各有不同。人们对于未曾接触或接触较少的项目具有探索求知的心理需求，客人到康乐部参与一些陌生的运动项目，对于了解学习这些项目的相关知识有着强烈的意愿。另外，某些顾客对某项运动产生兴趣之后，希望自己在技术方面能够不断进步，有着学习该项目技能的心理需求。例如，随着收入的增加，很多普通市民在闲暇时间都走进了高星级酒店的保龄球馆，尝试之前未曾尝试的运动项目，但是对于复杂的积分规则很多初次接触的人都不了解，他们都具有了解规则的心理，而且在了解规则之后可能激发他们对保龄球项目更浓厚的兴趣，也为他们在活动中增加更多的乐趣。有些客人在兴趣被激发之后，追求全中和高分成了玩保龄球的一个目标，如果酒店康乐服务能够让客人感到满意，希望自己的保龄球技术能够不断提高的心理将驱使他们成为该酒店的常客。

（7）炫耀的心理需求。炫耀心理是人们通过各种方式来显示自己某种超人之处的心理。人人都有炫耀心理，但是程度有所不同。一般程度的炫耀心理对人对己都影响不大，但总是自我炫耀的人在社交中是有不利影响的，容易招致他人的厌烦情绪。康乐项目为人们提供了一个炫耀自己的平台，对于某些有较强炫耀心理的人来说，他们可以通过各种康乐项目来满足自己的炫耀心理，但前提是必须具备炫耀的实力。例如球技高超的人可以在酒店的球类运动场地展示自己精湛的技术，唱歌水平高的人可以在KTV或者歌舞厅一展歌喉，他们可以通过周围人的认同和赞叹使自己的炫耀心理得到满足，而且这样的炫耀并不会使人感到厌烦，反而会引起其他人的佩服和关注。另外，女士们对于美容美发的需求更是一种炫耀心理的直接体现，康乐部提供这一类的服务也是对顾客炫耀心理需求的一种满足方式。

（8）经济实惠、质价相符的心理需求。经济实惠是一般人常有的购物心理，大部分人对于酒店康乐服务的购买也有着经济性的考虑。酒店特别是高星级豪华酒店的康乐服务一般来说消费水平较高，而目前大多数客人的经济状况并不是特别富有，对于当地的普通市民和一般游客来说，酒店康乐服务的价格偏高是他们的共识。但是相对来说，高星级酒店是奢华和档次的代表，高档次的康乐设施和高水平的康乐服务也必然导致价格相对较高。对于现代都市人来说，随着经济水平的提高，价格高也并不是他们选择酒店康乐服务的障碍。从顾客追求经济实惠的心理来说，他们并不会因为价格高而不选择酒店的康乐服务，主要是高价格的背后是否有高质量的产品作为支撑，只要价格对于客人来说不是高得无法接受，同时通过酒店的设施和服务能够让顾客感觉到物有所值，甚至超过心理期望，他们就不会觉得酒店康乐服务遥不可及。因此不管顾客经济水平的好坏，只要能够做到质价相符，满足顾客的心理需求，就能够吸引更多的客源。

【经典案例评析】

健身房里传来的笑声

一天早上，某酒店2117房间的布科斯先生（Mr. Brooks）像往常一样来到了健身房健身。不久，几个结伴而来的青少年也来到了健身房，他们一进入健身房就大声地吵吵嚷嚷，一会儿玩跑步机，一会儿又抬械铃举重，一会儿又跳健身舞，他们把健身房当成了小伙伴们聚会娱乐的场所。布科斯先生觉得健身房的环境气氛完全被这些半大不小的孩子破坏了，于是就要求健身房的服务员小张制止他们的吵闹。小张对那几个青少年进行了劝说，但他们根本不理会，继续开心地蹦蹦跳跳。小张也就走到一边不再管他们了。布科斯先生被这伙年轻人吵得心烦意乱，就要求小张打开健身房的电视机，以便转移注意力，他可以一边看电视一边健身。谁知小张却不愿意，原因是怕影响另一位在健身的顾客，那是住在2103房的黄女士，她是一位很文静的人，也是酒店的常客，经常在健身时要求关掉电视机，因为她有"随身听"，电视机的声响会影响她的"随身听"中的歌声。布科斯先生认为服务员只照顾到黄女士和那一帮孩子，这样做对他太不公平了，于是打电话给大堂副理投诉。大堂副理小陈赶到健身房，她十分同情布科斯先生的委屈心情，她认为每一位顾客都应该各得其所。于是她向孩子们说，酒店还有一个游乐中心十分适合你们，那里有各种游戏机、台球、飞镖等游乐项目，孩子们一听兴奋不已，簇拥着小陈去了游乐中心。健身房里又恢复了平静，布科斯先生和黄女士不约而同地笑了。

（资料来源：新文秘网，http://www.wm114.cn/wen/126/251285.html）

案例评析：

顾客希望酒店能为他们提供公平的服务。从顾客的角度来看，公平服务既包含了服务结果的公平性，也包含了服务过程中的公平性和相互对待的公平性。结果的公平性是指顾客对服务结果的评价。酒店能为顾客提供什么样的服务结果，当然会影响顾客对服务质量的评估。在本案例中，顾客布科斯先生认为得到了不公平的服务结果：黄女士可以一边听着"随身听"的歌声，一边做运动，而服务员为了不影响黄女士却拒绝给他打开电视机，让他一边看电视一边健身。

除公平的服务结果外，顾客希望服务过程的政策、规定和时限公平。在本案例中，布科斯先生认为年轻人的吵吵嚷嚷已经影响了他健身，而健身中心却没有相应的政策、规定来约束这样的吵闹行为，这是服务过程中的不公平性。相互对待公平，是指顾客们希望被有礼貌地、细心地和诚实地对待。如果顾客感到酒店及其员工对待自己的态度是漠不关心，几乎不做什么努力以试图解决问题，就会产生不公平感。例如，当服务员小张试图劝阻年轻人的吵闹但没有效果时就放弃了，也没有向经理汇报，请求经理出面解决问题。而当布科斯先生提出开电视机时，小张又不愿意，怕影响了黄女士，这些都是相互对待中的不公平。

对酒店来说，首先，应完善娱乐部的规章制度；其次，应加强对服务员的培训，碰到这些事情，要求当班服务员坚持按岗位责任制和操作规章办事，同时也要加强对健身房的现场管理和督导，礼貌劝阻影响他人健身的行为，为顾客提供安全、舒适的健身场所；再次，娱乐部门要加强对健身房的电视、音响的控制管理，妥善处理好顾客之间因播放音响而生气闹纠纷；最后，如服务员无法妥当处理，则应及时汇报给上级，由上级出面协调，而不能置之不理，更不能厚此薄彼。

第二节　酒店康乐服务心理策略

【案例导入】

客人得救了

杭州一家酒店的健身中心设施设备先进，服务优良，引得酒店内外不少客人慕名光顾。尤其以洗桑拿浴的为多。这天是安全巡视员小李当班，她一路观察未发现异常，接着来到女部三浴室。在桑拿浴室里，她意外发现一位女客脸色惨白，斜倚在板壁上，头耷拉在胸前，四肢不停地抽搐。经验丰富的小李一看就明白了，客人出现的状态是由于桑拿浴室的高温缺氧所致，这是十分危险的，稍一拖延便会危及生命。小李立即唤来服务员小王，两人将已昏迷不醒的客人抬出桑拿浴室，平放到四面通风的安全处。小李又让其他服务员与经理联系，报告情况，并请酒店医生迅速前来抢救。同时，与急救中心联系，请求派救护车送往医院。上述工作都是短短几分钟内完成的。客人在酒店医务人员的及时抢救下逐渐恢复了知觉，基本脱离危险。此时，酒店外响起急促的救护车铃声，急救中心大夫及时赶到。经医院诊断，客人是因为桑拿浴室的高温环境致使心跳过速，引发了原有的心脏病，由于发现及时和有效抢救，客人才脱离生命危险。

（资料来源：道客巴巴网，http://www.doc88.com/p-934705214179.html）

思考与讨论：

1.案例中意外发生但没有造成大事故的原因是什么？

2.案例中事故的发生对于其他顾客的心理会产生什么影响？健身中心应采取什么样的服务心理策略来应对？

康乐部门是酒店除了前厅、客房、餐饮三大主要业务部门之外最主要的业务部门，对客服务是康乐部日常工作中最重要的组成部分。康乐部的管理者与服务人员首先需要了解康乐服务的基本特点和康乐服务管理的基本原则，再根据顾客对不同类型康乐服务的心理需求设计不同的服务策略，为顾客提供细致、周到、高质量的服务，进而拓展客源，增加效益。

一、康乐服务的基本特点

康乐服务具有酒店服务的许多共性，如热情好客、耐心周到等，但是康乐服务也有其自身的特殊性，具有区别于其他部门的鲜明特点。

1.康乐服务的原则性与灵活性

康乐服务过程中经常会遇到一些特殊的服务案例，服务人员不能放任违法违章的行为，但又不能生硬地进行阻止，这就需要服务员在服务工作中既坚持原则，又具有一定的灵活性。如在歌厅、舞厅遇到醉酒顾客的过分要求时，服务人员要以礼相待，进退有据、不卑不亢，以耐心、诚心和理解对待客人，既要坚持原则，又不能让客人感到失礼和尴尬。

2.康乐服务的专业性

康乐部的大多数项目专业性强，技术含量较高，要求岗位人员熟悉掌握相关设施设备的性能、结构和特点，熟悉各种项目的规则和玩法，并且具备一定的技术技能，这样才能为顾客提供专项咨询、安全保护、陪练陪打等服务。

3.康乐服务的协作性

康乐服务在经营管理过程中内部协作性很强，如舞厅、卡拉OK、多功能咖啡厅等需要乐队、演员、艺术家、时装表演队等的相互协作，才能收到良好效果。这就要求酒店康乐管理要有较高的水平，能够协调各方紧密合作，共同为顾客提供高质量的视听享受。

4.康乐服务对象的随机性

酒店康乐部的接待人数、销售水平随机性较大，它往往随顾客的兴趣、爱好、年龄、身体状况而变化。因此，康乐部应根据不同项目、不同参与者的各种特点，有针对性地区别对待。如健身、健美项目受中青年人欢迎，美容又以青年女性为多，电子游戏受青少年欢迎等。

5.康乐服务客源的稳定性

酒店康乐部的客源分为两类，一类是住店客人，另一类是当地居民。与其他部门有所不同的是，当地居民比住店客人对酒店康乐服务的需求更具有稳定性，当地的常住居民是酒店康乐部稳定的顾客来源，也是酒店康乐市场营销的主要目标群体。

二、康乐服务管理的基本原则

基于康乐部服务有别于酒店其他部门的特殊性以及顾客对康乐服务的心理需求，在进行康乐服务管理时，需要遵循以下五项基本原则。

1.坚持计划管理与灵活管理相结合的原则

科学的计划管理是保证康乐管理顺利进行的必要条件，但在计划实施的过程中，会遇到一些无法预料的情况，作为康乐服务的管理者要适时调整管理策略，根据具体情况处理具体问题。

2.坚持以人为本的管理原则

坚持以人为本的管理原则，是指康乐管理者要树立人力资本的管理思想，认识到员工才是与顾客接触的一线人员，是康乐服务的提供者。因此管理者要具有服务员工的觉悟，对员工进行物质投资和情感投资，尊重员工，并能够因才而用，根据康乐经营管理的需要不断地对本部门所属各工作环节、工作岗位的人员进行合理调整，引进激励机制，激励员工充分发挥主观能动性，更好地进行工作。

3.坚持责、权、利相结合的原则

责任、权力、利益三者有机结合是康乐部科学管理的基础，对于康乐部的任何岗位都要明确责任，给予岗位人员相应的管理权限，同时根据岗位责任和权力的大小确定工资标准、奖金标准，让责、权、利三者有机统一，充分调动员工努力工作、追求上进的积极性。

4.坚持服务创新的原则

顾客对康乐服务的心理需求具有多元化的特点，这就要求酒店康乐服务要根据顾客心理需求不断进行服务创新。首先，要具有创新思维，一成不变的服务模式容易遭到市场的淘汰，只有适时而变、不断创新才能够顺应潮流，提高竞争力。其次，要具有创新手段，酒店康乐服务要不断在管理方法、服务细节两方面进行创新，适应顾客的心理需求。

5. 坚持专业化管理的原则

星级酒店的康乐部是档次的象征，对于设施设备以及康乐服务的要求，一般客人都会认为星级酒店应该是各种康乐场所中专业性最强的。因此酒店要为顾客提供专业化的康乐服务，就必须遵循专业化管理的原则，引进专业化的设备器材、招揽专业化的人才、培训专业化的服务人员以及运用专业化的管理运营手段。

三、康乐服务的心理策略

酒店康乐部的管理与服务人员要研究和把握顾客的心理需求，针对不同的心理需求使用不同的服务策略。客人对康乐服务的心理需求分为两部分：一是参与康乐活动的心理需求，这类需求最终转化为客人内心的各种动机；二是客人在康乐服务过程中各种影响其心理的因素，包括酒店环境、设施设备的安全性、服务人员的服务态度和质量以及客人内心的求尊重、炫耀等心理。因此，作为康乐服务提供者的酒店要充分研究顾客这两方面的心理需求。首先，要分析客人参与何种康乐活动的心理需求，进而找准市场定位、选择适合自身发展的康乐项目；其次，要在康乐服务过程中把握不同顾客的特点，通过各种创新手段服务顾客，满足他们在康乐活动过程中的各种心理需求。

1. 针对顾客心理需求选择康乐服务项目

对于时代性和潮流性极强的康乐行业来说，经营能否获得成功，在很大程度上取决于投资者的项目决策，而项目决策则建立在对于目标市场中顾客的心理需求充分研究的基础上。因此在康乐项目选择时应把握一些基本原则以及相关的影响因素，然后对目标市场进行充分调研，把握顾客对康乐服务的心理需求，通过与相关影响因素的结合分析项目的可行性，再详细制定项目的投资决策。

（1）酒店康乐项目选择的基本原则。酒店投资和建设康乐部门，首先要选择适合自身发展的康乐项目，在进行康乐项目的选择时要遵循以下基本原则。第一，适应市场需求的原则。市场需求是酒店康乐部门生存的前提，康乐项目的设置必须满足市场的需求，在具体确定市场需求时，要认真分析每个服务项目的市场需求量。要分析客源的消费层次，注意工薪阶层与商务阶层的区别、商务顾客与纯旅游顾客的不同，根据不同顾客的不同需求设置相应的康乐设施。同时，酒店在选择康乐项目时绝不能忽视当地常住居民的需求，因为对于康乐部门来说他们才是最稳定的客源群体，应以尽量兼顾当地人需求为原则，使客源市场更为广阔和稳定。第二，社会效益与经济效益相结合的原则。康乐项目的选择首先应遵循社会效益的原则，坚持选择对人们的身心健康有益，符合社会主义精神文明的要求，并且是国家和地方的法律法规及政策所鼓励，至少是允许设置的项目。经济效益方面，在确定康乐项目时要使各种项目与服务形成有机整体，充分发挥酒店的优势，有利于酒店整体效益的发挥。第三，讲求特色的原则。特色就是与众不同，是娱乐项目对客源具有吸引力的根本所在。讲求特色可以与民族、地方特色结合起来形成全新的、独特的康乐方式，也可以从规模、档次上凸显康乐项目特色，还可以在服务方式上突出个性、在服务质量上提高水平来吸引顾客。第四，先进性原则。康乐行业是最新科技、最新观念、最新生活方式得到综合反映的行业之一。先进性原则一方面指所选择的娱乐项目本身应是国际上最新潮的，另一方面指尽管所选项目本身并非最新出现，但所采用的设施和设备是最先进的。此外在康乐项目的设立、管理和服务方面要符合行业规范和国际惯例。第五，合理配套的原则。酒店应将潜力最大的项目确定为主营项目，作为酒店的标志性经营项目；配套项目是主营项目的补充和完善，既要考虑到为顾客提供服务功能的完整性，又要考虑到与主营项目的一致性。

（2）酒店康乐项目选择的影响因素。酒店进行康乐项目选择和建设时要遵循以上基本原则，同时也要考虑酒店内外部的客观条件，分析对项目选择有影响的相关因素。酒店在进行康乐项目选择时，有以下一些主要影响因素。①酒店规模。康乐项目、康乐设备的选择应适合现有场地，设置应该符合国家技术监督局的规定，不同星级的酒店要有与之相适应的康乐项目配套设施。②资金能力。康乐项目的设置应依据资金的多少而定，投资者、设计者应心中有数，量力而行，若所选项目与投资者资金调动能力不相符合，则无法达到预期目标。③社会环境。社会环境包括经济环境、人文环境和政治环境三方面。项目的设置应与当地的经济发展水平相适应，与人们的支付能力相适应；康乐项目的设置不仅要了解当地的民族性格、风俗习惯、传统观念等，还要充分预见这些文化因素未来的变化，才能确保所选择的项目成为最具投资价值的项目；康乐行业是一个极其敏感的行业，一方面需要当地政治稳定、治安状况良好的环境，另一方面还需要良好、宽松的政策环境。④时尚潮流。康乐时尚具有从社会经济较发达地区向较落后地区流行的规律，因此对康乐时尚的研究仅仅针对当时当地的条件无法保证企业建成后在市场上占据有利地位，必须选择那些先进的、能够代表现代人康乐消费发展方向的项目作为投资对象。

（3）顾客心理需求与酒店康乐项目的选择。在酒店进行康乐项目的投资和建设时，市场需求是最关键的因素。一个城市或地区对康乐服务的市场需求，来源于顾客对康乐服务的心理需求，这就要求酒店在投资和建设康乐项目时把握顾客不同的心理需求与康乐项目之间的关系，有的放矢地选择适应和满足顾客心理需求的康乐项目。人们对于康乐活动的心理需求一般涉及放松减压、强身健体、塑形瘦身、文化与审美、社会交往、兴趣与趣味性以及新奇性等多个方面，这些心理需求都是酒店在康乐项目投资和建设时需要考虑的因素。第一，满足客人放松减压的基本心理需求。一般来说，放松减压是人们进行康乐活动，到酒店进行康乐消费最基本的心理需求。就目前来说，各种康体项目、保健项目和娱乐项目都具有放松身心、缓解压力的功能，能够满足顾客放松减压的心理需求。第二，满足客人强身健体和塑形瘦身的心理需求。要满足顾客强身健体和塑形瘦身的心理需求，主要应考虑各种康体运动项目，如各种球类运动项目、健身房、游泳池等。无论是住店客人还是当地居民，他们都有强身健体和塑形瘦身的心理需求，而出于客源稳定性和长期性的原因，当地居民在这方面的需求应是酒店选择康体运动项目时需要侧重考虑的。第三，满足客人文化和审美的心理需求。对于主要目标市场为游客群体的酒店来说，客人对文化与审美的心理需求是需要重点关注的。他们身在异乡，具有民族文化和审美功能的康乐项目是他们所希望体验的，因此酒店要设置演艺厅、歌舞厅的演出设施，并引入具有地域特色、文化性和能满足客人审美需求的各种演艺节目。例如，京韵大鼓、苏州评弹、黄梅戏等富有地方特色的民族艺术已经走入了北京、苏州、合肥等地某些酒店内的舞台，成为这些酒店非常具有吸引力的康乐项目。再如，对于海南的星级酒店来说，富有地方特色和民族文化内涵的竹竿舞也可以作为康乐项目引入，竹竿舞不仅具有民族性和文化性，还可以作为顾客参与的健身项目。第四，满足客人进行社会交往的心理需求。酒店康乐部是顾客进行社会交往的平台，很多城市居民在康乐场所交友、会客以及商务洽谈。酒店本身就是一个社交的场所，而康乐部门则可以为顾客提供更多的社交机会，人们可以在歌厅里会见老朋友，也可以在球场上认识新朋友。酒店可以针对客人的社交需求，设置一些适宜的康体项目如保龄球、乒乓球、羽毛球等，让康乐部成为有共同爱好的客人定期聚会交流的场所，而一些以高尔夫球为主打产品的酒店则能够满足客人边打球边进行商务洽谈的心理需求。第五，满足客人对新奇性和趣味性的心理需求。新鲜有趣是人们对康乐服务的心理需求之一，酒店在选择康乐项目时也要充分考虑这两个因素，刺激客人对酒店康乐服务持续的消费。客人对于康乐服务的心理需求是动态变化的，他们的兴趣也随着时代的变化在不断地变化。酒店所提供的康乐项目不能总是一成不变，否则客人失去兴趣，康乐部则会面临客源流失、经营难以为继的局面。除了传统的康体项目之外，酒店也需要关注时下人们对新兴项目的兴趣变化，跟随市场的潮流，在内外部条件允许的情况下适时设置新项目或者创造新项目，以满足客人求新求变和对趣味性的追求。例如，随着冬奥会的成功落幕，中国队在冰壶、短道速滑、滑雪等项目上取得了令人骄傲的成绩，一些北方的酒店适时而动，及时推出冰壶、溜冰、滑雪等康体项目。而广东某酒店更是别出心裁，针对时尚的风潮和人们追求新鲜事物的心理，推出了滑草项目。广东人生活在南方，对于年轻人来说，很难体验滑雪的乐趣与新奇，许多人由于工作和时间的原因，不能在下雪季节去旅游，始终是人生的一大遗憾。这家酒店通过开发滑草项目满足了顾客对新鲜感和趣味性的心理需求，不仅为康乐部门带来了直接的经济效益，也带动了酒店其他部门的业务增长，同时也使该酒店成为当地市民休闲度假的理想场所。

2. 针对顾客康乐活动中的心理需求提供康乐服务

顾客在酒店康乐部参与不同康乐项目的过程中，有着各种各样的心理需求。这些心理需求能否被很好地满足，与康乐服务的成败以及顾客满意与否有着紧密的关系，直接影响到顾客忠诚度的建立以及客源市场的稳定性和长期性。特别是对于当地居民这一特殊的客源群体，针对不同心理需求的服务策略能够激发他们对康乐活动长期的需求，形成酒店康乐服务忠诚的顾客群体。

（1）针对顾客求安全心理的服务策略。客人在进行康乐活动时，对活动场所、设施设备、项目本身都有安全的心理需求，他们希望在运动和娱乐的时候，不发生任何意外的人身伤害或财产损失。因此酒店要树立安全意识，充分做好安全保障工作，及时检查服务区域的安保设施、维护康乐设备、建立各种安全保障措施，把客人的生命财产安全放在首位，以满足客人求安全的心理需求。"防患于未然"是酒店康乐安保工作的基本原则，一套行之有效的安保措施和应急预案是所有酒店康乐场所必须建立的。例如，对于健身器材每天要例行检查和保养，以免出现故障危及顾客安全；对于游泳类康体项目，无论室内泳池还是露天海滩，都要有训练有素的救生人员；对于歌厅、舞厅、KTV等娱乐场所，防火防盗是安全工作中的重点；对于提供温泉疗养的酒店，泡温泉时需要注意的事项，服务人员需要提前告知顾客；对于一些带有刺激性和危险性的项目，酒店要在最显眼的地方竖立告示牌，对不适宜人群要明确告知，同时由服务人员口头提醒客人认真对待注意事项。涉及酒店康乐安全的隐患多种多样，酒店要预防与排除相结合，杜绝任何安全问题的出现。在保障客人安全的同时，服务者也要注意自身安全，因此酒店管理者要树立完整的安全意识，把安全意识贯穿员工培训和对客服务过程的始终。

（2）针对顾客清洁卫生需求的服务策略。康乐场所的清洁卫生，除了要按照酒店统一标准保持卫生状态外，还要针对不同服务项目进行特殊的清洁卫生工作。例如，对于健身房、保龄球馆、斯诺克等康体项目，要对每天使用的运动器械进行必要的消毒处理，如健身器材、保龄球、斯诺克球杆等，避免由于众多客人的触摸造成细菌传染；对于歌舞厅、KTV等场所也要对麦克风等设备进行例行消毒处理；对于游泳池，要使用现代化的设备保持池内水质清洁，池内池边无垃圾杂物；对于患病客人，应耐心解释并礼貌劝阻，并严格执行卫生防疫部门的规定；对于按摩推拿、足疗、美容美发等保健休闲服务项目，应将各种器械工具在使用之前严格消毒，保持毛巾、床单等用品一客一换，严格消毒。酒店要通过各种清洁卫生措施，消除客人的不安心理，使客人放心进行康乐消费。

（3）高质量服务策略。要为顾客提供高质量的服务，让顾客感受到酒店服务的档次和水平，完善的配套服务措施和服务质量的管理是星级酒店康乐部必不可少的。

首先，完善配套服务措施。康乐项目的配套服务措施主要是酒水服务、餐饮服务、陪练陪打服务等。一般来说，酒水饮料服务对于康体运动、娱乐消遣和保健休闲三类康乐项目都是必须配套的。康体运动项目如乒乓球、羽毛球、健身房的配套服务主要有陪打服务、陪练服务、训练指导服务等；而娱乐消遣项目如KTV、网咖、棋牌室等可以提供配套的点餐送餐服务。色情服务是绝不能作为康乐场所的配套服务措施提供给顾客的。提供康乐服务必须杜绝色情是康乐服务规范的客观要求。一旦康乐服务掺入色情成分，任何服务都会失去高尚的意义。酒店的企业声誉也将受到严重的损害。因此，在完善康乐项目配套服务的同时一定要坚决杜绝色情成分的掺入。

其次，服务质量管理。服务的高质量是每一位到星级酒店进行康乐消费的顾客的心理需求，要通过科学的康乐服务质量管理，提高服务质量，满足顾客内心对服务质量的高要求。康乐服务质量管理的内容由两大部分组成：一是通过制定服务规程和质量标准来规范难以计量的服务质量，将服务过程制度化，使顾客期望之内的基本服务质量稳定，确保顾客不会产生不满意的感觉，达到质量控制的最低限；二是鼓励服务人员在研究顾客共同心理的基础上，掌握不同顾客对每种康乐产品的心理需求，特别是潜在心理需求，提供因人而异的个性化超常服务，提高顾客满意度，创造忠实顾客。第一，制定服务质量标准。康乐项目服务质量标准的内容包括卫生要求、安全要求、服务态度要求和服务效率要求等几个方面。第二，进行服务质量控制培训。培养员工具备良好的服务意识和熟练的服务技巧，掌握各服务岗位特定的服务程序和服务质量标准内容，明确质量要求，是确保企业服务质量的根本措施。第三，以服务规程和服务质量标准为依据规范服务工作。管理人员应以服务规程、服务质量标准为依据检查和监督服务员的工作，以此控制服务过程中的服务质量，并根据检查结果对服务人员进行奖惩。第四，对服务质量进行评估，不断改进服务工作。要对服务质量进行客观的评估，可从顾客投诉、顾客表情、顾客议论、顾客意见表等多种渠道获得顾客对服务质量的评价，在此基础上分析产生问题的原因，找出主要影响因素，制定解决问题的计划和措施。第五，教育员工提供超常服务。创造"忠实顾客"是所有康乐经营者孜孜追求的目标，为了达到这一目标，酒店康乐部门必须下工夫研究顾客对每一种康乐产品的心理需求，在日常工作中有意识地了解不同类型的顾客和他们的各种特点，不断积累各种顾客不同的需求信息，努力提高服务艺术，做到察言观色就能分析出顾客的现实需求和潜在需求，在保证顾客现实需求得到满足的基础上，出其不意地满足顾客一些潜在需求，往往会取得很好的服务效果。

（4）针对顾客求方便心理的服务策略。客人参与康乐活动主要是为了放松身心、缓解压力、享受生活，因此在服务流程设计上要尽量做到方便快捷，避免让客人感到各种不必要的麻烦。例如到康乐部去泡温泉的客人，不管是住店还是当地居民，都要求手续简便，尽量做到一次性收费。对于康体运动项目来说，设备故障会让顾客产生不方便、麻烦的心理。例如，客人在打保龄球时，设备故障时有发生，计分系统出现紊乱，经常出现客人抱着球站在场边的情况，那么客人必然会产生不耐烦的情绪，严重的话会导致投诉的发生。因此，各种康体设备的检修是日常康乐服务中必不可少的环节。当然，设备故障时有发生，对于酒店康乐部门来说也在所难免，这就要求酒店的工程部与康乐部紧密合作，维修人员随时待命，及时排除故障。

（5）尊重顾客的服务策略。在酒店进行康乐消费的客人都有求尊重的心理。在服务过程中，服务人员要做到对每一位顾客都一视同仁。作为康乐服务人员，要认识到参与康乐活动的每一位顾客都是到酒店来享受生活的，他们都是平等的，不能因为身份贵贱、长相美丑而区别对待，个性化和超常服务是应该提供给每一位客人的。另外，作为康乐服务人员，一般来说对自己所负责的项目比较了解，本着尊重每一位顾客的原则，服务人员不能因为顾客球打得不好、歌唱得难听而面露不屑，更不能有嘲笑的服务语言，必须自始至终本着尊重客人的态度为客人提供服务。

（6）针对顾客学习求知心理的服务策略。顾客参与康乐活动的过程也是学习求知、自我提高的过程。他们对于康乐活动特别是体育运动项目具有求知与提高的心理需求。顾客不可能精通所有的康体运动项目，特别是一些新兴时尚的项目，他们希望了解这些项目的规则、玩法，在活动过程中，也希望能够有服务人员进行指导。这就要求酒店一方面要招聘具有专业知识的康乐部员工，如专业教练、陪练等等，另一方面要通过这些专业人士对康乐服务人员进行专业知识和项目技能的培训，也可以定期邀请专业人士对康乐部员工进行知识培训和技能指导。通过以上措施，让康乐部员工在对客服务的过程中能够向客人讲解专业知识、为客人做比较标准的示范动作、指导客人的技术动作、为客人制定训练计划等。当客人有伙伴时，服务员可以为客人当裁判或记分员，当客人没有伙伴时，服务员可以充当顾客的陪练，同时要态度诚恳、主动热情，陪练时还要把握好"度"，不能因为顾客水平差就只赢不输，也不能因为自己水平高就卖弄显摆，伤害客人的自尊。但是只输不赢也不合适，一般来说，多输少赢是可以让顾客产生愉悦情绪的做法。在陪练的过程中，也满足了顾客学习求知、提高水平的心理需求。

（7）针对顾客炫耀心理的服务策略。一般人都有炫耀心理，希望能在不经意间炫耀自己的成绩，受人崇拜。酒店康乐部门可以为参与康乐活动的客人提供一个展示自我的平台。考虑到客人的炫耀心理，康乐部可以通过一些服务措施满足客人。例如，在保龄球项目中，能够打出高分的客人比较少见，康乐部可以在球馆内竖立一块记分牌，把曾经在本球馆打出高分的客人按照分数高低进行排名，这样使得这些客人的炫耀心理得到了满足，同时也激励他们向更高的目标迈进。这些客人可能会因为这一块记分牌而经常光顾并且为酒店康乐部带来更多的客源。

【知识链接】

斯诺克台球的计分规则

斯诺克是英式台球，英语为Snooker，就是障碍的意思，这种球虽然是以进球为主要目的，但还有一个技术是给对手制造障碍球，让对手无法击球或者因为障碍击错球而让自己得分或给自己制造进球机会，这也正是斯诺克运动的精髓。

斯诺克共用球22个，其中15个红球，6个彩球（黑、粉、蓝、棕、绿、黄各1个）和1个白球。红球和彩球用来得分，白球用来击打红球和彩球。从开始到所有彩球和红球被击打入袋的过程称为一局。在整个进球过程中，一方如果没有成功进球，或者打了一个坏球，此时他就得让另一方打。连续成功进球的过程叫"一杆"。

每局的胜负是由双方积分多少决定，得分多者为胜方。得分有两种途径。一是靠进球，二是通过对方失误罚分。打入一个红球得1分，打入一个黄球得2分，绿球得3分，棕球得4分，蓝球得5分，粉球得6分，黑球得7分。因此，双方都会尽最大努力，多将黑球打入袋内。在打红球时，如果白球未能碰到任何红球，则要罚4分；如果误碰了彩球，则按照该彩球的分数罚分，但是最少都要罚4分。就是说，如果碰到了黑球罚7分，碰到了黄球罚4分。同样，在打彩球时，如果未能打到要打的彩球，则按照此彩球的分数罚分；如果误撞了更高分的彩球，按照高分罚分，最少都要罚4分。如果误将白球击入袋，最少罚4分，或者按照白球进袋前最先碰到球的更高分数球罚分。如果白球入袋，接着打的一方可将白球摆在开球区的任何位置击球。罚分不从受罚方的分中扣减，而是加入对方的得分中。正因为还可以通过双方的失误而得分，所以场上一方如果觉得自己没有进球机会，则会试图制造"斯诺克"。所谓"斯诺克"，就是造成障碍的局面，使对方失误而导致罚分。

一场比赛可约定打一局或三局、五局、七局来决定最后胜负，而世界职业锦标赛的决赛则是打三十五局。如果在结束时，双方平分，传统的决定胜负方法是：将黑球留在黑球位上，白球摆在开球区，双方通过抛币，决定谁先打，先将黑球打入者为胜方。

（资料来源：百度知道，http://zhidao.baidu.com/question/12700493.html）

【经典案例分析】

玫瑰游泳池

陈晶是昨天入住海南三亚某酒店的，他坐在桌子前，一支接一支地抽烟。他已经坐了三个多小时了，面前放着的稿纸还是一片空白。约稿的时间就快到了，而这个电视连续剧的剧本他却只写了一半。虽然他把自己关在房间里，排除任何干扰，但也难免有灵感空白的时候。就像现在，他在桌前坐了三个多小时，喝了五杯咖啡，抽了36支香烟，却只写了六句话。心里烦得要命，急于想出精彩的对白来，却一无所获，头脑像要爆炸似的。

他干脆把笔一丢，走进泳池区，果然令人耳目一新，一个全新的泳池展现在眼前。浅蓝色的池面，漂满了玫瑰花瓣，随着水波泛动、浮沉，给人一种浪漫温馨的感觉。夺目的红色，流动的花瓣，令陈晶无暇顾及身边穿着泳装的妙龄少女。

许多女士正在水中戏水，不断地捧起花瓣往同伴的身上泼去，让花瓣落满她们的头上、身上。情侣成双成对地在泳池的角落里为对方围成一片玫瑰的世界。不会游泳的客人也由自己的伙伴带着在浅水区划来划去，让花瓣在身边荡出一圈圈涟漪。

陈晶也禁不住诱惑，换了泳装，迫不及待地跳进泳池。他一下子就潜到水底，想让自己又热又烦的头脑冷静一下。他沿着泳池的池底缓缓潜行。这是他的习惯，喜欢在泳池里潜行看人们的肢体在水中泛动，还可以透过池水看天空。天空这次却是与以往大不相同了，深红色的天空，红色的花瓣胜过夏日的火烧云。"很美！"

陈晶缓缓吐出最后一口气，浮出水面，头上脸上都沾满了玫瑰花瓣。虽然他不像女士们那样欣喜若狂，但也觉得蛮有意思的，让花瓣沾在头上，鲜红夺目。

从泳池出来，陈晶立刻拿出手机，按响了多日没有联系的女友的手机……

（资料来源：http://www.doc88.com/p-798226174179.html）

案例评析：

动机是引发和维持个体行为并导向一定目标的心理动力动机，是一种内在的驱动力量。追求新奇的购买动机是消费动机的一种类型，这是以追求产品和服务的新颖、奇特、时髦为主要目的的购买动机。具有这种动机的顾客往往富于想象、渴望变化、喜欢创新、有较强的好奇心，他们不喜欢事先的预料和安排，他们的行为倾向是积极、主动、灵活和复杂多变的，他们在消费过程中对奇特、不为大众所熟悉的产品和服务情有独钟，并不太在意价格，喜欢陌生的事物和人，比较容易冲动消费。

香蜜湖度假村推出了令人们感到舒心和浪漫的旅游服务产品——玫瑰泳池，其实做法十分简单，就是把玫瑰花瓣放到泳池里，这一与普通泳池小小的不同却可以让游泳者忘记了一切地放松和享受着。案例中的陈晶由于写作没有灵感，心烦意乱无法工作，然而，他看见了为顾客准备的玫瑰泳池后所有的烦恼都消失了。从泳池出来，陈晶的活力又回到了身上，欢乐之后就会激发起创造的灵感。奇异、特别的旅游服务产品能够激发许多顾客的消费欲望，玫瑰泳池让陈晶感到浪漫无比，不仅自己消费，还邀请了女朋友。

酒店在满足了顾客最基本的需要后，如果能够开发一些与众不同的、独特的产品和服务，推出附加值高的产品和服务，一定会让顾客感到消费价值提高了，顾客的消费欲望能为酒店带来更广泛的客源。

【本章小结】

康乐是指人们为达到调节身心、恢复体力和振作精神的目的，在闲暇时间，在一定场地和设施条件下参与的休闲性和消遣性的活动。酒店的康乐部是向顾客提供娱乐、美容、健身、休闲等综合服务的业务部门，是酒店增加服务功能、吸引客人，并以此提高酒店声誉和营业收入的重要部门。康乐服务已经是现代酒店服务的重要组成部分。目前酒店康乐部提供的康乐项目主要分为三类：康体运动项目、娱乐消遣项目和保健休闲项目。客人对康乐服务的心理需求分为两部分：一是参与康乐活动的心理需求，主要包括放松减压、强身健体、塑形瘦身、追求时尚等，这类需求能转化客人内心的各种动机；二是客人在康乐活动过程中各种影响其心理的因素，包括酒店环境、设施设备以及康乐场所的安全保障、服务人员的服务态度和质量以及客人内心的求尊重、炫耀等心理。酒店经营者首先要了解康乐服务的基本特点和康乐服务管理的基本原则，根据顾客心理需求选择适合的康乐项目，再根据顾客在康乐活动中的各种心理需求提供针对性的服务。

【**本章重点内容网络图**】

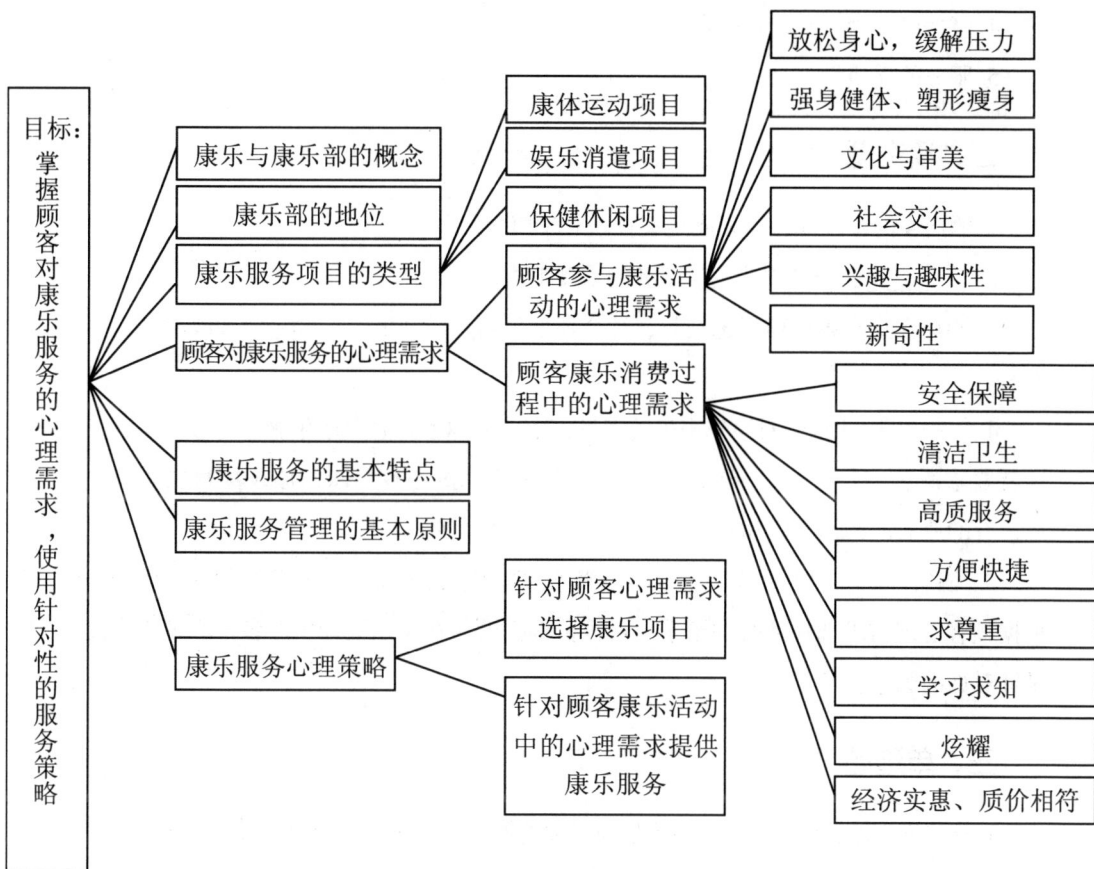

目标：掌握顾客对康乐服务的心理需求，使用针对性的服务策略

- 康乐与康乐部的概念
- 康乐部的地位
- 康乐服务项目的类型
  - 康体运动项目
  - 娱乐消遣项目
  - 保健休闲项目
- 顾客对康乐服务的心理需求
  - 顾客参与康乐活动的心理需求
    - 放松身心，缓解压力
    - 强身健体、塑形瘦身
    - 文化与审美
    - 社会交往
    - 兴趣与趣味性
    - 新奇性
  - 顾客康乐消费过程中的心理需求
    - 安全保障
    - 清洁卫生
    - 高质服务
    - 方便快捷
    - 求尊重
    - 学习求知
    - 炫耀
    - 经济实惠、质价相符
- 康乐服务的基本特点
- 康乐服务管理的基本原则
- 康乐服务心理策略
  - 针对顾客心理需求选择康乐项目
  - 针对顾客康乐活动中的心理需求提供康乐服务

课后习题

一、名词解释

1. 康乐

2. 康乐部门

3. 马斯洛的需求层次理论

4. 坚持以人为本的管理原则

5. 服务的高质量

二、填空题

1. 酒店中的康乐部，主要满足现代人对于康乐服务的_____。

2. _____已经是现代酒店服务的重要组成部分。

3. 酒店在进行康乐项目选择时，社会环境包括经济环境、_____和政治环境三方面。

4. 一个城市或地区对康乐服务的市场需求，来源于顾客对康乐服务的心理需求，这就要求酒店在_____康乐项目时把握顾客不同的心理需求与康乐项目之间的关系，有的放矢地选择适应和满足顾客心理需求的康乐项目。

5. 酒店_____者首先要了解康乐服务的基本特点和康乐服务管理的基本原则，根据顾客心理需求选择适合的康乐项目，再根据顾客在康乐活动中的各种心理需求提供针对性的服务。

三、单选题

1. 现代酒店能够提供给客人的康乐项目种类繁多，下列（   ）不是康乐项目。

A. 康体运动项目   B. 娱乐消遣项目   C. 保健休闲项目   D. 休闲度假项目

2. （   ）是促使顾客参与康乐活动并接受酒店康乐服务的原因。

A. 安全保障的心理需求   B. 高质服务的心理需求

C. 求尊重的心理需求   D. 新奇性的心理需求

3. 下列（   ）是康乐服务具有酒店服务特点。

A.康乐服务的协作性　　　B.康乐服务的合作性

C.康乐服务的安全性　　　D.康乐服务的统一性

4. 基于康乐服务有别于酒店其他部门的特殊性以及顾客对康乐服务的心理需求，在进行康乐服务管理时，需要遵循以下五项基本原则。下列（　　）不符合五项原则。

A.坚持以人为本的管理原则　B.坚持服务创新的原则

C.坚持专业化管理的原则　　D.坚持制度管理的原则

5. 酒店投资和建设康乐部门，首先要选择适合自身发展的康乐项目，在进行康乐项目的选择时要遵循（　　）基本原则。

A.违背市场需求　B.不求效益　C.创新　D.先进性

四、判断题

1. 酒店的康乐部是向顾客提供娱乐、美容、健身、休闲等综合服务的业务部门，是酒店增加服务功能、吸引客人，并以此提高酒店声誉和营业收入的重要部门。（　　）

2. 康体运动项目是指酒店为顾客提供一定条件下的环境和设施，使顾客通过一定的参与形式或自娱自乐的形式，从而满足顾客精神需求的各种文娱活动项目。（　　）

3. 娱乐消遣项目是酒店为顾客提供一定的环境和设施，通过一些有利于身心健康的被动休闲方式让顾客享受服务、放松精神、陶冶情操的各种休闲项目。（　　）

4. 求安全是人最基本和最重要的需求之一。（　　）

5. 经济实惠是一般人常有的购物心理，大部分人对于酒店康乐服务的购买也有着经济性的考虑。（　　）

五、简答题

1. 简述顾客在康乐消费过程中的心理需求。

2. 简述客人对康乐服务的心理需求。

3. 简述康乐服务管理的基本原则。

4. 简述心理需求是酒店在康乐项目投资和建设时需要考虑的因素。

5. 根据你的理解，阐述根据顾客心理提高康乐服务质量的方法。

六、案例分析

玫瑰游泳池

陈晶是昨天入住海南三亚某酒店的，他坐在桌子前，一支接一支地抽烟。他已经坐了三个多小时了，面前放着的稿纸还是一片空白，约稿的时间就快到了，而这个电视连续剧的剧本他却只写了一半。虽然他把自己关在房间里，排除任何干扰，但也难免有灵感空白的时候。就像现在，他在桌前坐了三个多小时，喝了五杯咖啡，抽了36支香烟，却只写了六句话。心里烦得要命，急于想出精彩的对白来，却一无所获，头脑像要爆炸似的。

他干脆把笔一丢，走进泳池区，果然令人耳目一新，一个全新的泳池展现在眼前。浅蓝色的池面，漂满了玫瑰花瓣，随着水波泛动、浮沉，给人一种浪漫温馨的感觉。夺目的红色，流动的花瓣，令陈晶无暇顾及身边穿着泳装的妙龄少女。许多女士正在水中戏水，不断地捧起花瓣往同伴的身上泼去，让花瓣落满她们的头上、身上。情侣成双成对地在泳池的角落里为对方围成一片玫瑰的世界。不会游泳的客人也由自己的伙伴带着，在浅水区动作笨拙地划来划去，让花瓣在身边荡出一圈圈涟漪。

陈晶禁不住诱惑，换了泳装，迫不及待地跳进泳池。他一下子就潜到水底，想让自己又热又烦的头脑冷静一下。他沿着泳池的池底缓缓潜行，这是他的习惯，喜欢在泳池里潜行看人们的肢体在水中泛动，还可以透过池水看天空。天空这次与以往大不相同了，深红色的天空，红色的花瓣胜过夏日的火烧云。"很美！"陈晶对着水说。

陈晶缓缓吐出最后一口气，浮出水面，头上脸上都沾满了玫瑰花瓣。虽然他不像女士们那样欣喜若狂，但也觉得蛮有意思的，让花瓣沾在头上，鲜红夺目。

从泳池出来，陈晶立刻拿出手机，按响了多日没有联系的女友的手机……

(资料来源：http://www.doc88.com/p–798226174179.html)

问题：

酒店在康乐方面是如何让入住客人满意的？

第十一章
顾客投诉服务心理

【学习目标】

● 知识点

1. 能够正确地认识客人的投诉并了解客人投诉发生的原因；
2. 掌握酒店客人投诉的心理；
3. 了解处理酒店客人投诉的原则。

● 技能点

1. 掌握处理酒店客人投诉的方法；
2. 能够运用相关策略对酒店客人的投诉进行处理。

第一节 酒店客人投诉心理

【案例导入】

客人的提包不见了

C先生是某酒店一位老客户。一天，他和往常一样，因商务出差，来到了某酒店。如果是平时，C先生很快就能住进客房。但是，正在酒店召开的一个大型会议使得C先生不能马上进房，服务员告诉他，到晚9点可将房间安排好。C先生只好到店外的一家餐厅去用餐。由于携带手提包不方便，他顺便来到前台，没有指定哪一位服务员，和往常一样，随随便便地说，他把手提包寄存在他们那里，10点以前来取，请他们予以关照。当然，没有拿收条或牌号之类的凭证。当C先生在10点前回到酒店，吩咐服务员到大堂帮他取回手提包时，大堂经理却说找不到，并问C先生的存牌号是多少。C先生讲，同平时一样，他没拿什么存牌。第二天，尽管酒店竭尽全力，却仍未找到。C先生突然翻脸，声称包内有重要文件和很多现金，他要求酒店处理有关人员，并赔偿他的损失。

（资料来源：http://www.docin.com/p-423872148.html）

思考与讨论：

1.本案例中客人与酒店服务人员的行为有何不当？

2.作为服务人员，应如何处理该问题？

酒店从本质上讲是服务性行业，是向顾客提供服务的。酒店产品作为旅游产品的一种，是为顾客提供一种体验与回忆。也就是说，酒店出售给顾客的是一种无形的产品即服务，服务水平的高低、质量的优劣将会直接影响到酒店的经济效益与顾客的评价以及顾客满意度与顾客忠诚度的建立。因此，酒店在提供服务时遇到了某些有可能导致顾客抱怨的意外或现实的不满时，如何正确认识、分析顾客的抱怨与不满，并积极采取措施，努力消除顾客的不安情绪，从而"双赢"地解决问题具有现实意义。

一、正确认识客人的投诉

客人的投诉是指客人将他们主观上认为由于服务工作上的差错而引起的麻烦和烦恼，或者损害了他们的利益等情况向服务人员提出或向有关部门反映。当酒店的服务不到位，顾客就会感到不满意，顾客不满意就会产生各种各样的反应，一般情况下可以分为两种：一种是沉默；一种是采取行动。表示沉默的客人采取的是一种消极的方式，他们一般不会再次光临酒店，这对酒店来说将永远失去这位客人。

采取行动的客人一般会有三种行动：第一，向酒店投诉，对于酒店来说这是最好的情况，因为酒店有了第二次满足顾客需求的机会，保留住了酒店的生意，并且潜在地避免了一些负面的宣传。第二，向朋友抱怨，这种宣传对于酒店来说非常有害，它加剧了顾客的消极情绪，并将这种负面影响传给了他人，那么酒店失去的不仅仅是一位客人。第三，向第三方投诉，如行业协会、工商管理部门等，这对酒店来说将产生更大的不良影响，任何酒店、任何员工都不希望被投诉，因为它会使被投诉的部门或员工受到相应的惩罚，接待投诉客人也不是一件令人愉快的事情。但对客人的投诉，要有正确的认识。

1.顾客的投诉是对酒店的一种赠予

虽然投诉并不令人愉快，但顾客的投诉可以帮助酒店管理者发现自身服务及管理的问题与不足，了解自身与市场的差距，使酒店找到改进和提高服务质量的途径，还为酒店提供了一个改善顾客关系、将不满意顾客转变为满意顾客的机会。引起顾客投诉的原因并不重要，关键是服务人员怎样看待顾客的投诉，采取怎样的态度来面对、解决顾客投诉。如果酒店对顾客的投诉给予充分地重视，采取积极有效的措施及时补救，就能消除顾客的不满、赢得顾客的好感及信任，这样往往会取得意想不到的效果。

2.处理顾客投诉要有心理准备

处理顾客投诉时要有心理准备，即使顾客怒气冲冲而来，或是使用过激的语言及行为，也一定要在冷静的状态下同顾客沟通。虽然顾客并不总是正确的，但把"正确"让给顾客往往是必要的，也是值得的。因为有的时候，对一个未有充分理由的投诉者给予适当的补偿，不仅可以挽留一个顾客，而且还可能赢得一个新的顾客群。我们必须清楚地认识到：顾客不是我们争论斗智的对象，我们永远不会赢得争辩，即使把"理"争回来了，可能就失去了这个顾客。同时，也不要试图说服顾客，因为任何解释都隐含着"顾客错了"的意思。态度鲜明地接受顾客的投诉，能使顾客的心理得到满足，尽快地把情绪稳定下来，显示酒店对顾客的尊重和对投诉的重视，有助于问题的解决。

二、顾客投诉的原因

顾客投诉是指顾客将他们主观上认为由于酒店工作上的差错而引起的麻烦和烦恼，或者损害了他们的利益等情况，向服务人员或向有关部门进行反映。客人投诉的原因是多种多样的，下面我们就从以下几个方面来分析。

1.对客服务态度差的投诉

在许多酒店，员工服务过程中都很少有人重视细节操作。据某市2008年对酒店投诉事件资料统计结果显示：70%的顾客流失是因为一线员工对顾客缺乏应有的关注，而让顾客感到不满，感觉自己没有受到应有的尊重，破坏了顾客对酒店的最初印象，最终导致投诉发生。一位服务专家曾将顾客对服务态度的投诉归纳为十一种表现，分别是：待客人不主动、不热情；不注意语言修养，冲撞客人；挖苦、辱骂客人；未经客人同意私闯客人房间；不尊重客人的风俗习惯；拿物品给客人不是"递"而是"扔"或"丢"给客人；无根据地乱怀疑客人取走酒店物品或者误以为他们没有结账就离开；工作不主动；忘记或搞错了客人交代办理的事情；损坏、遗失客人的物品；房间床铺不干净、不换床单，卫生间地板有积水，马桶有黄迹，浴帘有肥皂、脏物痕迹，浴缸有头发丝或污垢等等。

2.对酒店硬件设备不足的投诉

在各种酒店投诉案例当中，因为酒店的设备设施出现问题而投诉的事件也是非常频繁的。比如，空调、水电、照明、家具等等。例如酒店一位客人来总台反映房间空调制冷有问题，温度很热，而总台员工将此事通知工程部，因为部门间的协调不够及时，工程部维修人员去得太迟,客人等不及，来找领导投诉。

3.对服务质量的投诉

酒店员工都是一线的对客服务员，应有娴熟的工作技能和技巧，不然就会因为服务工作技能不够熟练而影响对客服务质量。顾客对服务质量的投诉一般包括服务员没有照原则提供服务、电话无人接听、取送物品不及时甚至送错等等。此类投诉在企业营业接待任务繁忙时，尤其容易发生。对于这类客人投诉事件，主要原因就在于工作人员的技能不够娴熟，但这只是服务质量差的一个方面。假如那位员工虽然技能不熟，但能很好地对待客人，许多客人能理解工作人员的难处，就不会引起这样的投诉事件了。

4.缺乏沟通

酒店的客人来自五湖四海，各自的生活习惯、宗教信仰、文化水平、性别、性格等各方面都不相同。酒店员工对客服务过程中，如果沟通不够，也会造成相互的误解，而引发投诉。

5.客人的过错行为

客人投诉就一定是酒店的过错，这个观点并不是绝对的。客人也可能会发生过错行为，如要求酒店提供不合理的服务未得到满足就投诉酒店，对于此类投诉事件，酒店也应该采取委婉的方式拒绝客人，尽量去劝阻、疏导客人，避免事态扩大化。

6.对异常事件的发生

突然停电停水、偷窃事件、天气突变等情况引起的投诉。要求服务员尽量在力所能及的范围内帮助解决，做好解释工作、协调工作、善后处理工作。

三、酒店客人投诉的心理

对酒店来说，了解客人的投诉心理、妥善处理旅客的投诉至关重要。首先，能发现工作的疏漏和不足，旅游酒店理应向顾客提供优质服务，但难免由于设备设施故障，服务项目不尽如人意，个别服务人员因技能或态度差等自身原因被旅客投诉。投诉固然反映了顾客的不满，但也反映了旅游企业工作上的不足，企业应将其看成是了解服务和管理不足的机会，有针对性地采取改进措施。其次，能提高酒店的美誉度。妥善地处理客人投诉，会改善公众对酒店的印象，认为酒店认真贯彻"顾客是上帝"的服务宗旨，从而加深客人和酒店之间的感情，增进后续行为的发生。最后，能避免酒店发生危机。客人的投诉，往往有一个从小到大、从息事宁人到忍无可忍的发展过程。酒店对投诉的态度和处理方法从中起到减缓或加剧发展的作用。如果对投诉不重视，有的投诉者就会扩大事态，私下行动或外部攻击，受损的首先是企业自己。下面从三方面分析顾客投诉的心理需求。

1.求尊重的心理

客人是上帝，上帝永远都是对的。顾客对自己的"上帝"角色的认知十分清楚，求尊重的心理需求也十分明显。美国心理学家亚伯拉罕·马斯洛于1960年提出了著名的需要层次理论，他认为整个人类有40%的人有受尊重的需要，除了表现在自己得到重视和赏识之外，还包括取得自信和支配地位。人们到一个景点去旅游，到一个高级酒店去住宿，是由多种动机引起的，但其中之一可能是为了满足受人尊重的需要的驱使。因此，当旅游者感到自己不如愿，采取投诉行动时，这种心理更是突出。他们希望旅游酒店从业人员顺着他，认为他的投诉永远是对的和有道理的，认为自己这样做是应该的，渴望得到同情、尊重，愿意看到当事的服务人员当面向他表示道歉并立即采取相应的行动。

2.求宣泄的心理

美国心理学家亚当斯提出了著名的挫折理论，他认为挫折是个人在某种动机推动下所要达到的目标行为，受到无法克服的障碍而产生的紧张状态与情绪反应。当旅游者受到挫折后，有的人采取减轻挫折和满足需要的积极进取的态度，有的人采取消极对抗的态度，会采取一系列的行动来发泄不满。最主要的一个渠道就是通过投诉，顾客投诉时总是觉得自己理由充足，往往情绪激动，满腔怒火，他们会利用投诉的机会把自己的烦恼、怒气和怨气发泄出来，使直接被触发或意识深层的挫折感和郁闷的心情一扫而光，使其不平静的心情逐渐平静下来，同时也利于弄清事情的缘由，以维持其心理上的平衡。

3.求补偿的心理

顾客认为自己花费了时间和钱财，就应该获得至高的待遇，酒店人员应处处为他们着想，尽量做到承诺与实际相符，否则顾客会投诉。顾客如果觉得价格不合理、不公道，酒店的客房、饮食、商品及服务等质量不好，收费过高，增加新的收费项目等，财物受损失或身体、精神受到伤害，就会直接向酒店索赔或者诉诸新闻媒介采取法律上的诉讼要求赔偿，弥补损失，取得新的心理平衡。

第二节　酒店客人投诉服务策略

【案例引入】

突然停水了

住在酒店401房间的王先生早上起来想洗个热水澡放松一下，但洗至一半时，水突然变凉。王先生非常气愤，匆匆洗完澡后给总台打电话抱怨。接到电话的服务员正忙碌着为前来退房的客人结账，一听客人说没有热水，一边工作一边回答："对不起，请您向客房中心查询，电话号码是58。"　本来一肚子气的王先生一听就来气，嚷道："你们酒店怎么搞的，我洗不成澡向你们反映，你竟然让我再拨其他电话！"

说完"啪"的一声，就把电话挂上了。

（资料来源：http://blog.tianya.cn/blogger/post_read.asp?BlogID=3577221&PostID=32556268）

思考与讨论：

　　1.客人为什么生气？

　　2.酒店服务员应怎样做，才能避免客人的愤怒和投诉？

　　顾客投诉是客观存在的，有些可以避免，有些却未可预见。顾客投诉能反映酒店存在的缺点与不足、是工作质量的晴雨表，是对症下药、防微杜渐、改进工作的推动力，特别是顾客向酒店直接投诉，为改变酒店在顾客心中的错误印象，挽回声誉损失创造了机会。所以，我们应持正确的态度来对待投诉。接待和处理顾客投诉也是日常工作的一个重要方面，是服务质量高低的表现。

一、处理酒店投诉的服务原则

　　酒店正确对待、处理客人的投诉，以便达到快速而又满意的效果，可以从以下四个原则上加以重视。

1.坚持"顾客至上"的原则

　　对客人投诉持欢迎态度，不与客人争吵，不为自己辩护，接待客人投诉、受理投诉、处理投诉，这本身就是酒店的服务项目之一。如果客人投诉的原因与服务质量有关，那么代表酒店受理投诉的管理人员应真诚地听取客人的意见，表现出愿为客人排忧解难的诚意，对失望痛心者婉言安慰、深表同情，对脾气火暴者豁达礼让、理解为怀，争取完满解决问题，这是酒店正常服务质量的展现。

2.坚持"以诚相待"的原则

　　处理顾客投诉，"真诚"二字非常重要。应理解顾客的心情、站在顾客的立场上满怀诚意地帮助顾客解决问题。只有这样，才能赢得顾客的信任和好感，才有助于问题的解决，并在此基础上给顾客带来精神上的满足和愉悦，成为忠诚顾客。在受理投诉时，凡是在自己职权范围内能解决的问题，应迅速为顾客解决，并告诉顾客处理意见。对服务工作的失误，应勇于承认错误，立即向顾客致歉，在征得顾客的同意后，做出补偿性的处理。凡是顾客投诉超出自己权限的，要及时转交上级，并制定相应的投诉处理跟进制度。对暂时不能解决的投诉，要耐心地向顾客解释，取得顾客的谅解。对待顾客的投诉，要推行"一站式"服务，切记不能推诿和转移，否则，将会引起顾客更大的不满。

3.坚持"迅速及时"的原则

迅速行动不仅可以表达酒店对顾客的重视，同时可以减少顾客在等待中支出的时间成本和因等待产生的不满。投诉实际是一次使不满意的顾客重新评价服务质量的有效机会。倘若投诉处理得恰当、及时，不仅能重新建立因对服务质量不满意而受损的顾客关系，还能使顾客体验到酒店对顾客的诚意，增加其对酒店的满意度和忠诚度。研究表明：如果能当场为顾客解决问题，95%的顾客以后还会再来光顾；如果拖到事后再解决，处理好则会有70%的顾客再次光顾；若企业对顾客投诉反应时间超过四周或更长，顾客的满意程度会降低一半以上。因此，迅速、及时处理顾客投诉是消除顾客不满、赢得顾客的重要保证。

4.坚持兼顾客人和酒店双方利益的原则

酒店工作人员在处理投诉时，身兼两种角色：首先，他是酒店的代表，代表酒店受理投诉，因此，他不可能不考虑酒店的利益。但是，只要他受理了顾客的投诉，他也就同时成为了客人的代表，代表酒店同时也是代表客人去调查事件的真相，给客人以合理的解释，为客人追讨损失赔偿。客人直接向酒店投诉，这种行为反映了客人相信酒店能公正妥善解决当前问题。为回报客人的信任，以实际行动鼓励这种"要投诉就在酒店投诉"的行为，管理人员必须以不偏不倚的态度，公正地处理投诉。

二、处理酒店投诉的方法

在投诉处理中，酒店工作人员应采取恰当的处理方法，使客人的投诉在酒店内圆满解决，防止问题扩大化。

1.降温法

凡是前来投诉的客人，都是有着这样或那样的原因，带着不满情绪，有的甚至是火气很大。我们应该保持冷静，耐心倾听，详细记录。对理智型的客人摆事实、讲道理、表示理解和尊重；对火暴型的客人礼让三分，尽量注意自己的言辞、手势；防止客人误解使问题升级；对失望痛心型的客人，款言安慰或给予一定的补偿。通过温和的语言、真诚的微笑来以"柔"克"刚"，化解对方的怒气，使顾客自尊心得到满足，情绪逐渐缓和下来，以利于问题的有效解决。

2.替代法

做客人的朋友，站在客人的角度来合理考虑问题，用亲情、友情、真情感化他们，拉近彼此之间的距离，使他们消除抵触情绪，由原来愤怒不满转化为理解、感激。

3.转移目标法

为避免出现对酒店整体印象的下降，处理投诉时不能相互推诿，而要善于抓住客人的心理，尽量避开问题的焦点、敏感点，给客人以另外的心理补偿。

4.果断处理法

接到客人投诉时，能快速处理的一定要快速处理，防止给客人以拖沓、应付之感，从而出现二次投诉，使问题扩大化。

5.请示报告法

相对而言，对于重大的或超出职责权限的问题必须请示上级领导，请求指示或相关部门的协商处理，不要心怀侥幸或盲目对待伤及重要客人(如VIP客人)，使酒店利益蒙受损失。

6.语言策略法

"一句使人跳，一句使人笑"。在处理投诉时运用机智幽默的语言有时会起到事半功倍的效果。一位客人在西餐厅点了一道菜——"炸蜗牛"。等了半天也没上来，他认为服务效率太低向餐厅主管投诉。主管听清事情经过后赶紧说："对不起，让您久等了，我去催一催。"紧接着他又说："您知道蜗牛是行动迟缓的动物。"说完二人都笑了。餐厅主管借蜗牛是行动迟缓的动物巧妙开脱，机智幽默的语言让人能够理解，从而化解尴尬局面，使问题的处理出现转机。

7.询问沟通法

当客人投诉问题解决后，受理人应该及时再次与客人进行信息沟通询问解决的结果，这样既可以了解客人对于问题解决的满意程度、体现对客人的关心，又可以防止其他问题的出现。与此同时，还应该感谢客人，感谢客人把问题反映给酒店，使酒店得以发现问题并有机会纠正，提高服务水平。

三、处理酒店投诉的程序

一般来说，处理酒店投诉可分为以下九个程序。

1.认真倾听投诉者的意见

受理和处理投诉是从听取投诉者的讲话开始的。投诉者希望他的意见能引起旅游企业充分的重视，投诉者表述意见时往往由于激动而杂乱无章，管理人员可以通过适时和适当提问的方式来弄清问题，集中注意力倾听对方的意见能节约对话的时间。

2.保持冷静

在投诉时，投诉者总是觉得理由很充足。因此，不要反驳投诉者的意见，不要争辩。为了不在其他客人身上产生不良影响，应当请投诉者到专门的接待室或非公共场所，个别地听取客人的投诉，幽雅的环境和私下交谈容易使人平静下来。

3.表示同情

管理人员应设身处地地为客人着想，对投诉者的感受要表示理解，用适当的评议给投诉者以安慰，如语言上可采用虚拟语气，"如果我遇上这种事，也很生气"。

4.不转移目标

把注意力集中在投诉者提出的问题上。不随便引申、不转嫁他人、不推卸责任，绝对不可因投诉者对于某些细节没弄清而怪罪投诉者。

5.记录要点

把投诉者投诉的要点记录下来。记录过程中可要求投诉者重复一些词句，这样不但可以使投诉者讲话的速度放慢，缓和客人的情绪；还可以使客人确信，酒店对他反映的问题是重视的，此外，记录的资料可以作为解决问题的根据。

6.告之处理方法

如有可能，可请投诉者选择解决问题的方案或补偿措施。绝对不能对投诉者表示权力有限，爱莫能助，但也不可轻率地向投诉者做出不切实际的许诺。

7.告之处理时间

要充分估计解决问题所需要的时间，最好能告诉投诉者具体的时间，不含糊其辞，切忌低估解决问题的时间，避免因未按承诺时间解决问题而引起顾客的不满。

8.解决问题

这是解决投诉过程中关键的一环。如果所采取的行动与对投诉者的许诺不一致，那么顾客的投诉不可能得到妥善的处理，酒店还将面对两个新出现的问题：其一，就原先的问题，顾客第二次提出投诉；其二，对酒店服务人员工作的低效率。顾客表示失望。所以，为了不使问题进一步复杂化，为了节约时间，为了不失信于顾客，必须抓好这一环节的工作。在执行的过程中如发生意外情况，应及时反馈给顾客。

9.检查落实和记录存档

与投诉者联系，检查核实顾客的投诉是否已圆满地解决了，将整个过程写成报告，存档，作为酒店管理工作的经验总结，避免以后工作中再次出现类似投诉。

四、处理酒店投诉的服务策略

酒店员工应正确认识投诉，客人对酒店投诉是正常现象，也是客人对酒店信任的表现。正确处理投诉是提高服务质量的必要保证，但要注意采用适当的策略。

1.做一个耐心的倾听者

客人在投诉时大多带有感情色彩，怒气很重，首先要平息客人的怒气，给客人一个宣泄不满的机会，做他忠实的听众，并安抚客人的情绪，对他的遭遇表示同情，让客人感觉到酒店和他站在同一立场上，这样他才会将心声吐露，陈述事实，为以后的调查工作找到依据。让客人理解你是非常关心对方的休闲环境以及所受服务是否令人满意。客人在谈问题时，作为代表企业的领导或处理投诉事件的当事人，要不时地表示对客人的同情，如：我们非常遗憾；非常抱歉地听到此事；我们理解你现在的心情；谢谢您告诉我们这件事；对于发生这类事件，我们感到很遗憾；我完全理解您的心情等。

2.诚恳道歉，平息客人怒火

凡是来投诉的客人都是带着不满的情绪，有着这样或者那样的原因，甚至是怒气冲冲。在他发泄怒气的同时，要不失时机地进行道歉，以表示尊重客人，使客人有种平衡感。

3.要承认顾客投诉的事实

为了迅速了解客人所提出的问题，必须认真听取客人的叙述，使客人感到酒店十分重视他的问题。倾听者要注视客人，不时地点头示意，让客人明白"酒店在认真听取我的意见"。

4.感谢客人的批评

一位好的管理者都会很重视客人的投诉，并对投诉的客人表示感谢，因为这些批评意见或者抱怨，会协助管理者提高酒店管理水平和服务质量。

5.快速采取行动，补偿客人投诉损失

当客人完全同意酒店所采取的改进措施时，就要立即行动，一定不要拖延时间，耽误时间只能进一步引起客人不满，此时，时间和效率就是对客人的最大尊重，也是客人此时的最大需求，否则就是对客人的漠视。

6.要跟踪落实客人投诉的具体实施情况

首先，要确保改进措施的进展情况；其次，要使服务水准及服务设施均处在最佳状态；再次，用电话问明客人的满意程度。对待投诉客人的最高尊重，莫过于对他的关心和对他所提出问题的重视。

总之，对待客人的投诉问题，酒店方应该永远做一个镇静者，认真对待每一起投诉事件，认真处理每一位客人提出的不满要求。认真处理投诉有利于提高酒店服务质量，完善酒店规章制度和服务规范，弥补服务当中的欠缺和不足之处。在当今日益加剧的市场竞争中，正确对待投诉问题，是留住酒店客源，维护酒店声誉和利益的关键所在。

【经典案例分析】

失职的服务

某天早上，某五星级酒店餐厅吃早餐的客人很多，服务员都在紧张地进行服务工作。这时，走来一对夫妇，丈夫是外国人，妻子是中国人。由于客人很多，服务员为这对夫妇找到了一张桌子，但是这张桌子还没有来得及收拾，服务员建议这对夫妇先回房间把行李取下来，然后再来吃早餐，这样避免等待又能节约客人的时间。客人觉得建议很好，于是就上楼取行李，但是当这对夫妇再次回到餐厅的时候，刚才那个位子已经坐下其他客人了。

服务员很快又给他们安排了另一个位子，位子是解决了，但从开始吃饭到结束，始终没有一位服务员来询问他们要喝咖啡还是茶，这是不符合五星级酒店餐厅服务程序的。而且他们本想喝点豆浆，但装豆浆的瓶子也始终是空的。

晚上他们来到西餐厅吃晚餐。当他们发现点的蘑菇忌廉汤不对时，就询问服务

员，服务员一口咬定那就是蘑菇忌廉汤，他们被迫接受了这道菜，结果事后才知道那是一份番茄忌廉汤。

晚上，这对夫妇写了一封书面的投诉信交给大堂副理。大堂副理在第一时间通知了餐饮部的经理。经理马上了解情况，带着一班人和一个果篮到了该夫妇住的房间，首先表示了歉意，然后表示要立即加大服务质量管理力度，保证避免此类事件的发生。接下来管理人员与客人进行了友好的沟通和交流，宣传酒店做得好的方面，转移他们的注意力，最后总经理希望客人继续把剩下的两天住满，并保证不会再发生以上不愉快的事情，客人接受了总经理真诚的致歉和建议。在接下来的两天里，他们确实感觉到自己受到了很大的重视，感受到了热情周到的服务，最终满意地离去。

案例评析：

以上案例说明服务员的业务技能还不够熟练，缺乏一定的观察能力，服务效率也不够，否则就不会出现餐桌没及时清理和豆浆瓶子空着的情况了。出现这种事故，不仅要追究服务人员的责任，更要追究当班领班和主管的责任。

一方面要加强员工的培训和管理，同时还要加强管理人员的现场督导，要能及时发现问题，及时弥补，避免客人投诉。本案例中的投诉是完全可以避免的。特别在客人多的时候，管理人员更要加强巡查，防止出现服务漏洞或死角。在服务员实在忙不过来的情况下，管理人员应主动充当"临时服务员"的角色，比如主动询问这对夫妇要喝点什么？及时提醒服务员添加食品，上述的投诉情况就不会发生了。

【 本章小结 】

本章在引导学生正确认识酒店投诉问题的基础上，总结了酒店产生投诉的原因，即服务态度差、服务质量差、服务设施不完备、缺乏沟通、客人过错和异常事件发生等六大原因以及酒店客人投诉时的求尊重、求宣泄和求补偿心理。针对如何处理酒店投诉的策略问题，本章详细分析了处理酒店客人投诉的原则，分别是"顾客至上"、"以诚相待"、"迅速及时"和"兼顾双方利益"原则，以及降温法、替代法、转移目标法、果断处理法、请示报告法、语言策略法和询问沟通法等七种常用方法，具体给出了处理酒店投诉的九大程序和六大策略。

【本章重点内容网络图】

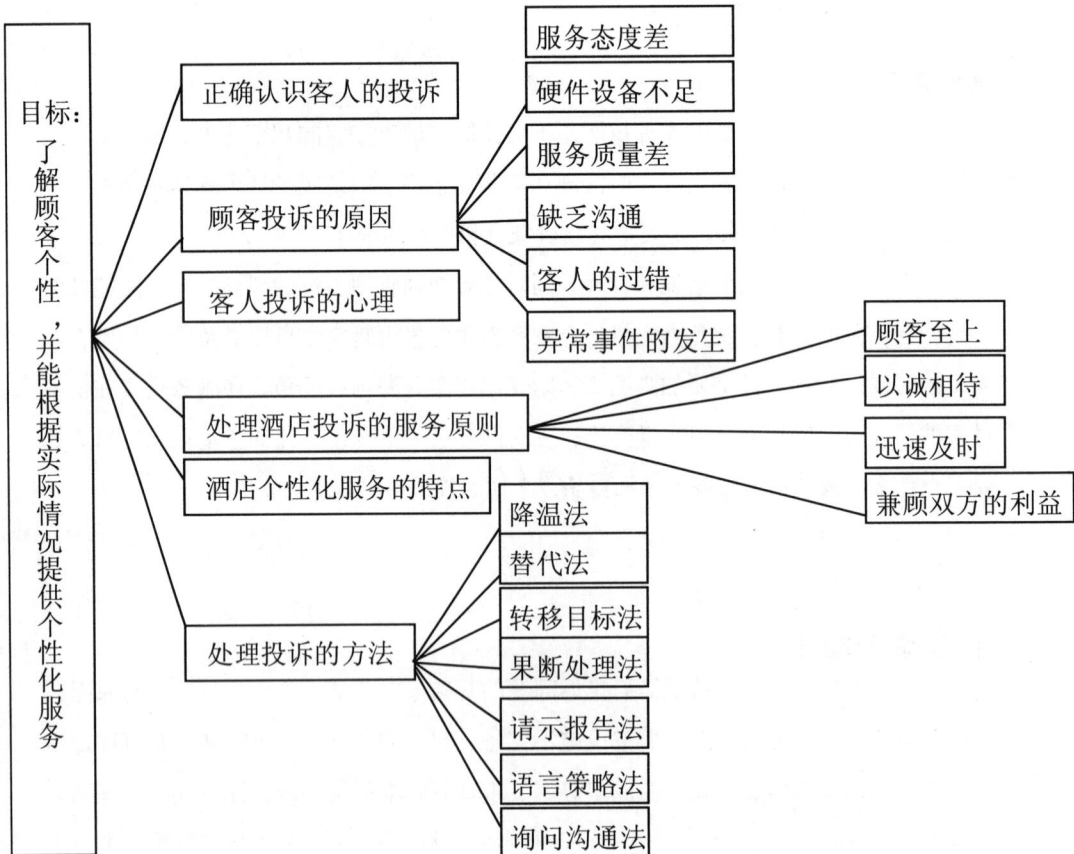

目标：了解顾客个性，并能根据实际情况提供个性化服务

- 正确认识客人的投诉
- 顾客投诉的原因
  - 服务态度差
  - 硬件设备不足
  - 服务质量差
  - 缺乏沟通
  - 客人的过错
  - 异常事件的发生
- 客人投诉的心理
- 处理酒店投诉的服务原则
  - 顾客至上
  - 以诚相待
  - 迅速及时
  - 兼顾双方的利益
- 酒店个性化服务的特点
- 处理投诉的方法
  - 降温法
  - 替代法
  - 转移目标法
  - 果断处理法
  - 请示报告法
  - 语言策略法
  - 询问沟通法

课后习题

一、名词解释

1. 客人投诉

2. 挫折

3. 投诉处理中的"替代法"

二、填空题

1. 美国心理学家亚伯拉罕·马斯洛于1960年提出了著名的需要层次理论，他认为人的基本需要包括生理需要、_____和_____。

2. 酒店工作人员在处理投诉时，要注意兼顾_____和_____的利益。

3. 在处理投诉的过程中，迅速行动不仅可以表达酒店对顾客的重视，同时可以减少顾客在等待中支出的_____和因等待产生的_____。

4. 挫折是个人在某种动机推动下所要达到的目标行为，受到无法克服的障碍而产生的_____和_____。

三、单选题

1. 关于酒店客人投诉的心理，以下说法不正确的是（   ）。

A. 求尊重的心理　B. 求宣泄的心理　C. 求虚荣的心理　D. 求补偿的心理

2. 关于处理酒店投诉的服务原则，以下说法不正确的是（   ）。

A. 只顾客人利益，不顾酒店利益　B. 迅速及时　C. 以诚相待　D. 顾客至上

3. 客人对酒店服务不满意时，需要采取行动，一般不包括哪种渠道（   ）。

A. 向酒店投诉　B. 向主管部门投诉　C. 向朋友抱怨　D. 保持沉默

四、判断题

1. 虽然投诉并不令人愉快，但顾客的投诉可以帮助酒店管理者发现自身服务及管理的问题与不足，了解自身与市场的差距，使酒店找到改进和提高服务质量的途径。（   ）

2. 态度鲜明地接受顾客的投诉，能使顾客的心理得到满足，尽快地把情绪稳定下

来。显示酒店对顾客的尊重和对投诉的重视，有助于问题的解决。（　　）

3. "一句使人跳，一句使人笑"。在处理投诉时运用机智幽默的语言有时会起到事半功倍的效果。（　　）

4. 客人投诉就一定是酒店的过错。（　　）

五、简答题

1. 顾客投诉的原因。

2. 处理酒店投诉的服务原则。

3. 处理酒店投诉的服务策略。

六、案例分析

丢失的行李

中午时分，一位顾客急匆匆地找到某酒店的大堂经理，说他放在房内的几件行李都不见了，现在不知如何是好。该客人姓何，是该酒店的协议客人，一直住在1518房。

经了解，何先生曾向总台员工小李提出房内马桶堵塞，要求换房，但当他吃完饭回来后行李就都不见了。大堂经理立即向小李及客房部询问。事件原来是这样的：小李在接到何先生的换房请求后，即答应帮其换到1618房，并做好新钥匙，交给行李生去1518房找何先生换房。行李生敲了几次门后确认无人又把钥匙还回了小李，没有换成房。而客房部在接到总台通知1518房已换到1618房时，发现何先生的行李仍在1518房，本着助人为乐的目的，就把行李搬到了1618房。何先生浑然不知以上所发生的一切，故而引发了本案例开头的一幕。

问题：

如何避免客人的投诉？

酒店服务心理学试卷

（考试时间：100分钟）

一、名词解释（每题4分，共20分）

1. 动机

2. 情绪

3. 态度

4. 意识

5. 个性

二、填空题（每题2分，共10分）

1. _____指对对象的某种特征形成鲜明印象后，掩盖了对其他特征的认识。

2. 精神分析理论被称为现代西方心理学的第一种势力，创立于19世纪末20世纪初，其创始人是奥地利医生、心理学家_____。

3. 旧行为主义的代表人物以_____为首。

4. _____是人体接受外界传来的和发自体内组织和器官刺激的一种特性，是人们对客观事物进行认知的开端。

5. 态度的心理倾向包括认知、情感、_____三种成分，这三种心理因素在态度结构中有不同的地位作用。

三、判断题（每题2分，共20分）

1. 处在复杂社会关系中的每个人，不仅仅占有一个社会位置，一生中可能会扮演多种角色，甚至同时占据多个社会位置，承担着多个社会角色。（　　）

2. 在态度的三种不同成分中，认知成分是形成态度的基础，情感成分是形成态度的核心，而意向成分是态度的指向。它们相互影响、相互制约，形成一个紧密的整

体。（　　）

3. 人与人之间的平等是由人与人之间的相互理解、相互尊重、相互关怀来体现的，而不是由不分场合的"平起平坐"来体现的。（　　）

4. 一个旅游企业要想赢得优势，不仅要开发优质的产品，更要提供优质的服务；不仅提供优质的功能服务，而且更要提供优质的心理服务。（　　）

5. 服务人员细微主动的个性服务，比其他标准化服务更能使客人感动和铭记在心。（　　）

6. 服务人员既要给每一位顾客提供标准化的服务，做到一视同仁，满足顾客的一般要求，又要根据每位顾客的情况提供个性化服务，有针对性地满足旅游者的特殊要求，做到特别关照。（　　）

7. 旅游服务企业为保证让顾客满意，就需要让服务表现出无可挑剔，也就是通常所说的达到"零缺陷"。（　　）

8. 在态度的三种不同成分中，认知成分是形成态度的基础，情感成分是形成态度的核心，而意向成分是态度的指向。它们相互影响，相互制约，形成一个紧密的整体。（　　）

9. 生活在社会中的人们，会产生各种复杂的心理活动，进而产生各种情绪体验。（　　）

10. 顾客情绪多种多样，不同情绪的顾客需要不同的服务策略。这就要求服务人员善于观察，通过观察客人的外显表情来判断顾客内心的情绪状态。（　　）

四、单选题（每题2分，共20分）

1. 行为主义心理学是美国现代心理学的主要流派之一，也是对西方心理学影响最大的流派之一，被称为现代心理学的（　　）势力。

　　A. 第一种　　B. 第二种　　C. 第三种　　D. 第四种

2. （　　）在《人类动机的理论》一书中提出了需要层次论。

　　A. 弗洛伊德　　B. 华生　　C. 斯金纳　　D. 马斯洛

3. （　　）是新行为主义学习理论的创始人，也是新行为主义的主要代表，同时也是行为主义学派最负盛名的代表人物。

　　A. 弗洛伊德　　B. 华生　　C. 斯金纳　　D. 马斯洛

4. 下列（　　）项不属于知觉的特性。

A. 整体性　　　B. 选择性　　　C. 理解性　　　D. 易变性

5. 内在动机是由个体的内部（　　）所引起的。

A. 个性　　　B. 态度　　　C. 知觉　　　D. 需要

6. 下面（　　）不是凯尔曼（1961）提出的态度形成与变化过程的三个阶段。

A. 服从阶段　　　B. 内化阶段　　　C. 同化阶段　　　D. 感化阶段

7. 下面（　　）不属于费斯廷格认为认知失调的原因。

A. 逻辑的矛盾　　　B. 文化价值冲突　　　C. 观念的矛盾　　　D. 物质冲突

8. 下面（　　）不是餐饮服务的特性。

A. 有形性　　　B. 一次性　　　C. 同步性　　　D. 差异性

9. 下面（　　）不是酒店客人投诉的心理。

A. 求尊重　　　B. 求宣泄　　　C. 求补偿　　　D. 求喜悦

10. 下面（　　）不属于对"第一印象"的理解。

A. 如果第一印象好，即使以后有差错也能得到谅解

B. 第一印象对人际交往的建立和维持是非常重要的，给人记忆最深的常常是第一次接触所留下的印象

C. 人际交往中尤其是初次交往中留给对方的第一印象至关重要

D. 第一印象作用只是在最初阶段，作用很弱，持续的时间也不长

五、简答题（每题6分，共18分）

1. 简述现代西方心理学三大流派。

2. 简述顾客知觉及其服务策略。

3. 简述影响态度改变的因素。

六、案例分析（本题12分）

给客人一个惊喜

住在酒店1306房的Matthew先生入住已有两天，每天早出晚归，房间的衣服总是扔得到处都是。服务员小袁做卫生时都会不厌其烦地帮他把衣服整理好，放在衣

柜内。

真奇怪，房间里的茶杯怎么每天都原封不动地搁在那儿呀？难道他不喝水？爱动脑筋的小袁问中班服务员，她说："每次我们给他送茶他都没喝，但是他每天都会买一瓶矿泉水。"

第三天上午，1306房来了一个朋友，小袁想，他的朋友可能和他一样不喜欢喝袋装茶叶，于是抱着试试看的心理用散装茶叶为他们泡了两杯茶送进房。

过了不久，小袁看见客人和朋友出去了。为了弄个明白，她马上进房去查看，发现两个茶杯都空空如也，原来他们爱喝散装茶。于是，小袁高兴地在常客卡上记录下了这一条，又为他泡了一杯茶，用生疏的英语给客人留了一张条："It's the tea for you! Wish you like it!"

下午，Matthew和他的朋友大汗淋漓地从电梯里面出来，手里抱着一个篮球，老远就冲小袁说"Hello"，小袁连忙跑过去。客人把球放在服务台，小袁接过球一看，黑糊糊的。客人用手比画着指着酒店的布草房，"Take it in workroom？""Yes,Yes！""这么脏，还是洗一下吧？"小袁自言自语道。

于是，小袁便将球拿到消毒间用刷子刷干净。第二天下午，客人又出去打球，当他从小袁手中接过干净如新的篮球时，竖起了大拇指。并且，客人在昨天的那张留言下写着"Thank you⋯⋯"。

问题：

1.小袁在客房服务上做了哪些工作？

2.小袁的客房服务有何特色？本案例给我们什么启示？

试卷 Ⅱ

（考试时间：100分钟）

一、名词解释（4分×5=20分）

1. 旅游需要

2. 旅游动机

3. 酒店服务心理学

4. 客我交往

5. 个性化服务

二、填空题（2分×5=10分）

1. 一个人在做旅游决策时会受到＿＿＿＿和＿＿＿＿的双重影响。

2. 人格倾向是人格特征之一，主要有＿＿＿＿和＿＿＿＿。

3. 知觉的心理定势有首次效应、＿＿＿＿、经验效应和＿＿＿＿。

4. 服务时机是指服务人员为游客提供服务的＿＿＿＿和＿＿＿＿。

5. 旅游行为的社会限定因素是指发生旅游行为的社会必备因素，这些因素主要是指＿＿＿＿因素和＿＿＿＿因素。

三、判断题（2分×10=20分）

1. 学习理论认为，经验是行为变化的主要依据，信息是经验形成的重要条件。（　　）

2. 在旅游接待工作中，双方只考虑对方是什么角色，而社会角色有"非个性"的特点。（　　）

3. 服务人员在接待某些行动不太方便的客人时，一定要让他们感到自己受到了非常特别的照顾。（　　）

4. 在群体内，小道消息盛行，很可能说明正式沟通网络不灵通。（　　）

5 胆汁质人的行为：直率，热情，精力充沛，情绪易冲动，心境变化激烈，外倾。（　　）

6. 老年消费者心理表现为习惯性强，自尊心强，怀古忆旧强烈，注重方便和实用。（ ）

7. 在服务中，若遇到一位服饰漂亮或衣着奇特的旅客，服务员最好是表示羡慕或把他(她)引到引人注目的地方就座。（ ）

8. 如果工作能够提供满足职工自主、能力、成就以及创造等高层次需求的机会，就可以更好地激励职工的工作热情和工作潜力的发挥。（ ）

9. 放任型领导风格，是指领导者在领导工作中，总是想方设法地发挥被领导者的主动性和团结互助精神。（ ）

10. 人的意识的革命，是实现组织变革最强大的动力因素。（ ）

四、单选题（2分×10=20分）

1. 旅游者总是将饭店的名称、品牌、布局、外观、服务水准、价格等方面的情况综合在一起形成对饭店认识，这是（ ）。

A. 知觉的主观性   B. 知觉的选择性

C. 知觉的联想性   D. 知觉的整体性

2. 能力、气质、性格都属于( )。

A. 人的心理   B. 个性心理倾向

C. 心理过程   D. 个性心理特征

3. 由于总服务台给顾客留下了良好的印象，这位顾客就认为这家饭店其他方面的服务肯定不错。这属于知觉的哪种心理定势？（ ）

A. 晕轮效应   B. 首次印象

C. 刻板印象   D. 经验效应

4. 旅游者在做出旅游决策时，会受到____的双重影响。（ ）

A. 旅游环境与个性心理特征   B. 心理过程与个性心理

C. 心理状态与社会环境   D. 心理因素与社会因素

5. 著名的____心理学家亚伯拉罕·马斯洛提出了需要层次理论。（ ）

A. 法国   B. 德国   C. 美国   D. 英国

6. _____是旅游业的灵魂；_____是服务业的基石。（ ）

A.旅游服务，服务质量　　B.服务质量，旅游服务

C.软件质量，硬件质量　　D.硬件质量，软件质量

7.领导者即使没有才能也能让部下服从。这是由下列哪个因素决定的？（　　）

A.资历因素　　　　B.传统因素

C.职位因素　　　　D.品格因素

8.美国心理学家普洛格指出发现新旅游地的往往是具有____人格特质的人。（　　）

A.小康安乐型　　B.追新猎奇型

C.乐群型　　　　D.稳定型

9.服务人员在工作中由于对客人不够热情、不主动、不耐心，这使客人产生情绪波动，心理冲突加剧。这体现出服务态度的什么功能？（　　）

A.感化功能　　B.感召功能

C.激化功能　　D.逐客功能

10."少数服从多数"这种情况，通常从众的压力主要是_____压力。（　　）

A.理智　　　　B.暴力

C.感情　　　　D.舆论

五、简答题(6分X3=18分)

1.简述个性化服务的重要性。

2.要做好个性化服务，对酒店服务人员应有哪些要求？

3.造成酒店顾客投诉的原因主要有哪些？

六、案例分析(6分X2=12分)

某饭店是一家接待商务客人的饭店，管理很严格。某天，总台主管小王和其他两位服务员值班，11时进来了两位客人，小王很礼貌地招呼客人，并热情地向客人介绍饭店的客房。听了小王的介绍，客人对饭店的客房非常满意，同时，他们告诉小王，由于他们是商务客人，公司对他们出差住房的报批价格有规定，希望能给予他们房价的七折优惠。但是饭店规定总服务台主管只能有房价八折的权限，况且部门经理早已下班回家，小王想是否多销售两间客房对自己也没多大关系，还是非常礼貌地拒绝了两位客人的要求。最后两位客人不得不失望地离开了这家饭店。

问题：

    1.造成客人离开的原因是什么？

    2.饭店从这件事情中应及时调整哪些制度？

试卷 III

（考试时间：100分钟）

一、名词解释（每题4分，共5题，总分20分）

1. 顾客知觉

2. 首因效应

3. 个性

4. 动机

5. 潜意识

二、填空题（每题2分，共5题，总分10分）

1. 当一个人第一次入住某一酒店时，留下深刻印象，形成一种心理定势而难以改变，这种现象称为_____。

2. _____印象指的是社会上对某类事物或人物所持的共同的、固定的、笼统的看法和印象。

3. 心理学把人脑对直接作用于感觉器官的客观事物的各种属性的整体反映称之为_____。

4. 心理过程包括_____、_____、_____。

5. _____是对刺激物的感觉能力。

三、判断题（每题2分，共10题，总分20分）

1. 1879年，德国的冯特在莱比锡大学建立了世界上第一个心理学实验室，标志着科学心理学的诞生。（　　）

2. 饭店营销人员的着装对其说服效果影响不大。（　　）

3. 在顾客具体的消费行为中，通常只有一种动机起作用。（　　）

4. 顾客的需要是由自身因素引起的，外界的引诱影响很小。（　　）

5. 顾客的需要在种类、层次、程度等方面具有一定的弹性。（　　）

6. 顾客的记忆有一种倾向，不良的服务总是容易被记住，而良好的服务容易被遗忘。（　　）

7. 错觉是人们对客观事物不正确或歪曲的感知觉，必须得到改正。（　　）

8. 一般情况下，顾客在接受大量消费或服务信息后，对中间的信息记忆相对深刻，保持的时间也相对较长。（　　）

9. 性格形成主要受先天因素的影响。（　　）

10. 经验效应是指旅游者从对象的某种特征推及对象的整体特征，从而产生美化或丑化对象的印象。（　　）

四、单选题（每题2分，共10题，总分20分）

1. 人的五种需要中，基本需要包括：（　　）。

A. 生理与安全需要　　　　　　B. 生理与社交需要

C. 生理与自尊需要　　　　　　D. 社交与自尊需要

2. 由于总服务台给旅客留下了良好的印象，这位旅客就认为这家饭店其他方面的服务肯定不错。这属于知觉的哪种心理定势？（　　）

A. 晕轮效应　　　B. 首次印象　　　C. 刻板印象　　　D. 经验效应

3. 如果一个旅游者收集的旅游宣传品都与海滨旅游度假地有关，就可以推断他对海滨度假旅游持积极的态度，这体现了态度的（　　）。

A. 情感性　　　B. 对象性　　　C. 内隐性　　　D. 稳定性

4. "宁喝顺心汤，不吃受气饭"体现了旅游者对餐厅的（　　）。

A. 求美心理　　　B. 求尊重心理　　　C. 求卫生心理　　　D. 求实动机

5. 优秀的服务人员能在客人还没有开口之前就说出客人最感兴趣的某种需要，这说明他（　　）。

A. 观察力敏锐　　　B. 交际能力强　　　C. 注意力广泛　　　D. 记忆力良好

6. 能力、气质、性格都属于（　　）。

A. 人的心理　　　B. 个性心理倾向　　　C. 心理过程　　　D. 个性心理特征

7. 服务人员在工作中由于对客人不够热情、不主动、不耐心，这使客人产生情绪波动，心理冲突加剧。这可以用心理学上的什么功能来解释？（　　）

A. 感化功能　　　B. 感召功能　　　C. 激化功能　　　D. 逐客功能

8. 经验丰富的服务员能够根据以往的经验，分辨出顾客的身份，甚至是具体职业等，这是知觉的什么属性？（　　）

A. 选择性　　　B. 整体性　　　C. 理解性　　　D. 恒常性

9. 当首次入住的顾客满意地离店后，对酒店的良好印象会转化成定型化效应，这属于人际印象中的_____效应。（　　）

A. 首因　　　B. 晕轮　　　C. 刻板　　　D. 投射

10. _____将人格结构分为本我、自我和超我三个组成部分。（　　）

A. 马斯洛　　　B. 列温　　　C. 弗洛伊德　　　D. 科斯塔

五、简答题（每题6分，共3题，总分18分）

1. 简述饭店处理顾客投诉的原则和方法。
2. 简述顾客在前厅的一般心理需求。
3. 简述感觉和知觉的区别。

六、案例分析（总分12分）

损坏的马桶盖

　　张老师是云南某大学的在职研究生，她于2011年1月在云南省昆明市某经济型酒店品牌的建设路分店办理退房手续时与前台服务人员发生纠纷。客房服务员查房后告知前台工作人员，张老师房间的马桶水箱盖断裂，前台工作人员要求张老师赔偿人民币700元。但是在张老师住店期间，马桶水箱盖上有两条印有该酒店名称的白色毛巾，而她一直没有动用过水箱盖上的毛巾，对水箱盖断裂的情况也毫不知情。因此她向前台说明情况，请酒店方公正处理，但前台工作人员坚持要求赔偿。在多方交涉未果的情况下，张老师向值班经理投诉，但是值班经理的处理结果仍然是让张老师赔偿，赔偿金额降为200元。张老师据理力争，但值班经理始终面无表情，也无任何其他处理意见。由于她急于前往机场，无奈之下只好接受了酒店方无理的赔偿要求，并在离开时流下了委屈的泪水。张老师在心里发誓，再也不会光顾该品牌旗下的任何酒店。张老师后来经常对人说，作为一个对该酒店品牌支持多年的忠诚顾客，这一事件使她对这个酒店品牌彻底感到失望，并在每次提及时都心生恨意，她将对此事铭记一生，而且决定将来出门在外时绝不会再踏入该品牌旗下任何酒店的大门。请根据以上案例，回答下列问题。

问题：

1. 在这个事件中，张老师产生了怎样的情绪表现和外显形式？
2. 服务失败的原因是什么？如果你作为值班经理应该如何处理张老师的投诉？

试卷 Ⅳ

（考试时间：100分钟）

一、名词解释（每题4分，共5题，总分20分）

1. 刻板效应

2. 需要

3. 态度

4. 性格

5. 超我

二、填空题（每题2分，共5题，总分10分）

1. 1879年，德国哲学教授_____在莱比锡大学创建了世界上第一个_____，它标志着心理学开始走上科学道路。

2. 知觉的基本特征有：_____、_____、_____及恒常性。

3. 人本主义的代表人物是_____，精神分析学派的代表人物是_____。

4. 一叶障目、爱屋及乌指的是_____效应。

5. 心理是_____的机能，是_____对_____的反映。

三、判断题（每题2分，共10题，总分20分）

1. 心理学是社会科学。（　　）

2. 有健全的脑就有正常的心理活动。（　　）

3. 心理学所研究的对象是人类自身的心理现象，包括心理过程和个性心理特征两个方面。（　　）

4. 1879年，德国的冯特在莱比锡大学建立了世界上第一个心理学实验室，标志着科学心理学的诞生。（　　）

5. 在服务中，若遇到一位服饰漂亮或衣着奇特的顾客，服务员最好是表示羡慕或把他(她)引到引人注目的地方就座。（　　）

6. 旅游服务交往的特点之一是不对等性，即旅游者可以向服务人员下达指令，服务人员服从和满足旅游者的意愿，不存在相反过程的可能。导致不对等性的原因是旅游者付钱。（   ）

7. 气质带有先天性，后天是不可以改造的。（   ）

8. 重复一种观点可以增强劝说效果，从而对顾客态度改变产生重要的影响。因此应该抓住一切机会不断地进行重复。（   ）

9. 顾客性格的特点可以通过顾客的活动. 言语. 外貌及身体姿式方面表现出来。（   ）

10. 在顾客收集的饭店信息中，来自权威媒体的意见是影响力最大的，权威的态度会极大影响顾客的消费行为。（   ）

四、单选题（每题2分，共10题，总分20分）

1.服务人员在工作中由于对客人不够热情、不主动、不耐心，使客人产生情绪波动，心理冲突加剧。这可以用心理学上的什么功能来解释？（   ）

A.感化功能　　　　　　B.感召功能

C.激化功能　　　　　　D.逐客功能

2. 最常见的情绪状态是（   ）。

A.激情　　　B.热情　　　C.心境　　　D.应激

3. 影响顾客消费行为方向的主要是（   ）。

A.气质　　　B.需要　　　C.性格　　　D.能力

4. 按照马斯洛的需要层次理论，需要可以分为（   ）。

A.自然性需要、社会性需要

B.物质需要、精神需要

C.生存需要、活动需要、交往需要、发展需要、成就需要

D.生理需要、安全需要、爱与归属的需要、尊重需要、自我实现需要

5. 目前国内的帐篷露宿营地，满足的是顾客具体消费动机中的（   ）。

A.安全动机　　　B.好奇动机　　　C.享受动机　　　D.求名动机

6. 一项研究表明如果饭店对来本店消费的顾客进行电话感谢，今后这些顾客对饭店产品和服务的重复消费率会提高7%。这种电话感谢属于（   ）。

A. 强化　　　B. 诱导　　　C. 激励　　　D. 学习

7. 以下选项中被称为"认识世界的开端，我们关于世界一切知识的最初源泉"的是（　　）。

A. 知觉　　　B. 感觉　　　C. 需要　　　D. 意志

8. 根据主体的知识经验，对知觉对象加工处理，并用语词把它们标示出来。这是知觉的（　　）。

A. 理解性　　　B. 恒常性　　　C. 选择性　　　D. 整体性

9. 人的心理过程可以分为三种，即（　　）。

A. 认知、情感、意志

B. 认知、情感、意向

C. 知觉、情绪、意向

D. 知觉、情感、意向

10. 顾客在知觉事物的过程中，总是习惯将知觉到的客观事物与本人愿望、想象以及态度、评价等混淆在一起，这是（　　）。

A. 知觉的主观性　　　　　　B. 知觉的选择性

C. 知觉的联想性　　　　　　D. 知觉的整体性

五、简答题（每题6分，共3题，总分18分）

1. 简述酒店员工的能力要求。

2. 简述知觉的两大分类及其四个特性。

3. 试述顾客对前厅服务的心理需求。

六、案例分析（总分12分）

奇怪，她不要小费还这么热情？

一天晚上，王先生陪着一位美国外宾来到某高档酒店的餐厅用餐。点菜后，服务员小吴先铺好餐巾，摆上碗碟、酒杯、餐具和餐前小菜，又为外宾多加了一份刀叉，再为两位顾客斟茶水、递毛巾，又为他们倒啤酒，当一大盆汤端上来后便为他们盛汤，盛了一碗又一碗。一开始，外宾以为这是吃中餐的规矩，听王先生告诉他凭客自愿后，在服务员小吴要为他盛第三碗汤时，他谢绝了。小吴在服务期间满脸微笑，手疾眼快，一刻也不闲着：上菜后立即布菜，皮壳多了随即就换骨碟，手巾用过了忙换新的，米饭没了赶紧添加……他在两位顾客旁边忙上忙下，并不时用英语礼貌地询问两位顾客还有什么需要，搞得两位食客也忙上忙下拘谨起来。当外宾把刀叉刚放下，从口袋拿出香烟时，"先生，请抽烟。"小吴立刻从口袋里拿出打火机，熟练地打着火，送到顾客面前为他点烟。外宾忙把烟叼在嘴里去点烟，样子颇显狼狈。烟点燃后，他忙点头向小吴说了声："谢谢！"小吴又忙着给他的碟子里添菜，顾客忙熄灭香烟，用手止住小吴说："谢谢，还是让我自己来吧。"小吴随即把烟灰缸拿去更换。外宾说："这里的服务太热情了，就是忙得让人有点透不过气来。王先生，我们还是赶快吃完走吧。"当小吴把新烟灰缸放到桌上后，两人谢绝了小吴的布菜，各自品尝了两口后，便要求结账。取账单时，外宾拿出一张钞票压在碟子下面。王先生忙告诉他，中国餐厅内不收小费。外宾说："这么'热情'的服务，你就无动于衷？"王先生仍旧向外宾解释，外宾只好不习惯地把钱收了起来。结账后，小吴把他们送离座位，站在餐厅门口还连声说："欢迎再来。"

问题：

1. 服务员如何判断顾客是否习惯或乐意接受以上这样"无微不至"的服务呢？

2. 服务员如何根据以上判断的结果进行适度服务呢？

参考文献

[1]李娜. 基于顾客感知价值的高档商务饭店大堂氛围研究[J]. 浙江大学学报，2006.

[2]刘继祥. 饭店服务中的顾客投诉[J]. 锦州师范学院学报(哲学社会科学版)，2002(4).

[3]任亚凡. 投诉的应对之术[J]. 饭店现代化，2004(9).

[4]郑向敏. 酒店质量管理[M]. 北京：旅游教育出版社，2006.

[5]沈国鼎，陈德棉. 如何提高旅游服务质量[J]. 江苏商论，2006(4).

[6]梁赫，饶华清. "长三角"旅游服务质量预警机制建立的研究[J]. 价值工程，2007(4).

[7]张廷. 酒店个性化服务与管理[M]. 北京：旅游教育出版社，2008.

[8]吴兆龙，丁晓. 服务质量差距的影响因素分析及其评价[J]. 科技管理研究，2005(2).

[9]郑向敏. 现代饭店管理学[M]. 天津：南开大学出版社，2006.

[10]李应军. 体验经济时代饭店服务创新探讨[J]. 商业研究，2006(7).

[11]蒋长春. 体验经济提升酒店产品价值的探讨[J]. 武汉技术学院学报，2005(5).

[12]莫雷. 心理学[M]. 广州：广东高等教育出版社，2004.

[13]张履祥，葛明贵. 普通心理学[M]. 合肥：安徽大学出版社，2004.

[14]舒伯阳，廖兆光. 旅游心理学[M]. 大连：东北财经大学出版社，2007.

[15]徐文燕. 旅游心理学——原理与应用[M]. 上海：格致出版社，2010.

[16]杜炜. 旅游心理学[M]. 北京：旅游教育出版社，2008.

[17]薛群慧. 旅游心理学理论•案例[M]. 天津：南开大学出版社，2008.

[18]马莹. 旅游心理学[M]. 北京：中国旅游出版社，2007.

[19]孙喜林，荣晓华，范秋梅. 旅游心理学[M]. 北京：中国旅游出版社，2009.

[20]魏乃昌，魏虹. 服务心理学[M]. 北京：中国物资出版社，2010.

[21]徐栖玲. 酒店服务案例心理解析[M]. 广州：广东旅游出版社，2006.

[22]陈丹红，王蕾. 饭店服务技术[M]. 北京：中国旅游出版社，2009.

[23]王赫男. 饭店服务心理学[M]. 北京：电子工业出版社，2009.

[24]周丽. 酒店服务心理学[M]. 北京：中国物资出版社，2011.

[25]王立职，黄爱时. 饭店服务心理与待客技巧[M]. 北京：中国铁道出版社，2011.

[26]吴克祥，周昕. 饭店康乐经营管理[M]. 北京：中国旅游出版社，2004.